대적기도 시리즈 1.

대적기도의 원리와 능력

정원 지음

영성의 숲

서문

그리스도인이 된다는 것은 아주 놀라운 일입니다. 그것은 우리 영혼의 소속이 지옥에서 벗어나 천국에 입적되는 것을 의미합니다.

그것은 단지 사후에서의 일이 아닙니다. 우리는 살아있는 지금 이 순간에도 천국에 속하여 있습니다. 그리하여 천국으로부터 오는 빛과 은총과 풍성함을 누릴 수 있습니다.

이제 더 이상 과거에 우리를 지배하고 괴롭혔던 악한 영들은 우리를 괴롭힐 수 없을 것입니다. 그것은 아주 당연한 일이며 우리에게 약속된 은총입니다.

하지만 현실을 보면 어떠할까요? 이상하게도 천국에서 살고 있는 것이 아니라 지옥에서 사는 것 같이 보이는 그리스도인들이 많이 있습니다. 영광과 거룩함과 능력과 자유함의 세계에서 사는 것이 아니라 묶임과 눌림과 고통 속에서 사는 것 같이 보이는 그리스도인들이 아주 많이 있는 것입니다. 그 이유는 무엇일까요?

아직도 지옥의 영들에게 눌리며 묶여 있는 이들이 아주 많이 있습니다. 그 이유는 무엇일까요? 그것은 바로 영적인 무지 때문입니다.

그리스도인들에게는 천국으로부터 오는 풍부한 빛과 은총이 있습니다. 우리에게는 하나님의 말씀이 있으며 예수 그리스도의 이름을 사용할 수 있는 권세가 있고 성령님의 능력과 기름 부으심을 받을 수 있습니다.

이것은 아주 놀라운 능력과 은총이며 이로써 지옥의 무리들은 우리를 해롭게 할 수 없는 것입니다. 그 권세와 능력은 지옥의 모든 힘을 초토화시킬 수 있을 정도로 강력한 것이니까요.

하지만 오늘날의 많은 그리스도인들은 이 놀라운 무기를 가지고 있으면서도 여전히 악한 영들에게 눌리며 고통을 겪고 있습니다. 그 이유는 무엇일까요?

그것은 바로 영적인 무지 때문입니다.

오늘날의 많은 그리스도인들은 악한 영들에게 눌려 있으면서도 자신이 눌려 있는지, 공격을 당하고 있는지 조차 모릅니다. 대적으로부터 많은 공격을 받고 있으면서도 영적인 무지로 인하여 그러한 고통의 원인이 되는 대적에 대해서 잘 알지 못하며 그렇게 묶여서 눌리고 힘들게 사는 것을 당연한 줄로 알고 있는 것입니다.

저 역시 오랫동안 삶의 많은 부분에서 그러한 묶임 속에 있었습니다. 오랜 시간을 영적인 어둠 속에 있었습니다.

그러나 주님께 감사할 것은 한 걸음씩 영성의 세계를 추구하고 주님께 가까이 나아가는 과정에서 실제적인 영적 전쟁을 발견하게 되었고 우리에게 이미 주어져 있는 영적 권리를 깨닫게 되었으며 이를 사용함으로 말미암아 점점 더 자유롭고 행복한 세계에 나아가게 되었다는 것입니다.

나는 이 책을 읽게 된 독자 여러분들도 이 글들을 잘 읽고 깨닫고 적용한다면 비슷한 자유함과 풍성함의 세계를 곧 발견하게 되리라고 생각합니다. 그리고 예수의 이름이란, 복음이란 얼마나 놀랍고 아름다운 것이며 실제적인 것인지 좀 더 실감할 수 있을 것이라고 믿습니다.

부디 당신도 자유함의 여정으로 한 걸음 더 가까이 나아가시기를 바랍니다.

주님을 사랑하며 그분이 가신 길을 따르며 걸어간다는 것은 정말 놀라운 일입니다.

그것은 이 세상의 그 어느 것보다 더 즐겁고 행복한 일입니다.

부디 그 행복과 자유와 영광의 세계에 들어가십시오.

주님의 이름으로 당신을 축복합니다.

할렐루야!

      2005. 1. 정원

핸디북 서문

대적기도 시리즈는 4권까지 출간되어 많은 사랑을 받아왔습니다. 많은 분들이 책을 읽고 적용하여 삶 가운데 많은 자유와 승리를 누리게 되었다고 간증을 해주셨습니다.

그동안 알지 못하고 속아서 당했던 삶 속의 많은 억압과 눌림에서 자유롭게 되었고 보이지 않는 영적 전쟁에 대해서 선명하게 인지하게 되었으며 예수의 이름과 보혈의 능력에 대해서, 그리스도인의 지위와 권세에 대해서 새롭게 깨닫게 되었다고 많은 분들이 고백하셨습니다.

간증과 승리의 경험담을 모으면 그것도 하나의 책이 될 수 있을 것입니다. 독자님들의 많은 사랑과 격려에 감사를 드립니다.

독자님들의 편의를 위하여 이번에 한손에 들어오는 핸디북 사이즈로 대적기도 1권을 새롭게 내게 되었습니다. 앞으로 매달 한권씩 4권까지 나오게 될 것입니다.

이 작은 책도 사랑을 받게 되기를 기대합니다. 손 안에 들어오는 책인 만큼 지하철에서, 어디에서나 쉽게 읽을 수 있을 것입니다. 오직 승리를 주시는 주님을 찬양합니다.

할렐루야!

사랑에 감사드리며..　　　　2008. 10. 정원 드림.

목 차

1부 대적기도의 발견

1. 어느 날의 경험 · 20
2. 두 번째의 기쁨 · 23
3. 지식과 해방 · 26
4. 사라진 불안 · 32
5. 속고 배우고 분별하기 · 36

2부 영적 전쟁의 원리들

1. 악한 영들은 생각을 통해서 들어옵니다 · 46
2. 악한 영들은 두려움을 통해서 역사합니다 · 55
3. 귀신을 쫓는 것은 제자들의 기본적인 사명입니다 · 62
4. 마귀를 대적하는 것과 하나님을 가까이 하는 것 · 71
5. 우리에게 주어진 권세를 사용함 · 80
6. 자유의지의 법칙 · 84
7. 마귀가 있는 곳에는 마비가 있습니다 · 93
8. 회개와 자책을 분별하십시오 · 105
9. 악한 영들은 우리의 입장에서 이야기합니다 · 112
10. 거라사 광인이 보여주는 악한 영의 특성들 · 121
11. 실제적인 영적 전쟁 · 133
12. 악한 영들은 빛 앞에서 드러납니다 · 137

13. 악한 영들은 권능을 두려워합니다 · 149
14. 악한 영들은 파장을 따라 들어옵니다 · 156
15. 쾌락의 영과 징벌의 영 · 165
16. 무리하게 영적 전쟁을 하지 마십시오 · 174
17. 악한 영의 억압과 정신병의 차이는? · 180
18. 악한 영들은 사람의 안에 들어오려고 합니다 · 187
19. 영들의 들어옴 · 192
20. 사람은 영의 통로입니다 · 197
21. 고통과 즐거움의 법칙 · 203
22. 떠돌이 영에 대하여 · 212
23. 제사에 오는 악한 영들 · 216
24. 악한 영들의 힘의 차이 · 223
25. 이 사역에 뛰어드는 것을 조심하십시오 · 229
26. 대적기도는 스스로 하는 것이 좋습니다 · 238
27. 영적 전쟁에 대한 여러 가지 반응들 · 243
28. 영이 들어올 때와 나갈 때의 느낌 · 250
29. 영 분별에 있어서의 어려움들 · 259
30. 민감한 영의 사람은 영을 잘 관리해야 합니다 · 267
31. 악한 영들의 활동과 잠복 · 274
32. 악한 영을 쫓아내는 것과 결박하는 것은 다릅니다 · 282
33. 악한 영들은 시간이 지날수록 강해집니다 · 289
34. 영들의 자리잡음 · 296
35. 선포는 악한 영의 힘을 약화시킵니다 · 303
36. 악한 영의 세계를 통과할 때 하나님의 깊은 임재에 들어갑니다 · 308
37. 땅의 영들과 공중의 영들 · 311

3부 악한 영들의 활동, 원리, 특성

1. 서운함 · 326
2. 흠을 잡는 영 · 331
3. 이간질 · 338
4. 분노 · 345
5. 미움 · 352
6. 우울함과 어두움 · 358
7. 불안과 두려움 · 362
8. 혼자 있게 함 · 368
9. 나쁜 사건들을 일으킴 · 374
10. 원망과 불평 · 382
11. 거스름 · 390
12. 교만 · 393
13. 탐욕 · 400
14. 어두운 눈물 · 403
15. 죄책감 · 408
16. 거짓의 영 · 414
17. 영적 사역을 방해함 · 419
18. 음식에 대한 탐닉 · 428
19. 쇼핑 · 434
20. 악한 영들의 활동 특성 · 439
21. 악한 영들의 활동 원리 · 446
22. 넓은 범위의 활동들 · 454

대적기도 시리즈 2권
대적기도의 적용 원리

목차

1부 대적하는 기도의 기본 원리와 방법

1. 아주 중요한 오류들
2. 명령하는 기도와 대적하는 기도
3. 두개의 왕국
4. 대적하는 기도의 적용 순서
5. 깨달음과 스며들기
6. 어둠 속의 존재를 드러내기
7. 이름 부르기
8. 분리시키기
9. 대적하기
10. 악의 근원을 발견하십시오
11. 구체적으로 대적하십시오
12. 자신의 안에 어떠한 영이 있습니까?
13. 자기 안에 있는 영들을 표출시키기
14. 악한 영들이 주는 몸 속의 이질감
15. 악한 영들이 움직이는 느낌
16. 생활 속에서 속의 느낌을 주의하십시오
17. 부르짖어서 표출시키기
18. 호흡기도로 표출시키기

19. 소리의 중요성
20. 눈을 강화시키기
21. 함부로 시인하지 마십시오
22. 악한 영들에게 먹이를 주지 마십시오
23. 악한 영들에게 분노하십시오
24. 대적하는 기도를 드린 후의 증상
25. 채워짐의 중요성

2부 개인적인 공격들에 대한 대적기도

1. 우울함을 대적하십시오
2. 불안감을 대적하십시오
3. 외로움을 대적하십시오
4. 분노를 대적하십시오
5. 슬픔을 대적하십시오
6. 복수심을 대적하십시오
7. 과거의 아픈 기억을 처리하십시오
8. 영의 침투를 당했을 때
9. 근심을 대적하십시오
10. 무력감을 대적하십시오
11. 교만한 영을 대적하십시오
12. 비판의 영을 대적하십시오
13. 비난의 영을 대적하십시오
14. 사소한 짜증을 대적하십시오
15. 학대당하는 영을 대적하십시오

16. 잠자기 전을 조심하십시오
17. 더러운 생각을 대적하십시오
18. 억울한 마음을 대적하십시오
19. 죄책감을 대적하십시오
20. 질병의 증상을 대적하십시오
21. 갑자기 고통이 시작될 때 주의하십시오
22. 지나친 피로감을 주의하십시오
23. 졸음과 혼미함을 대적하십시오
24. 지나치게 많은 잠은 묶임입니다
25. 공상의 영을 대적하십시오
26. 끊임없이 떠오르는 생각을 대적하십시오
27. 불면증을 대적하십시오
28. 만성병을 대적하십시오
29. 신체의 부분적인 연약함이 올 때
30. 의지를 방해하는 자를 대적하십시오
31. 가난의 영을 대적하십시오
32. 채무의 영을 대적하십시오
33. 무서운 느낌이 들 때
34. 악몽을 꾸었을 때
35. 새로운 곳에서 잠을 잘 때
36. 지나친 그리움을 대적하십시오
37. 과식의 영을 대적하십시오
38. 지나친 쇼핑의 영을 대적하십시오
39. 도박의 영을 대적하십시오
40. 지나친 승부욕을 대적하십시오
41. 지나친 애정의 영을 대적하십시오

42. 수다의 영을 대적하십시오
43. 취미, 기호, 습관에 주의하십시오
44. 고집의 영을 대적하십시오
45. 거스르는 영을 대적하십시오
46. 폭력과 파괴의 영을 대적하십시오
47. 혼미케 하는 영을 대적하십시오
48. 죽음의 영을 대적하십시오
49. 길이 막혔을 때 대적하십시오
50. 충격을 받았을 때
51. 속이는 영을 대적하십시오
52. 질멸의 영을 대적하십시오
53. 심각한 영적 공격에 대하여
54. 한계를 느낄 때 대적하십시오

대적기도 시리즈 3권
대적기도를 통한 승리의 삶

목차

1부 인간관계에서의 대적기도

1. 대인관계를 불편해하는 사람
2. 말을 함부로 하는 사람을 만날 때
3. 남을 지배하려는 사람을 대할 때
4. 분노하는 사람의 영을 결박하십시오
5. 위압감을 주는 사람에 대하여
6. 괴롭히는 이들의 영을 대적하십시오
7. 억울한 일을 겪었을 때
8. 사람과 악한 영을 분리하십시오
9. 우리는 상대방의 영을 결박하는 것이지 쫓아내는 것이 아닙니다
10. 이간질의 영을 대적하십시오
11. 강요하는 영을 대적하십시오
12. 불경건한 자들과의 교제를 멀리하십시오
13. 잘못된 영적 연결을 끊으십시오
14. 일방적이고 육적인 애정의 끈을 대적하고 끊으십시오
15. 다른 사람에 대한 사소한 불쾌감을 대적하십시오
16. 짝사랑과 애정의 영에 대하여
17. 저주하는 영을 대적하고 멀리하십시오

18. 간교한 영을 가지고 있는 이들을 멀리 하십시오
19. 미움의 영을 대적하십시오
20. 미움을 끌어당기는 영을 대적하십시오
21. 어린아이의 영을 결박하십시오
22. 충격을 받을 때에 대적하십시오
23. 음란한 영을 대적하십시오
24. 조종하는 영을 대적하십시오
25. 억지를 부리는 상대방의 영을 결박하십시오
26. 대적기도를 하고 나면 일시적으로 아플 수 있습니다

2부 가정에서의 대적기도

1. 우리의 대적은 배우자가 아니고 마귀입니다
2. 부부사이에 역사하는 악령을 대적하십시오
3. 절대로 앙금을 쌓아두지 마십시오
4. 상대방이 가지고 있는 지옥의 영들을 대적하십시오
5. 자주 서운함에 빠지는 사람
6. 절대로 서로 비난하지 마십시오
7. 자기 의의 영을 결박하십시오
8. 배우자에 대한 유혹의 영을 대적하십시오
9. 가정을 지배하려는 지배의 영을 대적하십시오
10. 부모의 육적 애정의 끈을 분별하십시오
11. 가족의 영적 방해를 결박하십시오
12. 아이를 가졌을 때 대적기도와 보호하는 기도를 드리십시오
13. 아이가 아플 때 대적기도를 하십시오

14. 아이가 돌이 되면 고집의 영을 대적하십시오
15. 찡찡거리는 영을 쫓아내십시오
16. 징계나 대적기도 시에 화를 내서는 안 됩니다
17. 아이들을 억압하지 마십시오
18. 아이들 앞에서 조심하십시오
19. 미운 짓을 하는 아이에 대하여
20. 성장을 거부하는 영을 대적하십시오
21. 어린아이가 접촉하는 영을 주의해보십시오
22. 아이들에게 영적 전쟁을 가르치십시오
23. 대적기도는 아이들의 영혼을 깨웁니다
24. 아이들의 사춘기에 올 수 있는 영을 대적하십시오
25. 아이의 의지를 누르는 악령을 결박하십시오
26. 자녀들의 교우관계를 위하여 기도하십시오
27. 악한 유전이 자녀에게 흐르지 않도록 끊으십시오
28. 가정의 소리와 분위기를 관리하십시오
29. 집안의 환경을 정결하게 하십시오

3부 복음전도와 영적 사역에서의 대적기도

1. 전도 대상자를 위한 기도의 능력
2. 구체적인 장소에 있는 영들을 결박하십시오
3. 대적기도 후에 갈망이 일어납니다
4. 영혼을 구출하기 전의 준비
5. 복음을 전할 때 그 안의 영들을 결박하십시오
6. 영적 세계의 이해와 경험이 전도의 문을 엽니다

7. 초신자가 실족하지 않도록 영적 전쟁을 가르쳐야 합니다
8. 개인기도와 중보기도에서 대적기도를 사용하십시오
9. 목회 사역의 진정한 대적자를 발견하십시오
10. 설교를 방해하는 영을 대적하십시오
11. 예배를 방해하는 영을 대적하십시오
12. 예배의 참석자를 위한 대적기도를 하십시오
13. 사역이 끝난 후에 찾아오는 유혹의 영을 대적하십시오
14. 사역자를 누르는 영을 대적하십시오
15. 사역자에 대한 인간적인 애정의 영을 대적하십시오
16. 영적 갈망을 훔쳐 가는 마귀를 대적하십시오
17. 지배와 분파의 영을 대적하십시오
18. 은사적인 사람을 조심하십시오
19. 교회의 행사나 일을 준비할 때 대적기도를 하십시오
20. 강력한 소리는 영적 전쟁의 중요한 무기입니다
21. 영적 부흥과 갱신에는 역풍이 있습니다
22. 마귀를 대적하여 교회를 순결하게 하십시오

대적기도 시리즈 4권 (완결편)
대적기도의 근본적인 승리비결

목차

1부 승리를 위한 조언들

1. 악한 영들과 비슷한 파장을 버리십시오
2. 죄를 미워하십시오
3. 악성 감정을 버리십시오
4. 어두운 기질을 버리십시오
5. 복잡한 것을 좋아하지 마십시오
6. 꾸미는 것을 좋아하지 마십시오
7. 세상의 즐거움을 추구하지 마십시오
8. 외적인 사람은 마귀를 이길 수 없습니다
9. 낮은 가치관은 마귀에게 속고 있는 것입니다
10. 사람과의 친밀한 연합을 조심하십시오
11. 악한 영의 영역에 가지 마십시오
12. 위험한 영적 영역에 갈 때 조심하십시오
13. 심각한 영적 상태에 있는 사람을 접할 때 주의하십시오
14. 점, 운세, 마술, 초능력 등에 접촉하지 마십시오
15. 신비적 경험을 너무 좋아하지 마십시오
16. 듣는 기도를 조심하십시오
17. 바른 하나님 관을 가지십시오

18. 기질적 약점을 극복하십시오
19. 체력과 영력을 기르는 훈련들
20. 무엇보다 중요한 것은 본인 자신의 의지입니다
21. 반성과 회개는 아주 중요합니다
22. 영적 전쟁에 있어서의 기도와 금식의 의미
23. 자신의 안에 터를 잡은 악을 깨뜨리십시오
24. 은혜와 감동이 있을 때 주의하십시오
25. 과장과 성질이 영의 통로임을 기억하십시오
26. 밝은 마음으로 사십시오
27. 사랑의 고백은 마귀를 깨뜨립니다
28. 거짓을 미워하고 단순하게 진실을 말하십시오
29. 자신이 아닌 주님께 집중하십시오
30. 대적기도의 열매들
31. 적용이 어려운 이들을 위하여
32. 대적기도의 적용을 확장하십시오
33. 오직 주님을 구하는 것이 근원입니다
34. 전쟁을 통한 영혼의 균형과 성장

2부 대적기도 간증

1부
영적 전쟁의 발견

전쟁은 발견에서 시작됩니다.
많은 그리스도인들이 영적 전쟁이 있다는
사실조차 잘 인식하지 못하고 있으니까요.
우리의 삶 속에 우리가 알지 못했던
많은 전쟁이 있고 공격이 있으며
그로 인하여 우리가 모르는 사이에
많은 고통을 겪어왔었다는 사실을
분명히 깨닫게 된다면
우리의 믿음, 우리의 영성은
아주 달라지게 될 것입니다.
그리고 거기에서부터 전쟁은 시작되며
승리도 해방도 동시에 시작될 것입니다.

1. 어느 날의 경험

청년 시절의 어느 더운 여름날이었습니다. 나는 국립도서관에서 책을 보고 있었습니다. 날이 더워서 그런지 갑자기 무기력감이 오기 시작했습니다. 온 몸에 힘이 빠졌고 책을 읽을 수가 없었습니다. 아니, 책상에 앉아있는 것 자체도 힘이 들었습니다.

나는 책을 덮고 집으로 돌아왔습니다. 아마 날이 많이 더워서 더위를 먹고 힘이 빠진 것 같으니 집에 가서 휴식을 취해야겠다고 생각을 했습니다. 집에 도착해서 잠시 쉰 후에 식사를 하려는데 아주 피곤함을 느꼈습니다. 어느 정도인가 하면 밥을 먹기 위해서 숟가락을 드는 것도 힘이 들었습니다.

친구로부터 전화가 왔는데 이상하게도 전화기를 들 힘도 없었습니다. 간신히 전화기를 들고는 몇 마디를 주고받고는 자리에 드러누워 버렸습니다. 마당에는 나무로 만들어놓은 평상이 있었습니다. 그 평상에 올라가 탈진하고 무기력한 상태로 누워있는데 나를 보더니 어머니가 한 마디 하시는 것이었습니다.

"얘.. 너 너무나 힘들어하는 것 같은데.. 그렇게 비정상적으로 무기력한 것을 보면.. 귀신이 들어와서 역사하고 있는 것 아니냐?"

어머니는 수시로 기도하는 사람이었습니다. 항상 날마다 교회에 가서 기도하시는 것을 좋아하시는 편이라 어느 정도 영감이 있었습니다. 하지만 나는 그런 이야기는 처음 들었는지라 가볍게 부정했습니다.
"아이고. 어머니. 귀신이라뇨. 날이 너무 더우니까 힘이 빠진 것을 가지고 귀신은 무슨 귀신이에요. 저는 그리스도인인데 무슨 귀신이 들어오겠어요.."

그런데 그 순간 갑자기 마음 속에 '뭔가 이상하다' 는 생각이 들었습니다. 정말 이것은 너무나 비정상적으로 무기력한 상태인데 단순히 날이 덥기 때문에 이렇게 전신에 힘이 빠질까.. 하고 조금 이상한 마음이 들었습니다.
나는 그 당시에 한참 은혜를 받고 항상 기도로 살고 있던 상태였습니다. 그러므로 악한 영들이 나에게 들어와 역사한다는 것을 믿을 수 없었습니다. 그래서 나는 속으로 기도했습니다.
'혹시 내 안에 귀신이 들어와서 역사하고 있는 것이라면, 나는 예수 이름으로 너희들에게 명한다. 물러가라. 나는 주님께 속한 사람이며 너희들은 나와 상관이 없다!'
그것은 정식으로 드리는 기도가 아니었습니다. 혹시나 해서 드린 일종의 연습으로 하는 기도와 같은 것이었습니다.
그러나 그 결과는 너무나 놀라웠습니다. 갑자기 전신이 '짜르르~' 하고 소름이 돋았습니다. 그리고는 온 몸에서 다시 힘이 생기기 시작했습니다. 곧 무기력감이 사라져버렸습니다. 나는 그 순간에 자리에서 휙 하고 퉁겨 일어났습니다. 불과 2,3초안에 나는 생기를 되찾고 아주 멀쩡한 상태로 있게 되었습니다.
나는 기가 막혔습니다. 마치 망치로 머리를 얻어맞은 것과 같았습니다. 아니, 그렇다면 나는 지금까지 귀신들에게 속아서 눌리고 살아왔다는 말인가? 이런 적이 많이 있었던 것 같은데.. 하지만, 나는 거듭나고 헌신된 그리스도인이 아닌가. 그런 나에게도 귀신이 들어오고 괴롭힐 수가 있다는 말인가? 나는 어처구니가 없었습니다.

하지만 분명한 것은 조금 전의 상태와 지금의 상태는 너무나 차이가 있다는 사실이었습니다.
사소한 일이었지만 이것은 나에게 놀라운 경험이었습니다.
그리고 이 사건은 더 깊고 풍성한 자유함의 세계로 가는 귀한 은총의 시작이었습니다.
나는 여기에서부터 대적하는 기도를 배우기 시작했습니다. 영적 전쟁의 세계가 손에 잡힐 듯이 점점 더 구체적으로 선명하게 나타나기 시작했습니다. 그리하여 점차로 새로운 영적 원리를 깨닫고 경험하게 되었으며 한 가지 한 가지를 경험하고 발견하게 될수록 그것은 내게 신선하고 놀라운 자유함의 세계를 선사하여 주었던 것입니다. 그것은 마치 새로운 세상이 열리는 것과 같았습니다.

2. 두 번째의 기쁨

귀신이나 마귀, 그들과의 영적 전쟁에 대한 부분은 그리스도인들 사이에서도 많은 논란이 있는 부분입니다. 그리고 견해나 입장도 다양합니다.

어떤 이들은 귀신이나 마귀, 영적 전쟁에 대한 이야기를 들으면 두려워합니다. 무서워하거나 꺼림칙하게 느낍니다. 이들은 괜히 그런 이야기를 하면 악한 영들이 더 오거나 공격하지 않을까 생각합니다. 이러한 사람들은 대체로 심령이 약한 그리스도인들입니다.

반대로 어떤 이들은 귀신이나 영적 전쟁에 대한 이야기를 하는 것을 즐깁니다. 어떤 면에서는 조금 극단적입니다.

이들은 하루 종일 마귀에 대해서 생각합니다. 여기에 마귀가 있으며 저기에도 마귀가 있고 모든 나쁜 것의 배후에는 다 귀신이 있다고 생각합니다. 그래서 이들은 그 마귀들을 부수느라고 아주 바쁩니다. 물론 그러한 견해도 균형 잡힌 그리스도인의 모습이라고 할 수는 없습니다.

영적 감각이 별로 발달하지 않은 지성적인 그리스도인들은 악한 영들의 존재나 그러한 전쟁에 대해서 무지한 편입니다. 이들은 그래서 귀신이나 영적 전쟁을 하나의 개념이나 상징으로 이해하기도 합니다. 그러나 귀신들의 활동이나 공격, 그들과의 전쟁은 성경에서 매우 광범위하게 다루고 있는 부분입니다. 또한 우리의 삶에서 날마다 구체적으로 이루어지고 있는 일이기도 합니다.

그러므로 영적 전쟁에 대해서, 악한 영들의 활동이나 공작에 대해서 이해하고 경험하고 그들과의 싸움에서 승리하게 된다면 이것은 놀라운 열매와 보상을 가져다 줍니다. 그것은 우리의 사후에 주님의 앞에서 경험하는 보상이 아닙니다. 우리는 이전에 알지 못했던 정말 놀라운 해방들을 경험하게 됩니다.

나에게 있어서 이 세계의 경험과 지식은 정말 놀라운 것이었습니다. 그것은 나에게 너무나 큰 감사의 제목이었습니다.

나의 삶에 있어서 가장 놀라운 은총이 있다면 그것은 바로 주님을 알게 된 것입니다.

나는 주님을 사랑하고 예배하고 추구하고 사모하는 것을 배웠습니다. 그것은 이 세상에서, 이 우주 안에서 가장 놀라운 지식이었습니다. 주님을 알고 사모하게 되었다는 것, 그것보다 더 놀랍고 풍성한 일은 없을 것입니다.

그런데 그 다음으로 내가 감사하게 생각하고 행복하게 여기는 만남이 있었습니다. 그것은 악한 영들, 귀신들에 대해서 실제적으로 경험하고 알게 되었다는 것입니다. 그것은 두 번째의 만남이었으며 두 번째로 행복한 일이었습니다.

왜냐하면 내가 그들의 존재에 대해서 알지 못했을 때에는, 그들에게 일방적으로 공격을 당하고 고통을 겪고 많은 재앙과 중상을 겪으면서도 그저 무기력하게 당하고만 있었기 때문입니다.

그러므로 그러한 영적 근원에 대해서 이해하고 경험하게 될 때 그것은 나에게 실제적인 해방을 가져다 주었습니다. 그것은 복음의 진리를 내 삶에 실제적으로 적용하는 것과 같았습니다.

그렇기 때문에 아이러니한 일이지만 나는 마귀를 발견한 후에 아주 기뻤습니다. 그리고 그들을 부수고 박살낼 수 있는 권세가 그리스도인들에게 있다는 사실로 인하여 정말 기뻤습니다. 여태까지는 모르고 속고 눌리고 살아왔지만 이제부터는 더 이상 그러한 고통을 겪을 필요가 없게 된 것을 알고 너무나 행복해졌습니다.

나는 당신도 그러한 자유와 기쁨을 경험하게 되리라고 믿습니다. 여태껏 많은 묶임과 부자유를 가지고 있었지만 그것을 어쩌지 못하고 그저 팔자라고 생각하던 많은 고통에서 당신은 벗어나게 될 수 있게 될 것입니다. 그것을 경험하게 되면 당신은 진정 새로운 삶이 시작된다는 말의 의미가 무엇인지 이해할 수 있게 될 것입니다.

3. 지식과 해방

귀신이 그리스도인에게 들어갈 수 있느냐, 없느냐 하는 것은 오랫동안 신학계의 중요한 논쟁거리였습니다. 아마 지금도 여전히 이 문제는 많은 이들에게 의문거리일지 모릅니다.

대체로 지적인 그리스도인들은 후자의 입장을 취하여 왔습니다. 거듭난 그리스도인의 안에는 주의 영이 거하시므로 악한 영들이 같이 거할 수 없다는 것입니다.

또한 경험을 중시하는 그리스도인들은 전자의 입장을 취했습니다. 실제로 기도사역을 하다보면 주님을 신실하게 믿고 기도하는 이들이 귀신들에게 붙잡혀 고통을 겪고 있는 사례들을 많이 접하게 되며 그러한 경험을 하다보면 그들은 자신이 가지고 있는 믿음의 개념을 수정하지 않을 수 없게 되는 것입니다.

그러므로 그들은 그리스도인들이 귀신에게 소유가 되지는 않지만 그들에게 눌리고 억압당하고 일시적으로 귀신이 들어와 고통을 겪을 수 있다는 것을 인정하게 됩니다.

지금은 전체적으로 악한 영들이 그리스도인들에게도 들어올 수 있으며 그러한 영적 전쟁이 있다는 견해가 좀 더 보편적인 것 같습니다. 한국의 대표적인 보수교단의 신학대학원장을 지낸 한 목사님은 자신도 이전에는 후자의 입장이었으나 많은 영적 경험과 실제의 사례를 접한 후에는 전자의 쪽으로 인정하게 되었다고 고백하는 글을 신문에 싣기도 했습니다. 지금은 이러한 견해가 많은 지지를 받고 있는 것 같습니다.

사실 성경을 실제로 경험하지 않고 개념적으로만 이해하게 되면 영적 실제나 현상을 제대로 경험할 수 없습니다. 그러나 성령님의 기름 부으심을 받고 은사를 경험하며 영적인 실제와 조금만 접하다보면 이러한 전쟁을 이해하거나 경험하는 것은 흔한 일입니다.

그러므로 귀신들이 그리스도인들을 공격한다, 안 한다.. 이런 것은 논란거리도 안 되는 것입니다. 왜냐하면 기도하지 않고 영적으로 나태하며 잠자고 있는 상태가 되면 혹독한 공격을 받게 되며 그것은 이론이 아니라 아주 실제적인 현상이기 때문입니다.

어떤 이들은 심지어 마귀가 있느냐, 없느냐를 가지고도 문제를 삼기도 합니다. 역시 그가 실제적으로 주님의 임재를 경험하게 되며 영적 세계를 경험하게 된다면 이는 전혀 논란이 될 문제가 아니라는 것을 알게 될 것입니다. 영적 세계는 우리가 눈으로 보는 이 물질세계보다도 더 선명한 실제의 세계이기 때문입니다.

그리스도인들에게 귀신이 들어올 수 있느냐, 없느냐 하는 것이 왜 논쟁거리가 되느냐 하면 그들은 귀신이나 악한 영들이 사람에게 들어왔을 때 어떤 일을 하는지, 어떤 일을 일으키는지 잘 모르기 때문입니다. 보통 그리스도인들이 귀신의 역사라는 말을 들으면 흔히 떠올리는 모습이 예수님께서 거라사 광인을 만나는 장면입니다.

이 귀신들린 사람은 무덤 사이에 거하며 아주 힘이 세서 쇠사슬에 묶여 있습니다. 그리고 돌로 자신을 마구 칩니다.

그런데 그가 주님을 보고는 와서 엎드립니다. 그리고 그의 안에 들어있는 귀신들이 주님에게 요청을 하여 허락을 받고는 돼지에게로 들어가고 그 결과로 2천 마리나 되는 돼지 떼가 바닷물로 돌진해서 몰살해버립니다. 정말 엄청난 사건이지요.

많은 그리스도인들이 귀신이라는 이름을 들을 때 떠올리는 또 다른 장면이 있습니다. 그것은 70년대에 한참 유행했던 '엑소시스트'나 '신들린 여인'과 같은 영화들입니다.

그 영화에서 나오는 귀신들린 사람의 모습은 정말 살벌합니다. 모습은 정말 마귀 같고 초능력을 행하며 음산하고 무시무시한 분위기를 풍기는데다가 귀신의 능력으로 인하여 물건들이 마구 날아다닙니다. 그리하여 그를 쫓으려는 사람과 정말 살벌한 싸움이 일어납니다.

또한 귀신에 대한 이야기를 하자면 빼놓을 수 없는 것이 여름철 한참 더울 때 티브이에서 납량특집이라고 꼬박꼬박 방영하는 귀신이야기입니다. 머리를 풀어헤치고 한이 맺힌 귀신들이 꼭 등장하는데 워낙 시청률이 높다보니 여름이 되면 항상 접하는 이야기이기도 합니다.

TV나 영화에서 하는 이야기는 워낙 실제와 거리가 멀고 흥미

위주로 만든 이야기이며 과장이 많기 때문에 논외로 하더라도 성경에 기록된 거라사 광인에 대한 이야기도 그 사례를 찾아 보기 어려운 특수한 일인 것입니다.

그렇게 한 사람에게 수천 마리의 귀신이 들어가 있는 경우는 거의 없습니다. 따라서 귀신들의 공격을 통해서 그렇게 극단적인 일이 생기는 경우는 거의 보기 어려운 것입니다.

하지만 대체로 그리스도인들은 귀신들린다는 것은 바로 그런 것이라고 생각하기 때문에 그리스도인들이 그러한 끔찍한 일을 당할 리가 없으니 귀신들림이란 그리스도인들과는 상관이 없다고 생각하는 것입니다.

그것은 정말 오해입니다. 그것은 군대라고 부를 정도로 엄청나게 많은 숫자의 귀신들이 한 사람을 사로잡았을 때 일어나는 현상이며 대부분의 경우는 귀신이 공격하거나 들어온다고 하더라도 그다지 심각한 증상이 생기지는 않습니다. 악한 영들이 사람의 안에 들어왔을 때 나타나는 증상은 그렇게 심하게 미치거나 초능력을 행하거나 소리를 지르거나 이상한 짓을 하거나 하는 것이 아닙니다.

앞으로 좀 더 다루겠지만 악한 영들이 들어와서 누를 때 나타나는 현상들은 마음이 우울해지거나 갑자기 분노가 치밀어 오르거나 죽고 싶은 생각이 든다거나 몸이 무겁고 무기력해진다거나 심하게 외로워진다거나.. 하는 일반적인 증상이 대부분인 것입니다.

그러니 이러한 일들은 모든 사람들이 흔히 쉽게 접하게 되는 상황인 것을 이해할 수 있을 것입니다. 귀신이 기껏 들어와서 누르는 증상이 겨우 그 정도인가? 하고 생각할 수도 있습니다. 하지만 그것은 사실이며 대부분의 사람들이 많이 겪고 있는 일입니다.

오해하지는 마시기를 바랍니다. 그렇다고 모든 분노, 모든 슬픔, 모든 낙심, 외로움.. 그러한 것들이 다 귀신이나 악령들로부터 오는 것은 아닙니다. 그러나 적지 않은 경우, 많은 경우 그러한 것들은 악한 영들로부터 오는 것입니다.

그렇다면 어떻게 그것이 자연스러운 것인지, 악한 영들로부터 오는 것인지 분별할 수 있을까요? 이제 우리는 그러한 것들을 분별하는 법을 배우게 될 것입니다.

무지한 이들은 묶이고 속으며 부자유한 삶을 살게 될 것입니다. 그러나 우리가 그러한 영적인 근원에 대해서 이해하고 경험하고 분별하게 된다면 우리는 전에 알지 못했던 자유함을 경험하게 될 것입니다.

지금의 시점에 있어서는 다만 이 정도의 지식을 기억해두십시오. 귀신들림이나 악한 영들에게 눌리고 사로잡히는 일은 특별하고 대단한 일이 아니며 어디서나 흔하게 볼 수 있는 일이라는 것, 다만 사람들은 그것이 악한 영들로부터 오는 것인 줄을 알지 못하고 고통하면서 살고 있다는 것을 말입니다.

그러므로 그 원인에 대해서, 증상에 대해서 이해하고 대처하게 된다면 당신은 당신이 지금껏 눌려왔던 많은 억울한 증상에서 놓여나게 될 것입니다.

아마 대부분의 사람들은 자신들이 지금껏 가지고 있었던 두려움이나 열등의식이나 절망감이나 상처, 그 많은 것들의 배후에 악한 영들이 숨어있었다는 것을 발견하게 되고 이제 간단하게 그러한 것들을 쫓아내고 자유롭게 될 수 있다는 사실을 발견하게 될 것입니다. 그러면 내가 과거에 그랬었던 것처럼 그들도 기뻐서 뛰게 될 것입니다. 지금까지 속아서 살아왔던 사실을 기가 막혀 하면서 또한 앞으로 펼쳐질 무한한 자유와 해방의 삶을 기대하고 기뻐하게 될 것입니다.

오늘날의 많은 그리스도인들이 말로는 기쁘다고, 복음이 좋은 것이라고 하면서 실제의 삶 속에서는 왜 그리 많은 묶임과 눌림이 있을까요?

그것은 바로 영적 무지 때문입니다. 그들은 영적 세계에 대해서 알지 못합니다. 그들은 믿음의 세계에 대한 논리적인 지식을 조금 가지고 있을 뿐입니다. 그것은 우리의 영혼을 해방시키지 못합니다.

영적 세계에 대한 지식을 얻을 때 우리는 진정한 해방을 얻을 수 있게 될 것입니다. 깨닫고 이해하고 경험하는 이들은 자유롭게 됩니다. 부디 그 지식을 구하십시오. 그리고 얻으십시오. 이제 기대하십시오. 당신은 새로운 자유의 세계로 곧 여행하게 될 것입니다.

4. 사라진 불안

아주 무기력한 상태에 있다가 귀신을 대적하고 난 후에 갑자기 멀쩡해진 경험을 하고 나는 정말 흥분이 되었습니다. 그것은 아주 작은 사건이었지만 내게는 신앙생활에 있어서 중요한 전환이 되었던 것입니다.

그로부터 며칠이 지난 후였습니다. 나는 버스 정류장에서 버스를 기다리고 있었습니다. 그런데 갑자기 불안감이 밀려오는 것을 느꼈습니다. 어떤 이유도 없이 갑자기 마음이 몹시 불안하다는 느낌을 갖게 되었습니다.

내가 불안해야할 아무런 이유도 없었습니다. 특별하게 내가 해야 할 일을 미루고 있다든지 아니면 어떤 걱정거리가 있다든지 하는 일이 있다면 모르지만 아무리 생각해도 그런 일은 없었습니다. 그냥 이상하게 불안했습니다.

지금으로서는 오랫동안 기도훈련도 했고 영성의 훈련도 경험했기 때문에 어떤 불안이 왔을 때 그것이 자연스러운 것인지 아니면 영적인 것인지 악한 영의 공격인지 아니면 영의 감각에서 나오는 성령님의 경고인지 어느 정도 분별할 수 있습니다. 그러나 당시에는 그러한 것에 대해서 잘 알지 못했습니다. 그저 마음이 불안하고 불편했고 그래서 기분이 좋지 않았습니다. 지금 생각해보면 아마 오래 전부터 마음이 항상 불안한 상태에 있었는데 그 때에야 비로소 그것을 지각하게 되었는지도 모릅니다.

아무튼 나는 그냥 그렇게 마음이 불안한 상태로 버스를 기다리고 있었는데 갑자기 며칠 전의 경험이 떠올랐습니다.

나는 생각했습니다.

'아, 며칠 전에 내가 몸이 아주 피곤하고 무기력했다가 귀신을 대적했을 때 아주 가볍게 된 적이 있었지. 그 때의 무기력함은 더위 때문이 아니라 귀신들의 공격 때문이었다. 그렇다면 혹시 내가 지금 느끼고 있는 불안감도 귀신들이 주는 것은 아닐까?'

갑자기 그런 생각이 떠올랐습니다. 별로 확신은 없었지만 그래도 밑져야 본전이라는 마음으로 일단 한 번 해보자는 생각이 들었습니다. 그래서 나는 마음속으로 악한 영을 쫓는 기도를 했습니다.

'혹시 이 불안이 악한 영으로부터 오는 것이라면, 내가 주 예수의 이름으로 명한다. 지금 당장 나에게서 떠나가라!'

그러자 그 즉시로 나는 온 몸에 전율이 오면서 가슴을 짓누르고 있던 불안감이 사라지고 마음이 평안해지는 것을 느꼈습니다.

그것은 정말 신기한 일이었습니다. 그리고 너무나 실제적인 것이었습니다. 조금 전까지 느끼고 있었던 불안감과 기도 후에 느끼는 가슴의 후련함과 시원함은 전혀 비교가 되지 않았습니다. 이러한 경험들은 나를 정말 매료시켰습니다.

나는 모태 신앙인으로서 그리스도인의 삶에 익숙해있었고 오랫동안 신앙생활을 해왔지만 신앙생활에는 내가 전혀 가보지 않은 영역이 엄청나게 많다는 것을 알게 되었습니다.

그것은 정말 매력적인 세계였습니다. 왜냐하면 어느 한 가지를 깨닫게 되면 그 즉시로 놀라운 풍성함과 자유함이 따르게 되었기 때문입니다. 그것은 아주 실제적인 경험이며 지식이었습니다.

이때부터 나는 악한 영들의 존재에 대해서, 그들의 작전과 공격에 대해서 그리고 내가 속아왔던 부분들에 대해서 새롭게 배우고 경험하기 시작했습니다.

초기에 나는 너무 기쁘고 흥분한 나머지 너무 극단적으로 무엇이든지 다 마귀로 생각하고 쫓고 대적하기도 하기도 하였습니다. 그러나 어느 정도 시간이 지나고 실패의 경험이 쌓이게 되면서 나는 균형과 조화에 대해서 조금씩 알아가게 되었으며 이러한 영적 전쟁에는 지식과 분별이 아주 중요한 것임을 깨닫게 되었습니다.

아무튼 이것은 너무나 재미있는 세계였습니다. 나는 그 동안 자유롭지 않고 묶여 있었던 많은 부분들, 해결할 수 없었던 악한 습관이나 죄의 문제들, 어쩔 수 없이 이것은 내 기질이거나 약점이므로 포기하고 살 수 밖에 없다고 생각하던 많은 부분들에 대해서 점점 더 승리를 누리게 되었으며 자유함을 경험하게 되었습니다. 그것은 너무나 즐겁고 흥분된 세계였습니다. 지금까지 알지 못했지만 지금까지 고통을 겪었던 많은 부분들이 악한 영들의 공격을 통해서 온 것이었으며 이제 내 안에는 그러한 것들을 깨뜨리고 부술 수 있는 권세가 이미 존재한다는 것, 그러므로 그 권세와 능력을 사용하게 될 때 더 이상 그러한 공격과 부자유함 속에서 살 필요가 없다는 것은 정말 행복한 복음이었습니다.

나는 주님께서 우리에게 이미 허락하신 예수 이름의 권세가 너무나 실제적이며 놀라운 것이라는 사실을 인식하게 되었습니다. 예수 이름은 이 우주 안에서 가장 강력한 능력과 권세이며 그저 단순한 단어가 아닌 것이었습니다.
나는 당신도 그러한 세계를 발견하고 적용을 한다면 비슷한 경험과 자유와 누림을 가질 수 있을 것이라고 믿습니다. 그리고 주안에 거하는 삶, 주님께 속한 삶은 진정 자유롭고 행복하고 풍성한 삶이라는 것을 확인할 수 있게 될 것입니다.
아마 당신도 이 세계를 좀 더 경험하다보면 놀라고 감격할 수밖에 없을 것입니다.

5. 속고 배우고 분별하기

앞에서 잠시 언급한 것처럼 어떤 증상에 시달리다가 그 증상의 근원이 악한 영의 세력인 것을 발견하고 주의 이름으로 쫓아버려서 그 증상에서 해방되는 것 - 그것은 정말 신이 나는 일이었습니다.

다만 거기에는 문제가 있었습니다. 즉 분별이 필요하다는 것이었습니다. 무조건 아프거나 힘들거나 좋지 않은 모든 것들을 마귀로 단정하고 예수 이름으로 쫓고.. 그런 식으로 해서는 안 되는 것입니다.

영적 억압과 눌림의 기본적인 이유는 무엇일까요? 그것은 바로 무지입니다. 알지 못하기 때문에 필요 없고 쓸데없는 고통을 겪게 되는 것입니다.

우리는 주 예수의 이름을 부릅니다. 그리고 우주의 왕이신 그분을 주라고 시인합니다. 이것은 놀라운 권세입니다. 그러므로 우리가 악한 세력과 직접적으로 부딪치게 되면 우리는 백전 백승을 할 수 있습니다. 그들은 우리가 주의 이름으로 대적하면 도망갑니다.

그러나 문제는 이것입니다. 악한 영들은 우리를 속인다는 것입니다. 그들은 자기가 직접 귀신이며 악한 영이라고 정체를 드러내며 우리에게 나타나지 않습니다. 만일 악한 영들이 그렇게 자신을 드러낸다면 문제는 아주 간단하며 우리는 곧 승리를 할 수 있을 것입니다. 그러나 그들은 지혜로운 존재이기 때문에 직접적으로 우리 앞에 나타나지 않으며 어둠 속에서 은밀하게 움직입니다. 그들은 어떤 마음과 생각을 심으면서도 결코 그것이 그들로부터 온 것이라는 느낌을 주지 않는 것입니다.

그들은 우리에게 불안감을 심어주며 '네가 지금 불안한 것은 상황이 어렵기 때문이야.' 하고 속삭입니다.
그들은 우리에게 분노를 심어주며 '너는 분노해야 마땅한 거야. 지금 절대로 참으면 안 돼. 그러면 너를 아주 우습게 생각할 거야.' 하고 속삭입니다.
그들의 속삭임은 아주 논리적이며 상황에 맞는 이야기입니다. 그러므로 그들의 음성을 분별하는 것은 쉽지 않습니다. 그렇기 때문에 영적 감각이나 기능이 잠을 자고 있고 무지한 이들은 그들에게 속아서 살게 됩니다. 그렇기 때문에 우리에게는 영적 세계에 대한 분별과 지혜가 필요한 것입니다.
우리는 모든 질병이나 고통을 다 귀신이라고 대적하고 쫓을 수 없습니다. 어떤 것은 우리에게 필요한 고난일지도 모릅니다. 또한 어떤 것은 우리의 잘못과 부족함을 통해서 온 것이기 때문에 귀신을 대적하는 것보다는 회개를 해야 하는 것일지도 모릅니다.

그렇다면 중요한 문제는 바로 분별인 것입니다. 이 증상의 배후는 무엇인가? 그 영적 원인은 무엇인가? 여기에서 우리는 회개해야 하는가? 아니면 귀신을 쫓아야 하는가? 아니면 인내하고 버텨야 하는가? 우리는 이러한 것을 분별하고 결정해야 하는 것입니다.

나는 악한 영들을 물리치는 것은 그리 힘든 일이 아니지만 이러한 것들을 분별하는 것이 더 어렵고 중요한 것임을 곧 이해하게 되었습니다. 분별을 제대로 하지 못해서 많은 실패와 고생을 했기 때문입니다.
그래서 나는 차츰 영적 전쟁과 악한 영들의 공격에 있어서 그 분별의 원리를 발견하려고 애를 쓰기 시작했습니다.
그리고 하나 하나의 악한 영들의 공격 사례를 통해서 씨름을 하고 결국 이기게 되면 그 경험을 통해서 그들의 전략을 하나 하나 발견해가기 시작했습니다. 그들의 그러한 전략과 싸움의 원리를 이해한다는 것은 참으로 재미있는 일이었습니다.
앞에서의 예를 살펴보면 이러한 하나의 원리를 발견할 수 있습니다.
나는 버스 정류장에서 갑자기 불안감을 느꼈습니다. 그렇다면 이 불안감이 자연적인 것인지 아니면 영계에서 오는 마귀의 공격인지 어떻게 알 수 있을까요?
그것은 대적을 해보면 간단합니다. 자연적인 불안은 아무리 귀신을 쫓아도 여전히 불안합니다. 그러나 악한 영이 공격하는 경우에는 한 두 번 대적하면 그 증상은 갑자기 사라지기 마련입니다. 나는 거기에서 한 가지 원리를 배우게 되었습니다. 자연적으로 오는 불안에는 자연적인 원인이 있었습니다. 예를 들어서 학생이 내일 시험을 치르게 됩니다. 그런데 준비를 전혀 하지 않았습니다. 그런 상황이라면 불안한 것이 당연할 것입니다.

그러나 아무 특별한 일이 없는데 갑자기 다가오는 불안이라면 그것은 자연적인 원인이 아닐 가능성이 많습니다. 그러므로 이때는 악한 영을 대적해볼 필요가 있는 것입니다. 나는 이러한 시도를 통해서 악한 영들이 아무 이유 없이 수시로 마음속에 불안과 근심을 집어넣는다는 것을 알게 되었습니다.

그것을 몰랐을 때는 나는 수시로 마음이 쫓기며 불안한 상태에 있었습니다. 그러나 그것을 안 후에는 나는 그 느낌이 올 때마다 악한 영들을 대적하였고 곧 그 불안감과 근심은 사라졌습니다. 그렇게 해서 나는 대부분의 불안과 근심에서 벗어날 수가 있었습니다.

이런 식으로 나는 영적 전쟁을 치르면서 조금씩 분별의 원리를 배우게 되었고 실제적인 영적 지식을 얻게 되었습니다. 그것은 너무나 흥미있는 일이었습니다.

하지만 그 분별과 지식에서의 성장이 끝이 있을까요? 나는 최근에도 가끔 그 놈들에게 속는 것을 느끼기도 합니다. 그들은 계속 새로운 전략을 세워서 속이려고 하기 때문입니다.

처음 영적 전쟁에 대해서 알게 된 후 그로부터 어느 정도 시간이 흘렀을 때 나는 한동안 눈이 심하게 아픈 증상을 가지게 되었습니다. 이상하게 눈이 많이 아파서 뜰 수가 없었고 조그만 빛을 보기만 해도 눈이 많이 아팠습니다. 진물 같은 것도 계속 흘렀습니다. 시야는 점점 더 흐려졌습니다.

기도해보았지만 이 증상은 회복되지 않았습니다. 나는 별 생각 없이 아마 나의 눈이 멀 것인가 보다 생각했습니다.

당시 나는 결혼을 하기 전의 청년이었고 아직 신학도 시작하기 전이었는데 그런 일이 생겨서, 이런 상태로는 결혼은 할 수 없고 사역도 할 수 없기 때문에 기도원에서 중보기도를 하면서 살아가야겠다고 마음을 먹고 있었습니다.

나는 기도하는 것을 매우 즐기고 있었고 기도 중에서 얻는 만족과 기쁨을 충분히 누리고 있었기 때문에 세상과 단절되어 단순히 기도로만 봉사할 수 있는 것도 행복한 삶이라고 생각했습니다.

그런데 그 즈음에 가까운 친구에게 전화가 왔습니다. 그는 나와 같이 영성을 추구하며 같이 기도하고 여러 가지를 훈련하는 친구였습니다.

나는 여전히 눈이 아픈 상태에서 눈을 감은 채로 그의 전화를 받았습니다. 그런데 그의 이야기가 아주 묘했습니다. 그는 말했습니다.

"참 이상해요. 조금 전에 형의 기도를 하고 있는데 (그는 나보다 한 살이 어리지만 나에게 꼬박 꼬박 형이라고 존대를 하고 있었습니다) 갑자기 메뚜기 같은 귀신이 튀어나오는 거야. 그래서 그 놈을 대적하고 쫓아냈어요.
그래서 이상해서 주님께 물었지요. '주님.. 형님의 기도를 하니까 이상한 악한 영이 튀어나오는데 그 이유가 뭡니까?' 하고요. 그랬더니 주님께서 말씀하시기를 '형제가 속고 있다. 네가 전화를 해주어라.' 하시는 거예요. 그래서 '무엇에 속고 있습니까?' 하고 물었어요. 그랬더니 '그것은 알 필요 없고 너는 지금 그에게 전화를 해주기만 하면 된다.' 하시더군요. 그래서 전화를 했어요."

그 전화를 받고 있는데 어찌나 화가 나는지 몸이 부르르 떨렸습니다. 그래서 나는 즉시 전화를 끊었습니다.
"형제, 전화 해주어서 고마워요. 나중에 설명을 해줄 테니까 지금 전화 끊어요."
그렇게 전화를 끊은 후에 나는 분노로 가득 차서 눈을 크게 뜨고 "이 마귀 새끼!" 하고 외쳤습니다. 그리고 그 즉시로 눈이 회복되었습니다.
눈에 흐르던 진물도 멈추었습니다. 눈의 예리한 통증도 사라졌습니다. 형광등만 보아도 너무 아프던 눈이 멀쩡해졌습니다. 대략 내가 눈으로 고생한 것이 2주는 넘은 것 같았습니다. 이렇게 간단한 것을 속아서 그렇게 고생을 하다니 얼마나 속이 상한지 기가 막혔습니다.

이제 이해하시겠지만 자연적인 질병은 그렇게 순식간에 낫지 않습니다. 병도 서서히 오기 시작하고 낫는 것도 어느 시점을 기점으로 서서히 낫게 됩니다. 그러나 악한 영이 주는 질병은 그렇지 않습니다. 순식간에 그 영이 소멸되고 순식간에 모든 것은 회복되기 시작하는 것입니다.

물질계에는 시간적인 요소가 있습니다. 예를 들어서 씨를 뿌렸다면 그것은 그 다음날에 열매를 맺지 않습니다. 그것은 기다려야 합니다.

그러나 영계는 시간을 초월합니다. 거기에는 시간이 없습니다.

악한 영들은 순식간에 오며 순식간에 사라집니다.

우리가 어떤 기도를 드릴 때 그 기도는 순식간에 주님께로 올라갑니다. 다만 영으로는 이미 응답된 것이되 그 기도의 응답이 물질계에 나타나는 데는 시간이 걸립니다. 물질계는 시간의 요소를 가지고 있기 때문입니다. 그러나 영계는 시간의 요소나 거리, 공간의 요소가 없습니다. 그렇기 때문에 자연적이 아닌 영적인 근원의 질병이나 재앙은 순식간에 해결되는 것입니다.

나는 이런 식으로 악한 영들에게 얼마나 많이 속았는지 모릅니다. 수 백 번, 수 천 번도 더 속았습니다. 어떤 이들은 아마 의아하게 여길지도 모릅니다. 왜 그렇게 속고 살까? 하고 말입니다.

하지만 바로 그것이 영계의 전쟁입니다. 악한 영들은 우리를 속입니다. 우리는 힘이 없어서 지는 것이 아니라 지식이 부족하고 무지하기 때문에 속고 눌리고 당하며 사는 것입니다.
많이 속으면서도 나는 그런 식으로 하나씩 좀 더 많은 원리들을 분별하고 배울 수 있었습니다. 또한 그런 식으로 많이 속았었기 때문에 다른 사람들이 어떻게 속으며 그들을 어떻게 도울 수 있는 지도 조금씩 배우게 되었습니다.
악한 영들은 강한 존재가 아닙니다. 힘이 있는 존재가 아닙니다. 다만 그들은 교활하며 속이는 존재입니다. 주님은 마귀를 거짓의 아비라고 말씀하셨습니다. 에덴 동산에서 아담과 하와가 그들에게 속은 것도 힘이 부족해서가 아니었습니다. 지식이 부족해서 속았던 것이었습니다. 그러므로 우리는 두려워할 필요는 없으나 깨어있어야 합니다. 주님 앞에 거하고 깨어있는 한 우리는 그들에게 속거나 지지 않을 것입니다.

때로는 실패하며 때로는 승리하며 그렇게 우리는 새로운 원리들을 배우며 성장해갈 수 있습니다. 그들은 우리들을 누르고 공격하려고 하지만 결과적으로 오히려 우리의 영적 성장을 도와주는 입장이 되고 말 것입니다.
당신도 그렇게 배워나가시기를 바랍니다. 당신의 지식도 자라나게 될 것이며 삶에서의 풍성함도 점점 더 많이 누릴 수 있게 될 것입니다. 할렐루야.

2부

영적 전쟁의 원리들

악한 영들은 우리를 공격합니다.
그러나 그들은 무턱대고 공격하는 것이 아니며
거기에는 전략과 방법과 원리가 있습니다.
오늘날 많은 그리스도인들이
악한 영들에게 눌린 삶을 살고 있는 것은
그러한 지식에 무지하기 때문입니다.
우리가 그러한 정보와 지식을 많이 가지고 있다면
우리는 전쟁에서 매우 유리한 위치를 차지하게 될 것
이며 손쉽게 그들을 제압할 수 있을 것입니다.

1. 악한 영들은 생각을 통해서 들어옵니다

오늘날 영적으로 둔하고 무지한 그리스도인들은 '귀신'이라는 말을 듣기만 해도 놀랍니다. '지금 당신에게 귀신이 역사하고 있는 것 같군요.' 혹은 '당신은 지금 귀신에게 속고 있는 것 같아요.' 이런 이야기를 듣는다면 난리가 나는 것입니다. 내가 그럴 리가 있느냐고.. 나는 신실한 그리스도인이라고.. 대체로 이런 반응을 보일 것입니다.

그러나 그러한 반응은 무지의 소치입니다. 영적 경험을 가지고 있는 그리스도인들은 그러한 악한 영들의 공격이 아주 보편적인 것을 잘 알고 있습니다. 또한 성경에는 이를 지지해주는 많은 사례들이 있습니다. 그러한 것은 자연스러운 것이며 하나도 이상한 일이 아닙니다.

악한 영들은 언제나 그리스도인이든 아니든 상관없이 사람들의 안에 들어올 수 있습니다. 그들은 그들이 활동할 수 있는 여건이 되면 언제든지 들어옵니다. 그러므로 그리스도인들은 그들이 움직이는 원리에 대해서 알고 있어야 하며 이에 대하여 방비하고 있어야 하는 것입니다.

그러면 그들은 어떻게 사람들의 안에 들어오며 영향력을 행사하는 것일까요? 그것은 바로 생각입니다. 생각과 감정이 그들이 움직일 수 있는 문이며 통로가 되는 것입니다. 악한 영들, 귀신들은 육체가 아니며 영적인 존재들입니다. 그러므로 그들은 육체의 법칙에 따라 움직이지 않고 영의 법칙을 따라 움직입니다. 그렇기 때문에 그들은 사람의 안에 들어오기 위해서 어떤 생각을 집어넣으며 그 생각이 그 사람의 마음과 조화를 이룰 수 있다면, 그 생각을 사람들이 거부하지 않고 받아들인다면 조금씩 좀 더 깊이 그 사람의 안에 들어올 수 있는 것입니다.

우리는 예수님의 제자인 가룟 유다가 예수님을 몇 푼의 돈에 팔아서 대제사장의 무리에게 넘긴 것을 알고 있습니다. 그런데 그런 어처구니없는 생각은 어디에서 온 것일까요? 성경은 아주 명백하게 그것을 보여줍니다.

"마귀가 벌써 시몬의 아들 가룟 유다의 마음에 예수를 팔려는 생각을 넣었더니" (요13:2)

예수를 팔려는 그 생각은 가룟 유다의 생각이 아니었습니다. 그 생각은 마귀로부터 온 것이었습니다. 그러나 마귀가 그 생각을 가룟 유다에게 집어넣었는데 유다가 그 생각을 받아들였기 때문에 그 생각은 가룟 유다의 것이 되어버린 것입니다.

이 사실은 분명합니다. 즉 악한 마귀는 사람들에게 악한 생각을 집어넣습니다. 그는 사람의 마음속에 더럽고 악한 생각과 충동을 넣어줍니다.

그러나 그것을 받아들이느냐 거절하느냐 하는 것은 사람의 책임입니다. 그렇기 때문에 나중에 '미안합니다. 그것은 내 생각이 아니었어요. 그것은 마귀의 책임입니다.' 라고 할 수 없는 것입니다.

마귀는 아무에게나 그런 악한 생각을 넣어주지 않습니다. 예를 들면 지나가는 사람에게 갑자기 속삭이기를 '저 사람을 죽여라.' 하는 식으로 속이지 않습니다. 그래서는 아무도 마귀의 꼬임에 넘어가지 않을 것입니다.

그들은 충분히 그럴듯한 상황에서 일합니다. 화가 날 상황에서 분노를 가져다줍니다. 가룟 유다에게 그러한 생각을 넣어준 것도 그가 그러한 생각을 받아들일만한 요소가 있으니까 그에게 그런 생각을 넣어준 것입니다.

또한 중요한 사항이 있습니다. 가룟 유다는 마귀의 생각을 받아들인다고 해서 갑자기 마귀의 모습으로 바뀌는 것이 아닙니다. 그래서는 모든 사람이 마귀가 무슨 짓을 하는지, 귀신이 어떤 일을 하는지 알 수 있게 될 것입니다. 그러나 악한 영들은 그렇게 일하지 않습니다.

그는 여전히 가룟 유다의 모습을 가지고 일합니다. 그는 마귀의 생각을 받기 전에도 가룟 유다였고 마귀의 생각을 받은 후에도 여전히 가룟 유다의 모습을 가지고 있는 것입니다.

그러므로 제자들 중에 아무도 그의 그러한 내적인 변화에 대해서 알지 못했던 것입니다. 다만 주님만이 그의 안에서 일어나는 생각과 마귀의 움직임에 대해서 알고 계셨습니다. 주님은 사람의 생각을 아시며 영의 움직임을 아시기 때문입니다.
"이에 예수께서 유다에게 이르시되 네 하는 일을 속히 하라 하시니 이 말씀을 무슨 뜻으로 하셨는지 그 앉은 자 중에 아는 이가 없고" (요13:27,28)

오늘날에도 영이 민감한 이들은 사람의 생각 안에서 움직이는 영의 흐름을 느끼곤 합니다. 그것은 악한 영의 움직임은 어두움에 속한 특성을 가지고 있기 때문에 영의 감각이 있는 이들은 그러한 특성을 분별해내는 것입니다.
악한 영들은 사람의 마음속에 생각을 집어넣습니다. 이것이 그들의 가장 일반적으로 일하는 방식입니다.
마귀에게 생각과 충동을 받은 것은 가룟 유다뿐이 아니었습니다. 수제자 격이었던 베드로도 순간적으로 악한 영이 주는 생각에 빠져서 주님께 야단을 맞기도 하였습니다.

"이때로부터 예수 그리스도께서 자기가 예루살렘에 올라가 장로들과 대제사장들과 서기관들에게 많은 고난을 받고 죽임을 당하고 제 삼일에 살아나야 할 것을 제자들에게 비로소 가르치시니 베드로가 예수를 붙들고 간하여 가로되 주여 그리 마옵소서 이 일이 결코 주에게 미치지 아니하리이다 예수께서 돌이키시며 베드로에게 이르시되 사단아 내 뒤로 물러가라 너는 나를 넘어지게 하는 자로다 네가 하나님의 일을 생각지 아니하고 도리어 사람의 일을 생각하는도다 하시고" (마16:21-23)

2부 영적 전쟁의 원리들

지금 이 시대에 어떤 성도가 영적 지도자에게 이렇게 야단을 맞는다면 아마 심하게 실족하고 상처를 받을지도 모릅니다. 하지만 이것은 주님이 여러 제자들 앞에서 하신 말씀이었습니다. 베드로는 아마 쥐구멍을 찾고 싶은 심정이었을 것입니다. 주님은 베드로의 그 말과 생각이 사단에게서 온 것이라고 말씀하셨습니다. 그러나 이 경우에는 가룟 유다의 경우와 많이 달랐습니다.

가룟 유다가 받은 마귀의 생각은 누가 보아도 명백히 잘못된 악한 생각이었습니다. 그 동기가 어디에 있는지는 모르지만 은밀하게 돈을 받고 자기의 스승을 팔아서 넘긴 행위는 정말로 악한 행위인 것입니다.

그러나 베드로의 경우는 달랐습니다. 그의 의도는 주님을 해롭게 하려는 것이 아니었습니다.

어느 제자가 사랑하는 스승이 죽는다는데 '아, 그러십니까. 그럼 잘 죽으십시오' 할 수 있겠습니까. 사실 용기가 없어서 말을 못했을 뿐이지 그 자리에 있었던 대부분의 제자들도 그렇게 말하고 싶었을 것입니다.

그것은 언뜻 보기에 상식적인 말과 행동이었습니다. 그것은 하나도 악해 보이거나 이상해 보이는 말이 아니었습니다. 그러나 주님은 그것이 사단에게서 나왔다고 꾸짖으셨습니다. 여기서 분명히 알 수 있는 것은 상식적으로 옳아 보이고 좋아 보이는 생각 중에도 악한 영들이 넣어주는 생각이 있을 수 있다는 것입니다. 그렇다면 우리는 어떻게 그 생각이 악한 영이 가져다주는 것이라는 사실을 분별할 수 있을까요? 앞으로 우리는 그러한 부분을 좀 더 살펴볼 것입니다.

악한 영들은 사람들의 마음속에 생각을 집어넣을 수가 있습니다. 사람의 감정을 자극할 수가 있습니다.
그 뿐 아니라 그들은 이번에는 반대로 사람의 안에 있는 생각을 빼앗아가기도 합니다. 즉 망각을 일으키는 것입니다.
마태복음의 씨 뿌리는 비유에서 주님은 길가에 떨어진 씨에 대한 말씀을 하셨습니다.
"예수께서 비유로 여러 가지를 저희에게 말씀하여 가라사대 씨를 뿌리는 자가 뿌리러 나가서 뿌릴쌔 더러는 길가에 떨어지매 새들이 와서 먹어버렸고" (마13:3,4)

이 말씀에 대하여 제자들이 묻자 주님은 이 부분을 이렇게 설명해주십니다.
"그런즉 씨 뿌리는 비유를 들으라 아무나 천국 말씀을 듣고 깨닫지 못할 때는 악한 자가 와서 그 마음에 뿌리운 것을 빼앗나니 이는 곧 길가에 뿌리운 자요" (마13:18,19)
여기서 악한 자란 악한 영들을 말하는 것입니다. 즉 악한 영들은 사람들이 복음을 들을 때 그것을 깨닫지 못하도록 방해하며 그 말씀이 그의 안에 뿌리를 내리지 못하도록 그 말씀을 새들이 씨를 먹어버리는 것처럼 그 사람의 마음속에서 사라지게 한다는 것입니다. 바로 이것이 악한 영들이 사람의 마음속에서 하는 일입니다. 즉 그들은 사람의 안에 악한 생각이나 충동적인 생각, 감동을 집어넣으며 복음이나 진리에 대한 생각은 빼앗아버린다는 것입니다. 그들은 사람의 마음속에 생각을 집어넣거나 뺍니다.

우리는 자주 은혜와 진리에 관한 생각을 잊어버립니다. 환란이 오거나 어려움이 있을 때 주님이 우리와 함께 하시며 우리를 도우신다는 사실을 깜박 잊어버립니다. 우리는 어떤 때는 마치 불신자처럼 원망하며 좌절합니다.
우리가 정신을 차릴 때는 언제일까요? 그것은 주님 앞에 나아가서 기도할 때입니다. 갑자기 우리는 주님이 우리와 함께 하신다는 사실을 기억합니다. 시련은 아무 것도 아니며 이를 통해서 우리는 오히려 성장하며 주님 앞으로 가까이 나아가게 된다는 것을 기억합니다.
우리는 기뻐 뛰게 됩니다. 그러한 느낌은 너무도 생생하여 우리는 마치 주님이 옆에서 그렇게 말씀하신 것처럼 느끼게 됩니다.
오, 그런데 그러한 감동적이고 아름다운 진리들이 왜 어려울 때는 떠오르지 않는 것일까요? 왜 기도를 하고 찬양을 하고 하나님 앞에 나아갈 때만이 떠오르는 것일까요?
그것은 악한 영들이 복음과 진리를 잃어버리도록, 망각하도록 역사하고 있기 때문인 것입니다. 그러므로 우리가 주님 앞에 나아가 기도를 드릴 때 다시 하늘이 열리며 악한 영들은 떠나가고 진리와 감동이 다시 기억나고 회복되는 것입니다.
그 마음의 상태가 길가에 속한 사람들은 항상 악한 영들이 들어왔다 나갔다 하면서 이런 저런 생각을 집어넣고 영적이고 진리적인 생각은 빼앗아 버립니다.

그러므로 의식상태가 이러한 수준에 있는 사람들은 본능적이고 육체적이고 욕망적인 수준의 생각만을 하게 되며 그러므로 낮은 차원의 비참한 삶을 살 수 밖에 없는 것입니다.
길가에 속한 사람들은 그 의식이 가장 낮고 어리며 발전되지 않은 사람들입니다.
길가에는 모든 사람들이 항상 왔다 갔다 할 수 있는데 이들의 생각은 정함이 없어서 영적인 세계도 모르고 아무것도 가리지 않으며 세상의 유행을 좇고 보이는 것만을 추구하는 사람들입니다. 무엇을 먹을까 무엇을 마실까에 대한 생각만이 그 마음에 가득 채워져 있어서 영혼의 발전과 의식의 발전과 정화에는 아무 관심이 없는 것입니다. 이러한 이들은 언제든지 악한 영들이 들락거리며 그 마음과 생각을 지배할 수 있습니다.

악한 영들은 사람의 생각을 자극함으로써 일을 합니다. 이러한 세계를 이해하지 못한다면 그 사람은 자기가 알지 못하는 사이에 악한 영들에게 쓰일 수도 있다는 것을 알아야 합니다.
그러므로 영적인 사람들은 자신의 의식과 생각을 사용하는 것을 주의하지 않으면 안 됩니다. 생각이란 영계에서 오는 것이며 언제든지 악한 영들의 통로가 될 수 있기 때문입니다.
이 부분을 다시 분명히 인식하시기를 바랍니다. 악한 영들은 생각을 통해서 일합니다. 그들은 악한 생각이나 충동을 집어넣고 좋은 생각을 가져가 버립니다.
그러므로 깨어있어서 당신의 안에 떠오르는 생각이나 감정이나 충동이 악한 영들로부터 오는 것이 아닌지 분별하시기를 바랍니다.
또한 당신이 가지고 있는 하나님의 사랑과 은혜에 대한 기억과 감동을 잊어버리지 않도록 잘 관리하고 지키시기 바랍니다. 그렇게 생각과 마음을 관리하는 것, 곧 그것이 영적 전쟁에서 승리하는 중요한 비결이 되는 것입니다.

2. 악한 영들은 두려움을 통해서 역사합니다

사람들은 악한 영들이 공격을 해온다는 말을 들으면 아주 두려워합니다. 우리가 귀신들을 공격하면 그들도 반격을 해온다는 이야기를 들으면 아주 두려워합니다. 어떤 이들은 그러한 영적 전쟁을 두려워하는 나머지 악한 영들의 비위를 거스르지 않으려고, 너무 열심히 신앙생활을 하지 않으려고 하는 경향까지 있습니다. 그것은 옳은 생각일까요? 물론 어처구니없는 생각입니다. 그러한 생각을 하는 것은 영적인 세계의 법칙에 무지하기 때문입니다.

사람들은 악한 영들이 공격을 한다면 아마 무슨 사고를 일으키거나 재앙이 생기리라고 생각합니다. 그래서 두려워하는 것입니다.
하지만 다시 이 기초를 기억해야 합니다. 악한 영들은 생각을 통해서 공격합니다. 그들은 우리에게 잘못된 생각을 넣습니다. 그들은 우리의 마음속에 두려움을 집어넣어 줍니다. 말도 안 되는 생각을 넣어줍니다. 그것은 사실이 아니지만 우리가 그것을 믿을 때는 우리에게 영향력을 행사합니다. 그것이 귀신이 공격하는 방식입니다.
어떤 사람이 벌벌 떨면서 생각하기를 밖으로 나가면 귀신이 나를 공격하고 사고를 일으킬 것이라고 믿고 있다고 합시다. 물론 그것은 말이 안 되는 생각입니다. 하지만 그가 그 말을 굳게 믿고 있다면 비슷한 일이 생길 수 있습니다. 이것은 그가 악한 영들이 넣어준 생각을 받아들였기 때문입니다.

악한 영들은 항상 씨를 뿌립니다. 그들은 좋지 않은 가라지를 우리의 마음속에 심어놓습니다.

"사람들이 잘 때에 그 원수가 와서 곡식 가운데 가라지를 덧뿌리고 갔더니 싹이 나고 결실할 때에 가라지도 보이거늘 집 주인의 종들이 와서 말하되 주여 밭에 좋은 씨를 심지 아니하였나이까 그러면 가라지가 어디서 생겼나이까 주인이 가로되 원수가 이렇게 하였구나" (마13:25-28)

우리가 영적으로 잠을 자고 있을 때 그들은 살며시 악한 생각을 집어넣습니다. 두려움의 생각을 집어넣습니다. 그리고 그것을 받아들인 사람에게 역사하는 것입니다.

그들은 영화에서 보는 것처럼 공중에서 돌이 날아오게 하거나 물건이 우리에게 날아와서 부딪치게 하는 것이 아닙니다. 그들은 악한 생각과 두려움의 생각을 집어넣습니다. 주님은 우리의 믿음을 통해서 역사하시지만 악한 영들은 두려움을 통해서 역사하는 것입니다.

악한 영들은 힘이 없습니다. 그들은 실제적인 파워를 가지고 있지 않습니다. 그러나 그들의 능력을 믿는 자들에게는, 그들을 두려워하는 자들에게는 힘을 발휘할 수 있습니다. 그들을 대단한 존재로 믿고 있는 자들에게는 대단한 존재로 나타날 수 있는 것입니다.

그것은 그들이 강한 자여서가 아니라 우리의 믿음이 그들을 강한 존재로 만들어주기 때문입니다. 그러므로 어떤 이들이 바른 지식을 가지고 있지 않아서 악한 영들을 두려워하고 있다면 그들은 악한 영들로부터 피해를 입을 수도 있습니다.

나는 청년시절에 기도원에서 금식하면서 기도를 하는 것을 좋아했습니다. 나는 기도원의 산이나 숲에서 기도를 하면서 시간을 보내곤 했습니다.

그런데 나는 청년시절에 참 두려움이 많았습니다. 특히 깜깜한 밤이 되면 숲이나 기도 굴에서 혼자 기도하는 것을 두려워했습니다. 그래서 캄캄해지기 전에 기도를 마치고 예배당이나 숙소로 돌아오곤 하였습니다.

그런데 하루는 기도 굴에서 깊이 기도를 하다 보니 시간이 많이 지나고 말았습니다. 정신을 차리고 기도 굴을 나왔을 때는 이미 칠흑같이 어두운 밤이었습니다. 주위에는 아무도 없었고 사람이라곤 나 혼자 있었을 뿐이었습니다.

나는 갑자기 겁이 더럭 났습니다. 얼마 후에는 그 두려움에서 벗어나게 되었지만 그 당시는 아직 두려움을 극복하지 못하고 있었을 때였습니다.

나는 악한 영들이 어둠 속에서 나를 공격할까봐 두려웠습니다. 그래서 얼른 불빛이 보이는 숙소로 가야겠다고 생각했습니다. 나는 급한 마음으로 달려가다가 돌부리에 발이 걸려 그 자리에서 넘어지고 말았습니다. 그 바람에 큰 부상은 아니었지만 다리와 손과 얼굴을 조금 다치게 되었습니다.

이것은 작은, 사소한 사건이었지만 나중에 이 일을 생각하면서 나는 중요한 원리를 이해하게 되었습니다. 악한 영들은 나를 직접적으로 건드릴 수 없었습니다. 그러나 내가 괜히 호들갑스럽게 도망하다가 스스로 넘어져 다친 것이었습니다.

내가 차분하고 침착했다면 아무런 일도 없었을 것입니다. 그러나 내가 두려움의 생각을 받아들이고 당황해서 움직였기 때문에 공연히 넘어져서 피해를 입게 되었던 것입니다.

이것이 오늘날의 그리스도인들이 흔하게 범하는 잘못입니다. 어려운 상황이 있을지라도 주님의 함께 하심과 보호하심을 신뢰하고 조용히 주를 의뢰하고 침착하게 대처하면 우리는 아무런 재앙도 겪지 않을 것입니다. 그러나 당황하고 흥분하여 함부로 움직인다면 우리는 어려움을 겪을 수도 있습니다. 당황과 흥분과 두려움은 악한 영들이 역사할 수 있는 분위기를 제공해주기 때문입니다.

갈릴리 바다의 파도가 왔을 때도 그러한 상황이었습니다. 주님의 제자들은 큰 풍랑이 오자 몹시 두려워하고 당황했습니다. 그들은 흥분했으며 믿음을 잃어버렸습니다. 얼마 전까지만 해도 주님만 함께 하시면 아무 것도 염려할 일이 없다고 생각하던 제자들이 막상 무서운 바람과 파도를 만나게 되자 그 믿음이 다 사라지고 말았습니다. 그래서 그들은 소리를 지르고 두려워하며 주님을 깨웠습니다.

"배에 오르시매 제자들이 좇았더니 바다에 큰 놀이 일어나 물결이 배에 덮이게 되었으되 예수는 주무시는지라 그 제자들이 나아와 깨우며 가로되 주여 구원하소서 우리가 죽겠나이다" (마8:23-25)

그러자 주님은 조용히 일어나셔서 그들의 믿음의 부족함을 꾸짖으셨습니다.

"예수께서 이르시되 어찌하여 무서워하느냐 믿음이 적은 자들아 하시고 곧 일어나사 바람과 바다를 꾸짖으신대 아주 잔잔하게 되거늘 그 사람들이 기이히 여겨 가로되 이 어떠한 사람이기에 바람과 바다도 순종하는고 하더라" (마8:26,27)

주님의 고요한 마음의 상태는 광풍과도 같은 파도에 의해서 깨어지지 않았습니다. 주님은 여전히 고요함과 평안함을 유지하셨습니다.

주님은 제자들의 믿음이 부족한 것을 꾸짖은 후에 바람과 파도를 꾸짖었습니다. 그것은 바람과 파도의 배후에 악한 영들이 개입되어 있는 것을 보여줍니다. 무엇인가를 꾸짖는 것은 인격을 가지고 있는 대상에 대하여 하는 것입니다.

인격이 없는 것을 꾸짖는 사람은 없습니다. 책을 읽다가 책을 꾸짖거나 밥을 먹다가 밥을 꾸짖는 사람은 없습니다. 주님은 왜 바람과 파도를 꾸짖으셨을까요? 그것은 악한 영들이 그 바람과 파도를 일으켰기 때문입니다. 악한 영들은 여러 번에 걸쳐 주님을 죽이려고 하였습니다. 그러나 그들의 시도는 성공하지 못했습니다. 갈릴리바다에서도 악한 영들은 파도를 일으켜 주님과 제자들이 타고 있는 조그만 배를 뒤집어엎으려고 했습니다. 제자들만 있었다면 악령들의 시도는 성공했을지도 모릅니다. 왜냐하면 그들은 두려워하고 흥분된 상태에 있었으니까요.

그러나 주님은 여전히 고요하셨으며 마음의 평화를 유지하셨습니다. 그리고 그러한 상태에서는 악한 영들은 아무런 능력도 행할 수 없었습니다. 파도가 주님의 평화를 깨뜨리지 못하자 주님의 평화롭고 고요한 심령이 파도를 잔잔하게 만들었던 것입니다.

우리는 이 원리를 기억해야 할 필요가 있습니다. 그것은 악한 영들은 우리를 공격하기 원하지만 그것은 우리가 두려워하고 흥분하고 난리를 꾸밀 때만 성공할 수 있다는 사실입니다.
만약 우리가 고요함을 유지하고 주님을 신뢰하며 악한 영들을 향해서 꾸짖고 태연하게 대처한다면 그들은 실패하고 떠날 수밖에 없는 것입니다.
주님은 파도 앞에서 두려워하는 제자들을 믿음이 부족하다고 꾸짖으셨습니다. 제자들의 입장에서는 아마 좀 억울했을지도 모릅니다. 갈릴리 바다에서 잔뼈가 굵은 그들이 보기에도 그 파도는 정말 너무나 크고 강하고 두려운 파도였으니까요.

그러나 주님께서는 제자들에게 그러한 믿음을 요구하셨던 것입니다. 어떠한 파도가 오더라도 심지어 죽음이 온다고 하더라도 눈썹하나 까딱하지 않고 고요함과 평안함을 유지하면서 악한 영들을 꾸짖고 대적하는 그러한 믿음을 주님은 기대하셨던 것입니다.

부디 이 원리를 기억하시기를 바랍니다. 악한 영들은 그럴듯한 두려움을 우리에게 일으킵니다. 언뜻 보기에는 대단해 보이는 어려움들을 우리에게 보여줍니다. 그러나 우리가 그들의 작전을 분별하고 대적한다면, 고요한 마음의 상태를 유지하며 어떠한 상황이든지 두려워하지 않는다면, 우리는 승리할 수 있게 될 것입니다. 그것이 우리의 믿음입니다.

나는 조금만 어려운 일이 있으면 온갖 난리를 꾸미면서 두려움을 고백하고 좌절하고 낙망하는 많은 이들을 보아왔습니다. 그러한 태도야말로 악한 영들의 역사를 강하게 하며 고생을 자초하는 것인데도 그렇게 본능적으로 행동하는 이들을 많이 보았습니다.

그러나 우리는 믿음을 굳게 하여 그들을 대적해야 합니다. 그리고 마음의 평화를 유지해야 합니다. 우리의 지식이 증가될수록, 분별력이 증가될수록 영감이 발전할수록 우리는 좀 더 그들의 공격에 대해서 잘 대처하며 승리해나갈 수 있게 될 것입니다. 그것이 우리의 믿음이 자라가는 것입니다. 나는 그러한 성장을 계속 기대하고 있습니다.

3. 귀신을 쫓는 것은 제자들의 기본적인 사명입니다

귀신을 쫓고 악한 영들을 제압하여 자유함을 얻는 것에 대한 이야기를 하면 사람들은 놀랍니다. 그리고 그러한 사역은 특수한 사역이라고 생각합니다. 그러나 성경의 관점도 그럴까요? 주님은 제자들에게 그렇게 가르치시지 않았습니다.

"또 산에 오르사 자기의 원하는 자들을 부르시니 나아온지라 이에 열둘을 세우셨으니 이는 자기와 함께 있게 하시고 또 보내사 전도도 하며 귀신을 내어쫓는 권세도 있게 하심이러라" (막3:13-15)

이 말씀은 주님께서 제자들을 부르신 목적에 대해서 말씀하고 있는 것입니다. 이 말씀에 의하면 주님이 제자를 부르시고 세우신 목적은 첫째, 주님과 함께 있게 하시기 위한 것이고 둘째, 전도를 하게 하시기 위한 것이며 셋째, 귀신을 쫓는 권세를 주시고 귀신을 쫓게 하시기 위한 것입니다.

만약 누군가 주님의 제자들로 자처하고 싶다면 오늘날에도 같은 일을 해야 할 것입니다.

첫째로 그는 주의 임재하심을 경험해야 합니다. 그는 주의 임재하심, 즉 주님과 함께 있는 것이 무엇인지 알고 있어야 합니다. 그의 영은 개발되고 발전해서 주님의 살아 계신 임재와 주님의 음성에 대해서 민감한 사람이 되어야 합니다.
둘째, 그는 복음을 전하는 사역자가 되어야 하며 셋째, 그는 권세를 받고 귀신을 쫓아내는 것을 통하여 사람들을 자유롭게 해야 합니다. 오늘날 제자훈련에 대한 언급이나 가르침은 많이 있지만 성경이 제시하고 있는 제자의 사역과 거리가 있다는 것은 놀라운 일입니다.
지금 이 시대의 인식은 단순한 지적훈련과 지적이해가 제자훈련의 중심인 것으로 생각하는 경향이 많이 있습니다.
그리고 그러한 것은 실제적인 영적 자유와 하늘의 영광을 경험하는 것과는 많은 차이가 있는 것입니다. 또한 성경의 가르침이나 주님의 가르침과도 거리가 있는 것입니다.

귀신을 쫓는 것은 주님께서 제자들에게 가르치시고 전한 중요한 부분이었습니다. 성경의 이 한곳에서만 강조하고 있는 것이 아닙니다. 주님은 이것을 기본적으로 가르치시고 사역을 맡기셨습니다.
"예수께서 그 열두 제자를 부르사 더러운 귀신을 쫓아내며 모든 병과 모든 약한 것을 고치는 권능을 주시니라" (마10:1)
주님은 제자들에게 권능을 주셨으며 그 권능을 가지고 복음전파에 임하라고 말씀하셨습니다.
"가면서 전파하여 말하되 천국이 가까왔다 하고 병든 자를 고치며 죽은 자를 살리며 문둥이를 깨끗하게 하며 귀신을 쫓아내되 너희가 거저 받았으니 거저 주어라" (마10:7,8)

이것은 단순히 복음을 설명하고 설득하는 것에 그치고 있는 오늘날의 사역과 얼마나 차이가 있는 것인지요! 주님은 천국의 복음이 입으로만 전해지는 것이 아니라 살아있는 능력으로 나타나는 것을 원하셨고 그렇게 되도록 가르치셨던 것입니다. 주님은 단순히 말씀을 가르치시고 그것을 암송하는 식으로 훈련을 하신 것은 아니었습니다. 주님은 직접 귀신을 쫓으셨으며 제자들은 놀라서 그러한 장면을 보았습니다.

그리고 그 다음에는 제자들이 직접 실습에 나가는 것이었습니다. 그들은 그들이 보고 배운 대로 직접 복음을 전하며 귀신을 쫓았던 것입니다. 이 실습에서 성공한 제자들은 아주 신이 나서 주님께로 돌아와 보고를 하기도 했습니다.

"칠십인이 기뻐 돌아와 가로되 주여 주의 이름으로 귀신들도 우리에게 항복하더이다"(눅10:17)

그들은 막상 파송을 받고 나갔지만 과연 그들이 귀신들을 제어하고 이길 수 있을까 심히 걱정스러웠습니다. 그러나 막상 사역을 하고 전도를 하다보니 주의 이름으로 귀신들이 떨며 굴복하며 나가는 것을 경험하게 되었고 그래서 그들은 아주 신이 났던 것입니다. 그러자 주님은 그들의 흥분을 진정시키셨습니다.

"예수께서 이르시되 사단이 하늘로서 번개같이 떨어지는 것을 내가 보았노라 내가 너희에게 뱀과 전갈을 밟으며 원수의 모든 능력을 제어할 권세를 주었으니 너희를 해할 자가 결단코 없으리라 그러나 귀신이 너희에게 항복하는 것으로 기뻐하지 말고 너희 이름이 하늘에 기록된 것으로 기뻐하라 하시니라" (눅10:18-20)

그러나 제자들의 귀신 쫓기가 항상 성공한 것은 아니었습니다. 귀신들도 등급이 있었고 강력한 귀신이 있었고 약한 귀신이 있었습니다. 그래서 어떤 경우에는 제자들이 성공할 수 없었습니다.

"무리 중에 하나가 대답하되 선생님 벙어리 귀신들린 내 아들을 선생님께 데려왔나이다 귀신이 어디서든지 저를 잡으면 거꾸러져 거품을 흘리며 이를 갈며 그리고 파리하여 가는지라 내가 선생의 제자들에게 내어쫓아 달라 하였으나 저희가 능히 하지 못하더이다" (막9:17,18)

사역자의 실력에 대한 평가 기준은 주님 당시와 이 시대와는 전혀 다른 것을 볼 수 있습니다. 이 시대는 학벌이나 지적 능력이 뛰어나면 유능한 사역자로 인정을 받지만 당시는 그렇지 않았습니다. 귀신을 쫓아내고 사람을 자유롭게 할 수 있으면 그는 능력 있는 사역자이며 그는 자신이 하늘로부터 온 사람인 것을 입증할 수 있었던 것입니다.
주님은 그러한 제자들의 실패에 대하여 심하게 꾸짖으셨습니다.
"대답하여 가라사대 믿음이 없는 세대여 내가 얼마나 너희와 함께 있으며 얼마나 너희를 참으리요 그를 내게로 데려 오라 하시매 이에 데리고 오니 귀신이 예수를 보고 곧 그 아이로 심히 경련을 일으키게 하는지라 저가 땅에 엎드러져 굴며 거품을 흘리더라 예수께서 그 아비에게 물으시되 언제부터 이렇게 되었느냐 하시니 가로되 어릴 때부터니이다 귀신이 저를 죽이려고 불과 물에 자주 던졌나이다 그러나 무엇을 하실 수 있거든 우리를 불쌍히 여기사 도와주옵소서

예수께서 이르시되 할 수 있거든이 무슨 말이냐 믿는 자에게는 능치 못할 일이 없느니라 하시니 곧 그 아이의 아비가 소리를 질러 가로되 내가 믿나이다 나의 믿음 없는 것을 도와 주소서 하더라

예수께서 무리의 달려 모이는 것을 보시고 그 더러운 귀신을 꾸짖어 가라사대 벙어리 되고 귀먹은 귀신아 내가 네게 명하노니 그 아이에게서 나오고 다시 들어가지 말라 하시매 귀신이 소리지르며 아이로 심히 경련을 일으키게 하고 나가니 그 아이가 죽은 것 같이 되어 많은 사람이 말하기를 죽었다 하나 예수께서 그 손을 잡아 일으키시니 이에 일어서니라" (막9:19-27)

주님께서는 제자들의 믿음이 없는 것을 꾸짖으셨습니다.
주님께서는 일상의 사소한 일에 대해서 제자들을 꾸짖은 적이 거의 없으셨습니다. 손을 씻지 않고 음식을 먹어도 야단을 치지 않으셨습니다. 그러나 그들의 믿음이 부족한 것에 대해서는 여러 번 언급을 하며 꾸짖으셨습니다. 그것은 믿음을 통해서만 하나님의 역사가 이루어질 수 있었기 때문이었습니다.

실패한 제자들은 기가 죽어서 조용히 주님께로 나아와서 그 실패의 원인을 물었습니다.
"집에 들어가시매 제자들이 조용히 묻자오되 우리는 어찌하여 능히 그 귀신을 쫓아내지 못하였나이까
이르시되 기도 외에 다른 것으로는 이런 유가 나갈 수 없느니라 하시니라" (막9:28, 29)
귀신을 쫓아서 사람을 자유케 하는 것은 제자들의 중요한 사역이었습니다. 그것은 주님의 제자들에게 있어서 중요한 학습이었습니다. 그들은 실패한 후에 그냥 넘어갈 수 없었습니다. 그것은 반드시 실패의 원인을 배우고 발견하고 다음에는 성공해야 하는 학습의 한 과정이었습니다. 그것은 당시에는 제자들이 해야하는 당연한 사역이었던 것입니다.

주님은 귀신을 쫓아내는 데에 성공하여 희희낙락하는 제자들을 격려해주셨으며 또한 그들이 너무 자만심에 빠지지 않도록 주의를 주셨습니다. 또한 주님은 제자들이 귀신을 쫓는 데에 실패하여 낙담하고 있을 때에 그들의 문제점을 지적해주셨습니다. 그것이 주님께서 실제적으로 사역을 가르치시고 제자들을 훈련시키고 사역을 맡기시는 방식이었습니다.
주님은 제자들의 믿음이 부족하여 귀신을 쫓아내지 못하는 것을 보고 심하게 꾸짖으셨습니다. 그분은 오늘날의 사역자들이 귀신을 쫓는 데에 실패하는 것은 고사하고 아예 시도조차 하지 않는 것을 보면 어떻게 생각하실까요? 분명한 것은 주님이

가르치시던 것과 오늘날의 가르침은 많은 차이를 가지고 있다는 사실입니다.

우리는 이 기초에 대해서 분명히 알아야 합니다. 귀신을 쫓아내고 마귀를 부수며 눌려있는 자를 자유케 하는 것은 주님께서 우리에게 맡기신 아주 중요하고 기본적인 사역이라는 것입니다. 그것은 특수 사역이 아닙니다. 우리는 귀신을 쫓아내야 합니다. 우리는 이 사역을 위하여 부름을 받은 것입니다.

주님께서 귀신을 쫓아내는 일을 많이 하시자 바리새인들은 이가 귀신을 쫓는 것은 귀신의 왕인 바알세불을 힘입어서 쫓는 것이라고 비난했습니다. 즉 주님이 귀신의 왕의 힘을 빌려서 귀신을 쫓는다는 것입니다.

"바리새인들은 듣고 가로되 이가 귀신의 왕 바알세불을 힘입지 않고는 귀신을 쫓아내지 못하느니라 하거늘" (마12:24)

예수님은 이에 대해서 대답하셨습니다.

"예수께서 저희 생각을 아시고 가라사대 스스로 분쟁하는 나라마다 황폐하여질 것이요 스스로 분쟁하는 동네나 집마다 서지 못하리라 사단이 만일 사단을 쫓아내면 스스로 분쟁하는 것이니 그리하고야 저의 나라가 어떻게 서겠느냐." (마12:25, 26)

이 논리는 간단합니다. 귀신과 사단은 같은 편인데 같은 편끼리 싸우고 쫓아내고 하는 것이 말이 되느냐는 것입니다. 또한 이 말씀에 이어서 예수님은 무서운 경고를 덧붙이십니다.
"그러므로 내가 너희에게 이르노니 사람의 모든 죄와 훼방은 사하심을 얻되 성령을 훼방하는 것은 사하심을 얻지 못하겠고 또 누구든지 말로 인자를 거역하면 사하심을 얻되 누구든지 말로 성령을 거역하면 이 세상과 오는 세상에도 사하심을 얻지 못하리라" (마12:31,32)

이것은 무서운 메시지입니다. 주님은 귀신을 쫓는 일에 대해서 비난하고 있는 바리새인들을 향해서 그 사역은 성령님의 역사이며 이에 대해서 함부로 비난하는 것은 성령님을 거스르는 것이므로 거기에는 결코 용서가 없다고 말씀하신 것입니다.
오늘날에도 적지 않은 이들이 악한 의도는 없지만 영적 무지로 인하여 성령님의 역사를 제한하고 방해하는 경우들이 많이 있습니다. 그러므로 우리는 그렇게 되지 않도록 조심해야 하며 우리의 눈을 열어주셔서 우리가 성령의 일을 방해하는 도구가 되지 않도록 해달라고 기도해야 할 것입니다.
이 경고를 하시면서 주님은 매우 중대한 메시지를 전달하셨습니다.

"그러나 내가 하나님의 성령을 힘입어 귀신을 쫓아내는 것이면 하나님의 나라가 이미 너희에게 임하였느니라" (마12:28)
이 말씀은 아주 놀라운 말씀입니다. 하나님 나라의 임함은 곧 천국의 임함이며 사람들은 죽은 후에나 천국에 갈 수 있다고 생각합니다. 그러나 하나님의 권능으로 귀신이 쫓겨나가게 될 때 그 곳에는 부분적으로 하나님의 나라, 천국의 역사가 임했다는 것입니다.

부분적이기는 하더라도 악한 영들과의 투쟁을 통해서 승리와 해방을 맛본 이들은 아마 이 말씀을 공감하고 기뻐할 수 있을 것입니다. 하나님의 능력이 나타나고 예수의 이름 앞에서 귀신들이 드러나고 떠나갈 때 그 사람은 여태까지 알지 못했던 놀라운 해방과 자유함을 맛보게 됩니다. 그것은 정말 새롭고 놀라운 삶이며 천국의 일부분이라고 할 수 있는 것입니다.
오늘 우리 모두는 이 기초에 대해서 분명하게 인식할 수 있었으면 좋겠습니다.

귀신을 쫓는 것은 주님께서 우리에게 맡기시고 명하신 아주 중요한 사역입니다. 그리고 이 사역을 통해서 천국의 임재와 실제를 우리는 분명하게 경험할 수 있습니다. 예수의 이름 앞에 귀신과 악령들과 모든 재앙과 저주는 사라지게 되며 그것이 곧 복음의 놀라운 역사인 것입니다. 할렐루야.

4. 마귀를 대적하는 것과 하나님을 가까이 하는 것

실제로 삶에서 경험하기 전까지 나는 귀신을 쫓고 그들과 싸우는 것은 아주 특이하고 신기한 일인 줄 알고 있었습니다. 마치 무림의 고수들이 장풍을 날리며 휙휙 날아다니는 것 같은, 그런 묘한 일이라고 생각했습니다.

그러나 한 두 가지 씩 경험을 해보니까 영적 전쟁은 아주 평범한 일이라는 사실을 알게 되었으며 악한 영들은 우리의 일상적인 삶 속에 살면서 숨어서 장난을 치고 있는 존재라는 것을 알게 되었습니다. 그들은 이미 오래 전부터 우리의 삶에 개입을 하고 있었으며 우리를 괴롭히고 있었습니다.

다만 우리의 영적 분별력과 지식이 부족해서 그 사실을 알지 못하고 있었던 것뿐입니다.

나는 그들과의 전쟁을 치르면서 하나씩 새로운 사실과 원리에 대해서 알게 되었습니다. 그러한 새로운 지식은 참으로 놀라운 것이었습니다.

신학대학원에 다니던 시절이었습니다. 나는 양지에 있는 학교의 기숙사에 머물면서 공부를 하고 있었는데 어느 날 갑자기 몸살 비슷한 증상이 와서 심하게 아프게 되었습니다.

그 증상은 감기 몸살에 심하게 걸린 것과 비슷한 것이었습니다. 온 몸이 쑤시고 열이 났으며 모든 뼈마디가 부서지는 것 같이 아팠습니다.

어지럽고 구토가 나서 견딜 수가 없었습니다. 게다가 목이 심하게 부어서 말도 할 수가 없었습니다. 도저히 공부를 할 수 있는 상황이 아니었습니다. 공부는커녕 앉아있는 것 자체도 너무나 힘들고 어지러웠던 것입니다.

무엇보다 힘들었던 것은 목이 심하게 부어서 침을 삼킬 수가 없다는 것이었습니다. 잠시 이를 악물고 간신히 침을 넘기면 몇 초 동안은 견딜 수 있었지만 다시 침을 넘겨야 할 때는 너무나 목이 아팠습니다. 결국 나는 수업을 포기하고 집으로 가는 버스를 탔습니다.

양지에서 부천에 있는 집에 까지는 약 세 시간이 걸렸습니다. 그 시간은 얼마나 길고 고통스럽게 느껴졌는지요! 나는 구토가 나오는 것을 간신히 참아가면서 어서 집에 도착하기만을 바라고 또 바랬습니다.

그렇게 고통스러웠던 기간은 약 3일 정도였습니다. 나는 내가 주님 앞에서 무엇을 잘못했는지 곰곰이 생각해보았습니다. 그리고 조금이라도 마음에 거리낌이 있다고 느껴지는 것은 열심히, 아주 열심히 회개했습니다. 부디 나의 죄가 용서받고 이 고통에서 빨리 벗어나고 싶었기 때문입니다.

하지만 있는 회개, 없는 회개를 아주 열심히 했음에도 불구하고 고통은 전혀 사라지지 않았습니다. 오히려 더 심해지는 것 같이 느껴졌습니다. 주님께 간절히 기도했지만 도무지 소용이 없었습니다. 정말 지옥 같은 3일이었습니다.

드디어 간신히 집에 도착을 했습니다. 나는 탈진해서 비틀거리며 집에 들어왔습니다. 아내는 내 모습을 보고 놀라서 달려왔습니다. 신혼이라 아직 아이가 없을 때여서 아내는 집에서 나를 기다리고 있었습니다. 그래도 집에 오니 마음이 조금 편안하게 느껴졌습니다.

나는 3일간 아무 것도 먹지 못했습니다. 침을 삼키는 것도 엄청나게 아픈 상황에서 다른 음식을 먹을 수 있을 리가 만무했습니다. 물도 마실 수 없었습니다. 그러니 몸도 어지럽고 힘이 없는 것은 당연했습니다.

아내는 나를 걱정해주었습니다. 그리고 무엇인가를 먹어야 한다고 주스도 가져다주고 미음도 만들어주었습니다.

그러나 조금만 목에 닿아도 목이 찢어지는 것 같이 아파서 도저히 아무 것도 먹을 수 없었습니다.

아내는 내게 여러 가지를 물어보았지만 나는 거의 들리지 않는 기어가는 목소리로 비실비실 대답하고는 자리에 누웠습니다. 왜 아픈지는 몰랐지만 좌우간 너무 아프고 기도도 안 되니 빨리 잠이 들어서 이 고통을 잊어버려야겠다고 생각했습니다.

아내는 무엇인가를 하려고 주방으로 가고 나는 내 방에 누웠습니다. 그런데 그 순간 갑자기 마음속에 '아차, 이거 내가 속고 있는 것이 아닌가..' 하는 생각이 들었습니다. 지금 특별하게 이렇게 아파야 할 이유가 없었던 것입니다. 게다가 이런 통증.. 뭔가 보통 때의 아픈 것과 다른 느낌이 있었습니다. 마음이 불안하고 위축되고 눌리고.. 그저 자연적으로 아픈 것과는 뭔가 다른 느낌이 있었습니다.

나는 방 한구석에 있는 거울을 가져왔습니다. 그리고 거울 속의 내 눈을 쳐다보았습니다. 그리고 갑자기 전율을 느꼈습니다. 내 눈을 보는 순간, 내가 악한 영들에게 속고 있었다는 것을 갑자기 선명하게 깨달을 수 있었기 때문입니다.

나는 그 때쯤 해서는 어느 정도의 영적 경험과 지식을 가지고 있었기 때문에 눈을 보면 악한 영들이 역사하는 지 아닌지 조금 분별할 수 있었습니다. 아마 진작 거울을 보았다면 좀 더 빨리 알았을지 모릅니다. 하지만 자신의 얼굴과 눈은 보이지 않기 때문에 나는 그것을 알 수 없었습니다.

거울을 보는 순간 나는 화가 나서 마음속으로 외쳤습니다. 아직 입을 벌릴 수가 없었기 때문입니다.

"이 나쁜 놈들 같으니라고! 빨리 안 나가?"

나는 그렇게 한 마디 호통을 쳤습니다. 지난 며칠 동안 고생하고 속아서 눌린 것을 생각하면 정말 기가 막히고 화가 머리끝까지 치밀어 올랐습니다.

그러자 1초도 지나지 않아서 온 몸에 전율이 오면서 시원해졌습니다.

나는 튀어 일어났습니다. 팔 다리를 움직였습니다. 목을 움직여보았습니다. 통증은 어디에서도 느껴지지 않았습니다. 정말 기가 막힌 일이었습니다.

나는 기타를 집어 들었습니다. 그리고 큰 소리로 주님을 찬양하기 시작했습니다. 아주 요란하고 강한 목소리로 찬양을 부르기 시작했습니다. 요란한 소리에 놀라서 아내가 달려왔습니다. 그녀는 조금 전까지 비실거리고 있던 내가 멀쩡해져서 신나게 기타를 치면서 큰 소리로 찬양을 하고 있으니 어처구니가 없는 모습이었습니다.

아내는 내게 말했습니다.

"이제 좀 괜찮아요? 미음 좀 가져다줄까요?"

나는 대답했습니다.

"아니.. 미음 필요 없어요. 밥하고 김치를 갖다 줘요."

"그걸 어떻게 먹어요? 물도 못 마시는데.."

"괜찮으니까 얼른 갖다 줘요. 배가 고프니까."

아내는 고개를 갸웃거리며 밥과 김치를 가져왔습니다.

나는 김칫국에 밥을 말아서 미친 듯이 게걸스럽게 마구 먹기 시작했습니다. 그 모습을 보더니 아내는 눈이 똥그래졌습니다.

"내가.. 이걸 보니까 믿지 이야기를 들었으면 안 믿었을 거야. 어떻게 그렇게 갑자기 사람이 멀쩡해져요?"

식사를 하고 기운을 차리고 정신이 돌아오자 나는 이 사건이 주는 교훈에 대해서 생각하기 시작했습니다.

배워야 할 아주 중요한 부분이 있었습니다. 그것은 주님께 기도하는 것과 악한 영을 대적하는 것의 관계에 대한 것이었습니다.

나는 며칠 동안 몸의 회복을 위해서 간절하게 기도했습니다. 그러나 몸은 회복되지 않았습니다. 나는 며칠 동안 주님께 간절하게 기도했습니다. 그러나 주님은 응답하시지 않았습니다. 나는 며칠 동안 생각나는 모든 것들을 간절하게 회개했습니다. 하지만 내가 경험하고 있던 고통의 모든 흔적은 사라지지 않았습니다.

나는 기도의 방향성이 얼마나 중요한 것인가에 대해서 분명하게 배울 수 있었습니다.

나는 이전에 어떤 문제로 씨름을 하다가 무엇인가 나의 잘못된 부분이 그것을 막고 있는 것을 발견하고 그것에 대해서 회개를 했을 때 순식간에 문제가 해결되는 것을 여러 번 경험한 바 있었습니다.

또한 어떤 경우에서는, 내가 기도 없이 움직였기 때문에 문제가 생긴 것을 알고 주님 앞에 무릎을 꿇었을 때 문제가 풀리는 것을 경험하기도 했습니다.

그러나 이 경우는 달랐습니다.

지금의 경우는 악한 영들이 나를 속이고 들어와 역사한 것입니다. 이때에는 회개가 소용이 없었습니다. 주님께 기도하는 것도 소용이 없었습니다.

간구란 주님께 간절하게 기도하고 구하는 것입니다. 그러나 악한 영들을 결박하고 대적하는 것은 전혀 다른 문제였습니다. 그것은 주님께 악한 영들을 쫓아달라고 구하는 것이 아니었습니다. 이러한 경우에는 주님께서 이미 우리에게 주신 권세를 사용해서 우리가 그들에게 명령하고 선포해서 쫓아내야 했던 것입니다.

나는 이 경험을 통해서 분명하게 배웠습니다. 그것은 하나님을 구하며 하나님께 가까이 나아가는 것과 마귀를 대적하는 것은 전혀 다른 것이라는 진리였습니다.
성경은 이 사실을 분명하게 보여줍니다.
"마귀를 대적하라 그리하면 너희를 피하리라
하나님을 가까이 하라 그리하면 너희를 가까이 하시리라" (약 4:7,8)
우리는 어떤 때에는 하나님께 가까이 나아가야 합니다.
그러면 하나님께서는 우리에게 가까이 임하실 것입니다.
그러나 우리는 어떤 때에는 마귀를 대적해야 합니다.
그러면 마귀는 우리를 피하여 도망할 것입니다.
이 두 가지의 기도는 전혀 다른 것입니다.
즉 하나님께 가까이 간다고 마귀가 저절로 도망가는 것은 아닙니다.
또한 마귀를 대적한다고 해서 하나님께서 우리에게 가까이 오시는 것이 아닙니다.

2부 영적 전쟁의 원리들

그러므로 우리는 어느 때는 하나님께 가까이 나아가는 기도를 드려야 하며 어느 때는 마귀를 대적하는 기도, 명령하는 기도를 드려야 하는 것입니다.

이번에 경험한 나의 실수는 이것이었습니다. 나는 마귀를 대적해야했을 때 그저 간절하게 하나님께 호소만을 했던 것입니다. 아마 처음부터 마귀를 대적했으면 그는 그 순간 도망했을 것이며 나는 그렇게 쓸데없이 고통을 겪지는 않았을 것입니다. 하지만 나는 이 실패를 통해서 두 가지의 기도 방향은 다르다는 것을 확실하게 배울 수 있었습니다.

영에 대한 분별, 기도의 방향에 대한 분별은 우리 모두에게 있어서 얼마나 중요한 것인지 모릅니다.

만일 우리가 기도하는 방법을 알고 있다고 해도 그 상황에 필요한 적절한 기도를 선택하지 못한다면 우리는 좋은 결과를 얻을 수 없을 것입니다.

예를 들어서 회개가 필요한 상황에서 계속 마귀를 대적한다고 생각해보십시오. 아마 마음이 강퍅해지기만 하지 별로 효과가 없을 것입니다.

믿음의 선포가 필요한 시점에서 계속 흐느껴 울면서 주님의 자비를 구한다고 생각해보십시오. 울면 울수록 점점 더 마음이 가라앉고 위축되는 것을 느끼게 될 것입니다.

지금의 나처럼 마귀에게 명령하고 쫓아내야 할 때에 그저 믿음으로 인내하고 있거나 회개만을 하고 있다고 생각해보십시오. 아마 고통은 더 증가될 것입니다. 싸움터에서 울고 있는 사람이 있다면 상대방에게 더 두드려 맞을 것은 당연한 이치가 아니겠습니까? 그러니 마귀에게 더 얻어맞고 비참한 상태가 될 수밖에 없는 것입니다.

이처럼 바른 영의 분별과 기도의 분별은 중요한 것입니다. 그래야만 상황에 맞는 바른 기도를 선택하고 사용할 수 있기 때문입니다.
우리의 영은 좀 더 자라고 발전해가야 합니다. 그리하여 순결함과 분별력과 지혜에 있어서 더 나아가야 합니다.
우리는 주님께 가까이 나아감으로 주님의 임재를 경험할 수 있습니다. 또한 우리는 마귀를 대적함으로 영적 승리와 해방을 경험할 수 있습니다. 이 두 가지는 전혀 서로 다른 것입니다.
우리는 적절한 상황에서 적절한 기도를 선택해야 합니다. 우리가 이 두 가지의 분야를 다 이해하고 경험할 수 있다면, 그래서 상황에 맞는 적절한 대처를 할 수 있다면 좀 더 풍성한 삶을 살게 될 수 있을 것입니다. 할 수 있는 한 우리는 어느 한 쪽에 치우치지 않고 균형 잡히고 조화로운 그리스도인으로서 성장해가야 할 것입니다.

5. 우리에게 주어진 권세를 사용함

앞에서도 잠시 언급한 바 있지만 귀신을 쫓아내고 악한 영들을 대적하는 것은 우리가 하는 것입니다. 그것을 주님께 해달라고 기도해서는 안 됩니다.
주님께서는 우리에게 그의 이름과 보혈의 능력과 권세를 위탁해주셨습니다. 그것은 그 이름의 능력과 권세를 사용하라는 것입니다. 그러므로 귀신을 쫓아내는 것은 우리가 주의 이름을 사용하여 행하는 것으로 우리의 의무이자 권리가 되는 것입니다.

영의 분별은 아주 중요합니다. 만약 어떤 사람이 악한 영들로 인하여 질병을 앓고 고통하고 있는데 우리가 그것을 주님이 허락하신 것이라고 인내하라고 위로한다면 악한 영들은 기분이 좋아져서 더 힘이 강해지기 때문에 고통이 더 심해지게 됩니다. 사실 실제적으로 이러한 잘못을 저지르고 있는 사역자들도 많이 있습니다.
또한 반대로 구체적인 잘못과 죄를 통해서 고통과 병이 왔는데 그것을 고백하지 않고 귀신만 쫓는다면 그것은 해결될 리가 없습니다.
그러므로 어떤 것들이 악한 영들이 역사하고 있는 증상의 징

후인지, 어떤 것이 자연스러운 고통이며 질병인지, 이에 대한 분별이 필요한 것입니다. 그렇기 때문에 악한 영을 다루는 문제에 대해서는 영적 지식뿐만 아니라 사람의 심리나 의학적인 면에서의 지식도 어느 정도 필요한 것입니다.

적절한 분별과 기도의 사용이 필요한 것처럼 사역의 책임자가 누구인가를 이해하는 것도 아주 중요한 일입니다. 적지 않은 사람들이 악한 영을 대적하지 않고 주님께 기도하고 있기 때문입니다. 그들은 이렇게 기도합니다.

"오, 주님.. 이 마귀들을 쫓아주시옵소서."

그것은 어처구니없는 기도입니다. 그것은 주님에게 한 번 더 십자가에 못 박히라고 구하는 것이나 마찬가지입니다. 주님께서는 마귀의 모든 권세와 능력을 깨뜨리고 우리를 구원하시기 위해서 십자가에서 죽으시고 부활하신 것입니다.

주님은 그분의 사역을 완성하시고 이미 십자가에서 마귀의 모든 권세를 깨뜨리시고 승리하셨으며 그 권세와 능력을 이미 우리에게 부여해주셨는데 그 일을 주님께 다시 맡기면 어떻게 하자는 것입니까?

그것은 진리를 바르게 이해하지 못하고 있는 것입니다. 주님의 사역은 끝이 났으며 이제는 우리가 그 이름의 권세를 가지고 사역을 해야 합니다. 그것이 바로 복음 사역인 것입니다.

우리는 우리가 직접 사람들에게 가서 복음을 전해야 합니다. 주님께 기도해서 '주님.. 다시 오셔서 그의 집에 가셔서 복음을 전해주십시오.' 할 수는 없는 것입니다. 그것은 우리가 해야 할 일입니다.

언젠가 지적인 그리스도인들의 소그룹 모임에 가서 우리에게 주어진 영적 권세에 대해서 이야기하며 그 권세를 사용하여 명령하는 기도로써 악한 영들을 대적하고 몰아낼 때 풍성한 자유를 경험하게 된다고 가르친 적이 있습니다.

메시지가 끝나고 한 사람씩 돌아가면서 기도를 하게 되었는데 처음으로 기도를 하시는 분이 부들부들 떨면서 이렇게 기도하는 것이었습니다.

"오.. 주님.. 주님의 이름으로 명령합니다. 모든 악한 마귀들이 다 주님의 이름으로 쫓겨 가게 해주시옵소서.."

도대체 이게 명령하는 기도인지 하소연하는 기도인지 분간이 되지 않았습니다. 이 집사님은 조금 심약해 보이는 이미지를 가지고 있었는데 아마도 혹시 마귀에게 보복을 당하지는 않을까 걱정이 되어서 그런 식으로 부들부들 떨면서 기도를 했는지 모릅니다.

하지만 그러한 두려움은 어리석은 것입니다. 악한 영들은 더러운 존재이며 속이는 존재일 뿐이지 강한 존재는 아닙니다.

두려워해야 할 것은 마귀가 아니라 무지입니다. 영적 지식의 부족과 분별의 부족이 정말 두려워해야 할 문제인 것입니다. 거기에서 많은 재앙이 시작되니까요.

우리는 우리에게 주어진 영적 권세를 사용해야 합니다. 마귀를 대적하는 기도를 드려야 하며 명령하는 기도를 드려야 합니다.

주님의 이름으로 담대하게, 그리고 분명하게 악한 영들을 대적하고 쫓아낼 때에 우리는 우리에게 주어진 권세가 얼마나 놀라운 것인지, 천국 시민의 지위와 특권이 얼마나 놀라운 것인지 직접 경험할 수 있게 될 것입니다.

ND

6. 자유의지의 법칙

악한 영들은 실제적으로 움직이며 역사합니다. 그들은 우리가 알지 못하는 동안 살며시 들어와 우리의 삶 속에서 갖은 불편함과 고통과 문제거리를 심어놓습니다.

우리는 어떻게 그들을 혼내주고 쫓아낼 수 있을까요?

그것은 그리 어려운 일이 아닙니다. 악한 영들을 쫓아내는 능력을 얻기 위해서 산 속으로 들어가서 무공을 쌓거나 그래야 하는 것은 아닙니다.

그것은 아주 간단합니다. 먼저 우리의 삶 속에서 역사하고 있는 그들을 발견하는 것입니다. 그리고는 주 예수의 이름으로 대적하고 명령하면 됩니다. 그러면 그것으로 끝입니다. 대체로 악한 영들은 그 순간에 사라져버립니다. 바깥으로 나가지 않고 속으로 숨어버리기도 하지만 일단 그 순간에 우리가 고통을 겪는 증상은 사라져버립니다.

문제는 이것입니다. 그들의 활동을 분별하고 찾아내는 것 - 그것이 더 어렵고 중요한 것입니다. 그러므로 우리는 그들이 활동하는 원리를 알아야 합니다.

간단한 하나의 원리를 설명해보기로 하겠습니다.

그것은 의지와의 관계입니다.

악한 영들은 의지를 억압합니다. 그들은 우리가 하고 싶지 않은 일을 시킵니다. 그러므로 악한 영들이 있는 곳에는 눌림이 있으며 고통이 있습니다.

이것은 애굽에 살던 이스라엘 백성의 상태를 보면 쉽게 이해가 갈 것입니다.

이스라엘 백성은 이미 하나님과 언약을 맺은 약속된 하나님의 백성입니다. 그들에게는 약속의 땅이 있었습니다.

그러나 애굽에 살던 이스라엘 백성은 아직 약속의 땅을 얻지 못했습니다. 아니 약속의 땅을 향해 출발도 하지 못하고 있었습니다. 그들은 애굽에서 노예로 있으면서 바로의 잔학한 통치 아래서 고생하고 있었습니다.

그들은 자유도 없이 중노동을 하고 있었습니다. 모세가 오기 전까지 그들은 그러한 굴종의 삶을 살고 있었습니다.

그러한 그들의 모습은 오늘날의 영적으로 묶여 있는 많은 그리스도인들의 영적 상태를 보여주는 것입니다. 그들에게는 하나님의 약속의 말씀이 있고 약속의 권능과 자유가 있으나 그들은 자신이 묶여 있다는 사실도 모릅니다. 영적 전쟁이 있다는 사실조차 개념으로 이해하고 있을 뿐 잘 모릅니다. 다만 세상 살아가는 것이 고생이며 힘든 것이라는 정도로 이해하고 있을 뿐입니다.

그들은 억압 속에서 묶여 살면서도 그 배후에 악령들의 공격이 있는 것을 알지 못하고 묶여서 노예처럼 삽니다. 그들이 영적인 눈을 뜨기 시작하게 되면 그들은 비로소 자유와 해방이 무엇인지 알게 될 것입니다.
악한 영들에게 묶여 있을 때 그리스도인들은 노예처럼 살게 됩니다.
그들의 의지는 자유롭지 않습니다. 그들은 항상 무엇을 하겠다고 결심하지만 거기에서 벗어나지 못합니다. 그들은 자신이 고치겠다고, 버리겠다고 결심한 악한 습관을 버리지 못합니다. 그들은 후회하고, 울고, 또 기도하지만 여전히 악한 죄에서 벗어나지 못합니다. 그 이유는 무엇일까요? 무엇인가 악한 존재가 그를 누르고 있기 때문입니다.

많은 이들이 중독에 빠져 있습니다. 그들은 거기서 나오려고 애를 씁니다. 하지만 나오지 못합니다. 그들보다 강한 어떤 자가 그를 누르고 있기 때문입니다.
바로가 이스라엘 백성을 통치하며 채찍으로 때리면서 성들을 건축하게 시킨 것처럼 오늘날도 많은 그리스도인들은 악한 영들의 채찍을 맞으며 살고 있습니다. 다만 그들은 그렇게 맞고 있으면서도 자신이 맞는지조차도 모릅니다. 누가 자신을 때리고 있는 지도 모릅니다. 다만 자신의 의지가 약하다고 하소연할 뿐입니다.
나는 어떤 신실한 형제가 식탐으로 인하여 고통 하는 것을 본 적이 있습니다. 그는 식욕을 절제할 수 없다고 말했습니다. 그는 심지어 울면서 빵을 먹는다고 했습니다. 다시는 먹지 않겠다고 후회하지만 결국에는 먹게 된다는 것입니다. 어떤 이들은 술에 대해서, 어떤 이들은 도박에 대해서, 어떤 이들은 음란의 문제에 대해서 이런 식의 묶임을 가지고 있습니다.
그들은 자유롭지 않습니다. 그들의 의지는 묶여 있습니다. 과연 그 배후에 누가 있는 것일까요? 그것은 악한 영들입니다. 그들의 정체에 대해서 알게 될 때 그리고 그들을 깨뜨리는 무기에 대해서 알게 될 때 우리는 자유함을 얻을 수 있게 될 것입니다.

의지의 억압에 대해서 생각해보기로 합시다. 의지가 원래 태어날 때부터 약한 사람이 있는 것일까요? 아니면 의지는 멀쩡한데 누군가 방해하는 존재가 있는 것일까요?
그것은 후자입니다.
어떤 사람이 손을 움직입니다. 아무도 없다면 그는 자유롭게 손을 움직일 수 있습니다.
그러나 만약 뒤에서 누군가가 그의 손을 잡고 있다면? 그는 손을 움직이려고 하지만 손은 꼼짝하지 않습니다. 그의 손에 문제가 있는 것일까요? 아닙니다. 누군가 방해자가 있습니다. 그가 사라지면 다시 손은 정상으로 움직입니다.
눈을 뜬다는 것은 이 보이지 않는 방해자에 대해서 알게 되는 것입니다. 아직 모르고 있는 것은 붙잡힌 손을 빼려고 온갖 노력을 하면서 '다음에는 잘 할거야' 하고 생각하는 것입니다. 그것은 아직 보지 못하고 있는 것입니다. 우리들의 의지는 방해자가 없다면 아주 자유로운 것입니다. 만약 자유롭지 않다면 누군가가 우리의 의지를 억압하기 때문입니다.
이 우주 안에서 세 종류의 인격이 있습니다.
한 분은 하나님, 주님이십니다. 다른 하나는 인간, 사람들입니다. 그리고 또 다른 존재가 있는데 이는 마귀, 악한 영들의 존재입니다. 각 존재의 인격은 의지에 대해서 독특한 성격을 가지고 있습니다.

첫째, 하나님의 의지는 우리의 인격과 의지를 억압하지 않으십니다. 그분은 우리의 마음속에 감동, 감화를 일으키시지만 결코 우리의 의지를 억압하거나 강제하지 않으십니다. 그분은 우리의 인격과 자유를 존중하십니다.
둘째, 사람들은 자유의지를 가지고 있습니다. 사람들은 하나님으로부터 자유의지를 부여받았으며 자신이 원하는 것을 선택할 수 있습니다. 사람은 원할 때 말할 수 있고 움직일 수 있으며 생각할 수 있고 잠잘 수 있습니다. 이것이 사람입니다.
셋째, 마귀는 하나님과 반대의 속성을 가지고 있습니다. 그들은 인간의 의지를 억압합니다. 그들은 어두움의 영들이며 억압의 영들입니다. 그들은 우리가 싫어하는 것을 억지로 시킵니다. 그들은 그들의 기쁨을 위하여 우리의 의지를 강요합니다.
만약 사람이 마귀의 억압을 받지 않는다면 그들의 의지는 자유로울 것입니다. 생각도 자유롭고 감정도 자유로우며 의지의 결정도 자유로울 것입니다. 그러나 만약 자유롭지 않다면? 그 것은 악한 영의 개입이 있는 것입니다. 이것은 아주 간단하고 도 기본적인 원리입니다. 이것은 영적 분별에 있어서의 가장 기초적인 것입니다.

십여 년 전 목회를 하고 있었을 때 하루는 어떤 자매와 상담을 하고 있었습니다. 그녀는 직장에 있는 어떤 사람에 대한 이야 기를 하면서 그 사람에 대한 분노와 미움 때문에 직장생활이 힘들다고 고백하는 것이었습니다.
그녀는 그 분노와 미움이 자신에게 고통을 주었기 때문에 그 러한 마음을 버리려고 노력했습니다. 그녀는 미움과 분노를 버리게 해달라고 여러 번 기도를 하고 결심을 하곤 했습니다. 하지만 그 다음 날에 직장에 가서 그 사람의 얼굴을 보기만 하 면 다시 미움이 일어나곤 하는데 이와 같은 반복을 3년 째 하 고 있었습니다. 그녀는 아무리 해도 그 마음이 지워지지 않는 다고 했습니다.
나는 그녀에게 이 간단한 원리를 설명했습니다. 모든 생각이 나 감정은 영계에서 오는 것이며 우리는 그것을 받아들이는 것이라고 이야기했습니다.
그리고 악한 영들도 우리에게 생각과 감정을 심어줄 수 있는 데 그것을 분별하는 의지의 원리가 있다고 설명했습니다.
나는 세 가지의 인격과 의지의 특성을 그녀에게 이야기하고 그녀에게 물었습니다.

"그 생각은 자매에게서 온 것인가요? 자매는 그 생각을 원하고 있나요?"
자매는 황급히 부인했습니다.
"아니에요. 전도사님. (당시에 나는 아직 전도사였습니다) 제가 원하다니요. 저는 그 생각이 싫어요. 제가 그것을 버리려고 얼마나 노력을 했는데요."
나는 대답했습니다.
"그럼, 첫째로, 그 생각과 감정은 자매의 것은 아니군요. 자매가 그것을 원하지 않으니까요. 그러면 둘째, 그 감정은 하나님께서 주신 것일까요?"
그녀는 다시 황급히 고개를 저었습니다.
"아니에요. 전도사님. 하나님께서 그런 마음을 주실 리가 없지요."
"그렇습니다. 그 마음은 자매의 것도 아니고 하나님이 주신 것도 아니에요. 그렇다면 그 마음은 어디에서 온 것일까요? 누가 가져다 준 것일까요?"
자매는 비로소 눈이 동그래졌습니다.
"어머.. 세상에.. 그럼, 진짜 마귀인가요?"
"맞아요. 성경에도 그런 사례들이 많이 기록되어 있지요. 그것은 마귀가 가져다 준 마음이기 때문에 그것을 대적하고 쫓아내야 해요."
"그렇다면, 전도사님.. 이 마귀를 전도사님이 쫓아주세요. 다시는 제게 역사하지 못하게요."

"그건 내가 쫓는 것이 아니에요. 그건 내가 받아들인 것이 아니고 자매가 받아들인 거잖아요. 그렇기 때문에 자매가 쫓아야 해요. 지금 예수의 이름으로 악한 영을 나가라고 명령하세요."

그녀는 내가 시키는 대로 악한 영들에게 사라지라고 명령했습니다. 몇 번 그렇게 반복하자 마음이 시원해졌다고 고백하면서 그녀는 교회를 나갔습니다.

그 다음날 오전, 나는 그녀로부터 전화를 받았습니다. 그녀는 울먹이는 목소리로 말하고 있었습니다.

"전도사님.. 저예요. 정말. 정말. 너무 신기해요. 그 사람을 보았는데요.. 하나도 밉지가 않은 거예요. 정말 이런 적은 처음이에요. 그냥 측은하고.. 사랑스럽게 보이네요. 그 사람이.. 그게 정말 마귀가 준 게 맞나 봐요.."

그녀는 내가 시키는 대로 했으면서도 별로 확신은 없었던 것 같습니다. 그러다가 현실에 그러한 변화가 정말 생기자 몹시 놀랐던 모양이었습니다. 아무튼 그녀는 자유를 얻게 되었습니다.

이것은 간단한 원리를 적용하여 해피엔딩으로 끝난 사례입니다. 하지만 모든 사건이나 상황이 이렇게 간단하게만 해결되는 것은 아닙니다.

좀 더 복잡한 분별이나 지식이나 원리가 필요할 때도 있습니다. 아무튼 분명한 것은 우리의 경험과 지식이 늘어날수록 우리는 새로운 자유를 경험하게 된다는 사실입니다. 우리는 점점 더 많이 우리가 속고 있었던 부분을 발견하게 될 것이며 또한 그에 맞는 처방도 발견하게 될 것입니다.

영적 전쟁에 있어서 지식과 경험은 정말 유용하고 아름다운 것입니다. 우리는 그러한 발전을 위해서, 더 깊은 해방과 자유를 위하여 더욱 더 발전해가야 할 것입니다.

7. 마귀가 있는 곳에는 마비가 있습니다

마귀가 있는 곳에는 마비가 있습니다. 마비란 무엇일까요? 그것은 살아있으나 기능을 발휘하지 못하는 것입니다.
어떤 사람을 의자에 묶어 놓았다고 합시다. 그는 살아있는 것일까요? 죽은 것일까요? 물론 그는 지금 살아있습니다. 그러나 움직일 수는 없습니다. 그것이 바로 마비입니다.
하나님은 창조주이시며 이 우주의 주인이십니다. 그러므로 하나님은 생명을 창조하실 수 있고 멸하실 수 있습니다.
그러나 마귀는 그렇게 할 수 없습니다. 생명을 만들 수 없으며 허락 없이 죽일 수 없습니다. 그들은 생명을 공격하며 부분적으로 그 기능만을 묶어놓습니다. 그것이 마비입니다. 그러므로 마귀의 역사가 있는 곳에는 마비가 있습니다.

사람은 몸을 가지고 있습니다. 그리하여 몸을 가지고 활동을 하며 움직입니다. 또한 사람은 마음과 영을 가지고 있으며 이를 통해서 생각을 하고 감정을 사용합니다. 또 의지를 가지고 결정하며 영의 감각을 통해서 영계를 느끼며 교통합니다.
이러한 모든 기능들, 몸의 기능, 생각의 기능, 감정의 기능, 의지의 기능, 영의 기능이 마귀가 있는 곳에는 부분적으로 마비됩니다. 그 기능을 제대로 사용하지 못하게 되는 것입니다. 그러므로 우리는 그 안에서 역사하는 마귀의 활동을 분별해내야 하며 자유함을 경험해야 합니다.

몸의 마비에 대해서 살펴보겠습니다.

어떤 사람이 자신의 몸에 이상을 느낍니다. 그래서 병원에 검진을 하러 갑니다. 그러나 아무리 검사를 해보아도 병원에서는 아무런 몸의 이상을 발견하지 못합니다. 본인은 심한 고통을 느끼고 있는데도 말입니다.

이런 경우에 편리하게 사용되는 말은 '신경성'이라는 말입니다. 몸에는 별 이상이 없으나 마음을 많이 쓰고 스트레스를 받으면 그런 증상이 온다는 것이지요. 하지만 어떻게 설명하든 본인에게는 매우 고통스러운 상황이 될 것입니다.

현대의 의학으로는 영적인 세계를 감지할 수 없습니다. 엑스레이에 귀신의 존재가 감지되었다는 이야기는 들어본 적이 없습니다. 서양의학은 기본적으로 보이고 만질 수 있는 물리적인 세계를 대상으로 하고 있으니까요.

하지만 인간은 영적인 존재이기 때문에 보이지 않는 세계와 악한 영의 세계로부터 오는 공격에 대해서 보이지도 않고 들리지도 않지만 느낄 수 있으며 고통스럽고 불쾌한 느낌을 가지게 됩니다.

고통은 있으나 그 원인을 밝힐 수는 없는 증상들.. 이러한 증상들도 넓게 보면 일종의 마비현상이라고 할 수 있을 것입니다.

나는 그 모든 설명할 수 없는 질병이나 증상들이 다 마귀로부터 오는 것이라고는 생각하지 않으며 모든 질병이 단순히 마귀를 대적함으로 다 끝나버린다고 생각하지는 않습니다.
그러나 적지 않은 경우에 그러한 증상들은 악한 영들로부터 온다고 생각합니다. 그러므로 이 같은 경우에 악한 영들을 대적하고 결박하는 기도를 지속적으로 드리게 되면 그것은 증상을 개선하는데 많은 도움이 될 수 있을 것입니다.

생각의 마비에 대해서도 살펴보겠습니다.
우리는 항상 생각을 하면서 살고 있습니다. 의식하지 못하는 순간에도 항상 우리의 생각은 머리에서 작용을 하고 있지요.
그러나 우리는 그 생각을 우리의 마음대로 사용하고 있는 것일까요?
우리는 우리가 원할 때마다 우리가 원하는 생각을 할 수 있을까요? 많은 경우에 우리는 우리에게 떠오르는 생각을 통제하지 못합니다.
예를 들어서 불면증에 시달리는 경우를 생각할 수 있습니다.
우리는 밤이 되어 잠을 청하려고 합니다. 그러나 생각이 멈추지 않습니다. 우리는 생각을 멈추고 잠을 자려고 하지만 이상하게 머리는 멈추어지지 않으며 생각은 우리의 의지와 상관없이 계속 끊임없이 떠오릅니다.
이것은 자유로운 상태인가요? 물론 아닙니다. 이 경우에 우리는 자신이 생각을 하는 것이 아니라 생각이 우리를 사로잡고 있는 것입니다. 그러한 상황에서 우리는 생각을 다스리지 못합니다. 그렇다면 이 경우는 누군가 우리가 아닌 다른 존재가 생각을 집어넣으며 다스리고 있는 것이지요.

물론 다른 존재는 악한 영들입니다. 주님의 영은 그런 식으로 우리를 억압하고 괴롭히지 않으니까요. 이 경우는 일종의 생각의 마비라고 할 수 있는 것입니다. 즉 생각의 기능은 살아있지만 우리는 그것을 다스리지 못하고 끌려갑니다. 이런 것이 마비라고 할 수 있는 것입니다.

감정의 마비도 이와 비슷합니다.

우리는 기쁨과 슬픔과 분노와 애정의 감정을 느낍니다. 그러나 그 모든 감정은 항상 우리가 원하는 대로 움직이는가요? 우리는 그것을 다스리고 있습니까?

그렇지 않을 때가 많이 있을 것입니다. 우리는 많은 경우에 우리가 감정을 사용하는 것이 아니라 감정에게 사로잡힙니다.

우리는 원하지 않는데도 계속 두려움의 느낌이 우리를 사로잡는 것을 느낄 때가 있습니다.

어떤 때는 원하지 않는데도 불구하고 분노의 감정이 계속 떠오릅니다. 우리는 그것을 떨쳐버리려고 합니다. 그런데 우리 안에서 어떤 목소리가 참지 말라고, 용서하지 말라고 계속 이야기합니다.

그들은 누구일까요? 물론 우리 자신은 아닙니다. 우리는 어떤 존재에 의해서 지배를 받고 있는 것입니다.

이렇게 감정을 다스리지 못할 때 우리에게 감정은 존재하기는 하지만 그것은 우리가 지배하고 있는 것이 아니며 일종의 마비상태라고 할 수 있는 것입니다. 우리의 감정은 살아있으나 죽은 것과 같습니다. 이런 상태가 자유롭고 풍성한 삶이라고 말할 수 없는 것은 자명한 것입니다.
많은 이들의 감정이 마비되어 있습니다.
그들은 자신이 원하는 대로 감정을 사용할 수 없습니다. 마음속에서는 웃고 싶어 하지만 웃음이 나오지 않습니다. 마음속에서는 따뜻한 마음을 표현하고 싶지만 그것은 마음뿐입니다. 이처럼 감정을 표현하지 못하는 이들은 아주 많습니다. 그것은 살아있으나 마비된 감정입니다.

시골에 사는 아버지가 서울에서 살고 있는 딸을 몇 년 만에 만납니다. 그의 마음속에는 반가움이 가득합니다. 그러나 막상 딸을 보았을 때 그는 그것을 표현하지 못합니다. 지극히 무뚝뚝한 표정으로 '왔어..' 한 마디 하고는 들어갑니다. 왜 그럴까요? 그의 감정은 마비되어 있는 것입니다. 그는 묶여 있습니다. 따라서 당연히 자유로운 삶을 살 수 없습니다.
이 원리를 기억하시기를 바랍니다. 내가 자유롭게 통제하지 못하는 것은 우리가 아닌 다른 존재가 통제하고 있는 것입니다. 그것이 바로 묶임이며 눌림입니다. 유감스럽게도 수많은 사람들이 자유를 누리지 못하고 있으나 그것이 아주 당연한 것처럼 살고 있는 것입니다.

2부 영적 전쟁의 원리들

의지의 마비를 살펴보겠습니다. 이것은 더 심각합니다. 이것은 우리를 심각한 노예로 만드는 것입니다.

많은 이들이 결정을 하지 못합니다. 판단에 있어서 어려움을 겪습니다.

그들은 쇼핑을 할 때 망설입니다. 백화점에서 물건을 구매하는데 도대체 무엇을 선택해야 할지 알 수가 없습니다. 이것이 마음에 들기도 하고 저것이 마음에 들기도 합니다.

이러한 사람일수록 사람의 마음에 민감하기 때문에 그는 상대방에게 미안해서 빨리 결정을 하려고 합니다. 그러나 그는 마음이 쫓길 뿐이지 더욱 더 판단과 결정이 어려워집니다.

한참을 고민하다가 그는 간신히 한 가지를 선택해서 집에 사가지고 갑니다. 하지만 집에 가자마자 그는 후회합니다. 그는 자기의 선택을 하루 종일 후회합니다.

결국 그는 물건을 산 집에 다시 가서 머리를 조아리며 다른 물건과 바꿉니다. 하지만 다시 집에 돌아가게 되면 자기가 미쳤다고 다시 후회할 것입니다.

이들의 의지는 묶여 있습니다. 병들어 있습니다. 그들은 자신이 무엇을 좋아하는지도 잘 모릅니다. 이러한 증상은 의지가 마비된 이들의 대표적인 특성입니다.

그들은 이것저것을 결심하고 계획을 세웁니다. 하지만 그 마음은 다시 바뀝니다. 그래서 그들은 다시 계획을 수정합니다. 하지만 역시 그 계획도 나중에는 흐지부지 됩니다.

이런 일이 반복되면 그는 자신을 잃어버립니다. 이제 그는 자신을 믿지 못합니다. 자신의 결정이 나중에 어떻게 바뀔지 자신도 확신할 수 없는 것입니다.

이러한 이들은 결국 스스로의 선택을 포기합니다. 그리고 남들이 결정을 내려주기를 원합니다. 그래서 결국 남들을 따라가게 되는 것입니다. 이들은 아주 사소한 것도 남들에게 물어보아야 안심이 됩니다.

자기가 무엇을 결정했다가도 남들이 이에 대해서 어떻게 생각할지가 항상 걱정입니다. 그렇기 때문에 다른 이들이 자신의 결정에 대해서 잘했다고 이야기하면 그들은 비로소 안심하는 것입니다.

이러한 것들은 의지가 마비된 것입니다. 그의 의지는 기능이 묶여 있습니다. 그의 의지는 살아있으나 죽은 것이며 마비되어 있는 것입니다.

이와 같은 마비의 현상들은 너무나 보편적인 것들이기 때문에 사람들은 자신이 악한 영들에게 눌려있다거나 억압되어 있다는 사실 자체를 알지 못합니다.

그러다가 영적인 능력에 대해서 알게 되고 영의 눈이 뜨여지고 영의 분별을 배우게 되면서 차츰 자유를 경험하게 되면 그때에야 비로소 자신이 얼마나 비참한 삶을 살아왔는지 깨닫게 되는 것입니다. 아무튼 이러한 증상들은 아주 많은 사람들이 광범위하게 경험하고 있는 눌림의 증상들입니다.

그리스도인으로서 가장 비참한 눌림이 있다면 그것은 영의 마비입니다. 오늘날 많은 그리스도인들이 영적인 감각에 대해서 알지 못합니다.

그들은 예배를 드리고 기도를 하고 여러 가지 훈련을 받으며 성경을 암송하지만 영의 감각이 무엇인지 잘 모릅니다. 악한 영들이 공격을 해도 그것이 무엇인지 잘 모릅니다. 주님의 임재에 대해서도 아무 느낌이 없습니다. 기도를 하면서도 이 기도가 올라가고 있는지 막혀 있는지 어디에서 잘못되어 있는지 거의 감각이 없습니다. 이는 영적 감각이 마비되어 있기 때문입니다.

수박을 먹으려면 입을 사용해야 합니다. 손을 사용해야 하고 위장으로 소화를 해야 합니다. 마음으로는 수박을 먹을 수가 없습니다. 보고 싶으면 눈을 사용해야 합니다. 손으로 사물을 볼 수는 없습니다.

하나님의 임재를 경험하고 그 음성을 듣고 교제하려면 영의 감각이 살아나야 합니다. 하나님은 영이시기 때문입니다. 그러나 영의 세계를 이해하지 못하는 이들은 마음과 생각을 통해서 하나님과 교제하려고 합니다. 그러므로 생각을 통해서 하나님이 이렇다, 저렇다, 말씀은 이런 것이다, 아니다를 생각합니다.

이것은 근본적으로 문제가 있습니다. 그 영의 감각이 눈을 뜨고 기능이 살아나고 회복되지 않으면 영적 세계에 대해서 이해하고 느끼고 경험하기 어렵습니다. 수박을 마음으로 먹지 못하듯이 영의 세계를 머리로 이해하는 것은 불가능한 것입니다.

오늘날 많은 그리스도인들이 영적 감각의 마비상태에 있습니다. 그들은 하나님의 거룩과 영광의 세계에 접하는 것이 무엇인지 모릅니다. 그 임재의 환희에 대해서 오늘날의 많은 그리스도인들은 무지합니다.

영의 감각이 아주 마비된 이들은 하나님의 임재에 대해서도 무감각하며 죄에 대해서도 무감각합니다. 그들은 남에게 상처를 주고 함부로 행동해도 그 심령 속에 고통을 느끼지 못합니다. 무감각, 마비란 것은 아주 무서운 질병입니다.

한 문둥병자가 거리를 지나갑니다. 그는 공사를 하는 곳에 지나가다가 못에 어깨를 찔리고 맙니다. 보통의 사람이라면 어떻게 할까요? 아마 '아야!' 하고 어깨를 감쌀 것입니다. 하지만 문둥병자는 그냥 지나갑니다. 그리고 조금 후에 어깨를 보고는 '어? 여기에 피가 흐르고 있네..' 할 것입니다. 그는 감각이 없기 때문입니다.

감각이란 고통을 느끼기 위해서 존재하는 것이 아닙니다. 그 고통의 감각을 통해서 자신을 보호할 수 있는 것입니다. 그러나 많은 이들은 영적 감각이 너무나 둔하며 마비되어 있습니다. 그렇다면 어떻게 자신의 영을 보호할 수 있겠습니까?

그렇기 때문에 영의 감각이 마비된 이들은 영의 발전이나 성장이 어려운 것입니다. 영의 감각을 깨우는 가장 일반적인 방법은 방언을 하는 것입니다. 방언을 지속적으로 하는 사람과 전혀 해보지 않는 사람의 영적 감각은 엄청난 차이가 있습니다. 이성으로 생각하면 이상한 언어를 계속 말하는 방언이 이해가 가지 않겠지만 그의 영 안에서는 놀라운 일들이 계속 일어나고 있는 것입니다. 그것은 바로 영적 감각의 깨어남입니다.

오늘날의 그리스도인들은 악한 영들의 움직임과 활동에 대해서 아주 무감각하며 무지합니다. 하지만 방언을 꾸준히 말하게 되면 우리는 누가 가르치지 않아도 그들의 움직임과 공격에 대해서 느끼게 됩니다. 그것은 영의 감각이 깨어나기 시작하기 때문입니다.

물론 영의 감각을 깨어나게 하는 데에는 방언 외에도 아주 많은 방법들이 있습니다. 분명한 것은 우리는 그러한 실제적인 기도의 방법과 훈련들을 통해서 영혼을 깨어나게 해야 한다는 사실입니다.

마귀가 있는 곳에는 마비가 있습니다. 이 원리를 우리는 기억해야 합니다. 그들은 우리의 생명을 파괴할 수 없지만 부분적으로 억압하고 누르며 마비시킬 수 있습니다.

오늘날 신체의 마비, 생각의 마비, 감정의 마비, 의지의 마비, 영의 마비는 아주 보편적으로 일어나는 현상입니다. 그래서 많은 그리스도인들도 그러한 증상을 겪고 있으면서도 자신이 묶여 있는지에 대해서 잘 모르고 있습니다. 하지만 영의 감각이 깨어나며 영의 분별이 이루어질수록 당신은 깨닫게 될 것입니다. 여태껏 알지 못하는 사이에 많은 부분을 마귀에게 빼앗겼으며 이제 주님을 알고 영의 세계를 이해하게 될 때 그 많은 증상에서 당신은 해방을 얻을 수 있다는 것을 말입니다.

주님은 주님보다 먼저 온 자가 있다고 말씀하셨습니다.
"그러므로 예수께서 다시 이르시되 내가 진실로 진실로 너희에게 말하노니 나는 양의 문이라
나보다 먼저 온 자는 다 절도요 강도니 양들이 듣지 아니하였느니라
내가 문이니 누구든지 나로 말미암아 들어가면 구원을 얻고 또는 들어가며 나오며 꼴을 얻으리라 도적이 오는 것은 도적질하고 죽이고 멸망시키려는 것뿐이요 내가 온 것은 양으로 생명을 얻게 하고 더 풍성히 얻게 하려는 것이라" (요10:7-10)

주님보다 먼저 온 자들.. 그들은 누구일까요?
주님께서 말씀하시기를 주님보다 먼저 온 자들은 절도이며 강도라고 하셨습니다.
그들은 도적질하고 죽이고 멸망시키는 자들이라고 하셨습니다. 그들은 누구일까요? 바로 마귀, 귀신, 악한 영들입니다.
우리가 주님을 알기 전부터 그들은 우리 안에서 많은 악한 일을 행하였습니다. 하지만 그들은 도적처럼 살짝 들어와서 일

을 하고 있었기 때문에 우리는 그들이 누구인지, 무엇을 하는지 알지 못했었습니다.

하지만 주님을 경험하면서, 영의 세계를 경험하고 이해하게 되면서 이제 우리는 더 이상 속고 도적질을 당할 필요가 없습니다.

이제 우리는 자유롭게 될 것입니다.

수많은 마비증상과 묶임에서 벗어나 자유롭고 풍성한 삶을 살 수 있게 될 것입니다.

부디 그 자유를 사모하십시오.

깨달음이 많아질수록 우리는 더욱 더 밝은 빛 속에 거하게 될 것입니다. 할렐루야.

8. 회개와 자책을 분별하십시오

악한 영들은 항상 그럴듯한 생각을 마음속에 넣어주며 그러한 생각을 받아들이는 이들을 부분적으로 지배합니다.
죄책감이나 자기 부인에 관련된 생각들은 악한 영들이 넣어주는 경우가 많이 있습니다. 대체로 양심적이고 지적인 이들이 이러한 악령들의 공격에 눌리고 속는 경우가 많이 있습니다.
10여 년 전 목회 사역을 하고 있을 때 나는 어느 자매가 며칠 동안 악한 영에게 속아서 눌리고 있는 것을 알았습니다.
그 자매는 아주 밝고 명랑한 자매였는데 한 동안 얼굴이 어두워지고 우울한 모습이었습니다.
이 자매는 자아파쇄나 회개에 대한 책을 좋아하는 편이었는데 몹시 영리하여 이해가 뛰어난 편이고 영적 성숙을 아주 추구하는 편이었습니다.
영적 성숙을 추구하며 선하게 살려고 애를 쓰는 이들에게는 마귀가 주로 죄책감의 영이나 자책의 영을 많이 심어줍니다. 그래서 그들의 예민한 양심을 공격하는 것입니다.

나는 며칠 동안 지켜보고 있다가 그녀의 집을 찾아갔습니다.
그녀는 참으로 우울하고 어두운 상태에 있었습니다. 나는 그녀가 지금 악한 영들에게 속고 있으니 악한 영들을 대적해야 한다고 말했습니다. 하지만 그녀는 나의 이야기를 듣지 않았습니다. 그녀는 말하기를 자신은 너무나 이기적이며 성숙이 되어 있지 않고 자기 파쇄가 이루어지지 않았다고 한숨을 쉬었습니다. 자신은 너무 순결하지 않으며 깨어져야 한다고 말을 하는 것이었습니다.

깨어짐을 강조하는 책과 메시지들이 많이 있습니다. 그것은 정화와 순결함을 강조합니다. 그것은 좋은 메시지입니다. 그러나 어떤 이들에게는 그러한 책이 좋을지 모르지만 어떤 이들에게는 경우에 따라서는 오히려 그러한 책이나 메시지가 해가 될 수도 있습니다.

영이 약하고 영의 분별이 약한 사람들에게는 그러한 책이나 메시지들이 지나친 자기 정죄가 되어 오히려 영을 억압하고 정죄하며 누르게 되는 결과가 될 수도 있는 것입니다. 그러한 책들은 강퍅하고 이기적인 이들에게는 필요하지만 기질적으로 어둡거나 섬세하고 여린 이들에게는 영적 침체를 가져다 줄 수도 있습니다.

나는 그녀에게 그러한 조언을 해주었습니다. 하지만 나의 이야기가 그녀에게 먹혀 들어가는 것 같지 않았습니다. 그녀는 여전히 자신은 더럽다고 말을 하면서 우울한 모습으로 있었습니다. 우리의 이야기는 계속 평행선을 긋고 있었습니다.

대화가 진전이 되지 않자 나는 기도하자고 그녀에게 말했습니다. 설명을 하는 것보다는 직접 기도하는 것이 낫다고 생각했기 때문입니다. 나는 조용히 주님의 도우심을 구하는 기도를 하고 나서 악한 영들을 대적하는 기도를 했습니다.
"자매 안에서 자매를 속이고 있는 귀신아. 내가 예수의 이름으로 명한다. 너는 떠나가라. 이 자매는 주님께 속한 사람이다."
그리고 나서 나는 기도를 마쳤습니다. 나는 눈을 떴습니다. 그리고 그녀의 얼굴을 바라보았습니다. 그녀가 기가 막힌 표정을 짓고 나를 쳐다보고 있었습니다. 나는 그녀에게 물었습니다.
"기분이 어때요?"
그녀는 어처구니가 없다는 표정으로 대답하는 것이었습니다.
"지금.. 전도사님이 기도해주실 때.. 방금.. 가슴에서 뭔가가 쑤욱~ 하고 내려갔어요. 세상에.. 기가 막혀.. 그럼 제가 며칠 동안 계속 속고 있었단 말이에요?"
나는 웃었습니다.
누구든지 직접 경험을 하기 전까지는 여러 반론도 있고 질문도 있지만 자신의 몸으로 직접 경험을 하게 되면 별로 더 이상 설명을 할 필요가 없습니다.

그녀는 논리적이고 지혜로운 자매였습니다. 이러한 이들일수록 논리의 함정에 빠집니다.
이들은 악한 영들이 얼마나 지적이고 교활하게 속이는지 알지 못합니다. '너는 자아가 죽지 않았다', '너는 심령이 순수하지 않다', '너는 더 성화되어야 한다..' 이런 식으로 악한 영들이

2부 영적 전쟁의 원리들

속삭이고 있을 때 그들은 고스란히 그들의 이야기를 받아들입니다. 그리고 그 결과로 그들은 영이 눌리는 것입니다.
그것은 논리적으로 옳아 보이지만 속고 있는 것입니다. 악한 영들도 그럴듯한 이야기를 할 수 있습니다. 그러나 영의 감각이 깨어나고 영적 지식과 경험이 많아지면 서서히 그들의 계략을 느끼고 알게 됩니다.

영적인 성숙을 추구하지만 영의 감각은 별로 깨어나지 않은 지적이고 내성적인 이들은 이와 같이 우울하고 창백한 모습을 가지고 있는 것을 많이 보았습니다.
하지만 그들은 자신들이 속고 있으며 눌려 있다고는 전혀 생각하지 않았습니다.
악한 영들이 주는 생각은 일반적으로 어둡고 음울합니다. 악한 영으로부터 나오는 음색의 한 특성은 불안하며 초췌하고 어둡고 맑지 않습니다.
오래 전에 교회에서 몇몇 청년들과 함께 통성으로 기도를 하고 있었을 때였습니다. 나는 어떤 자매가 기도하는 소리를 들어보았습니다.
그녀가 기도하는 음색은 아주 슬프고 애처로웠으며 비통에 잠겨 있었습니다. 그녀는 회개하는 기도를 하는 중이었습니다.
"오. 주님.. 제가.. 너무나 더럽고.. 오.. 주님.."
그녀가 내는 기도 소리의 애절하고 비참한 음색에서 나는 악한 영의 개입을 눈치 챘습니다.

나는 그녀의 기도를 멈추게 했습니다. 그리고 말했습니다.
"자매님. 왜 그렇게 비통한 어조로 기도하고 있지요?"
그녀는 기도를 멈추고 아주 슬픈 목소리로 대답했습니다.
"제가.. 너무나.. 죄가 많고.. 악하다는 것이 너무 슬퍼요.."
나는 그녀에게 모든 회개가 다 나쁜 것은 아니지만 지금 자매가 느끼는 그러한 느낌은 악한 영들이 속이고 정죄하는 것이라고 알려주고 목소리의 음색을 바꾸라고 말했습니다.
"지금.. 다시 기도해보세요. 조금 전의 그 비통한 음색으로 기도하지 말고.. 이렇게.. 낮은 목소리로요.. 주님.. 저는 죄인입니다. 하지만 주님께서 저를 구원해주시고 용서해주심을 감사드립니다.. 이렇게 목소리를 바꾸어서 기도해보세요."
그녀는 나의 목소리를 흉내 내어 기도했습니다. 그리고 한 소절을 마치기도 전에 그녀는 소리를 질렀습니다.
"어머! 세상에! 지금 그렇게 기도하니까 가슴에 무엇인가가 쑥! 하고 내려갔어요. 그리고 마음이 너무나 후련하네요. 이게 도대체 뭔가요?"

나는 대답했습니다.
"악한 영이 나간 거지요. 조금 전의 그렇게 처절하고 비통한 음색으로 기도하는 것은 악한 영의 힘을 증가시켜요. 그래서 음색을 바꾸라고 한 것입니다.
주님으로부터 오는 회개는 그렇게 어둡고 비참하지 않아요. 겉으로는 눈물이 있더라도 깊은 속에서는 후련함과 기쁨이 있지요. 그렇기 때문에 회개도 무조건 하지 말고 영을 분별해가면서 해야 합니다."
자매는 몹시 놀란 모습이었습니다.
이와 같이 영을 분별하는 것은 너무나 중요한 것입니다.
어떤 이들은 어떤 말을 할 때 그 말 자체는 틀리지 않는데 그의 입에서 나오는 말의 느낌이 너무 불안하고 어둡고 초췌합니다. 그러한 것은 영이 좋지 않은 것입니다. 그런 경우에는 그 영을 쫓아내야 합니다. 그리고 밝고 맑은 영으로 말을 해야 합니다.

악한 영들은 논리적입니다. 사단이 하와를 유혹할 때도 그는 그럴듯한 논리를 전개하였습니다. 그들은 우리를 속이기 위해서 항상 그럴 듯한 생각을 넣어줍니다.
그렇기 때문에 그 영을 분별함에 있어서 머리로 분별해서는 안 됩니다. 머리는 옳은가, 틀린가를 따지지만 내적 느낌에 대해서 알지 못하기 때문입니다.
그렇기 때문에 영의 느낌을 분별하는 것은 가슴, 심령으로 하는 것입니다. 어떤 말이 아무리 내용이 옳아도 그 심령에 후련함과 기쁨이 없다면 그것은 별로 바른 영이라고 할 수 없는 것입니다.
이처럼 심령으로 가슴으로 영을 느끼고 분별해야 하기 때문에 지식적인 그리스도인들은 영의 분별에 대해서 무지한 것이 보통입니다. 그들은 자신이 아는 것이 많다고 생각하지만 실제의 삶에서는 별로 자유함이 없습니다. 그들은 헌신되었다고 생각하지만 대체로 어둡고 우울하고 묶여 있습니다. 그것은 자유한 영이 아닙니다.

악한 영들은 항상 어둡고 우울하고 불안하고 눌리고 창백한 느낌을 줍니다. 그러므로 마음이나 음색에서 그러한 느낌이 묻어난다면 우리는 그것을 대적해야 합니다.

주님은 빛이시며 그 안에 거하는 자에게는 항상 빛과 자유와 기쁨이 있기 때문입니다. 그렇기 때문에 단순한 이들은 항상 쉽게 빛과 자유를 얻으며 복잡한 이들은 어두움 속에 사는 경향이 많이 있는 것입니다.

우리는 영을 분별해야 합니다. 회개와 자책은 주님께로부터 오는 것도 있지만 마귀로부터 오는 정죄도 적지 않습니다. 주님께로부터 오는 것은 맑고 가벼우며 마귀로부터 오는 것은 어둡고 비참합니다. 우리가 그러한 원리들을 하나하나 경험해 가기 시작할 때 우리는 더 깊은 자유를 향해 나아갈 수 있게 될 것입니다.

9. 악한 영들은 우리의 입장에서 이야기합니다

앞에서도 이야기했지만 악한 영들이 그럴듯한 생각과 감정을 우리 안에 넣어줄 때 그것을 분별하는 것은 쉬운 일이 아닙니다. 그것은 그들이 주는 생각과 감정이 그 당시의 상황과 꼭 들어맞으며 정확하게 우리의 입장을 대변하기 때문입니다. 그러므로 논리적으로 이것을 분별하고 파악하는 것은 어렵습니다. 이것은 영으로써 분별해야 합니다.

악한 영들은 반드시 우리의 입장에 맞는 생각과 감정과 충동을 일으킨다는 사실을 기억해야 합니다. 그렇기 때문에 그 생각이나 감정이 내가 하는 것이라고 속게 되는 것입니다. 그것이 자신을 멸망시키는 마귀의 계략인 줄도 모르고 그 감정이나 충동에 사로잡히게 됩니다.

그것은 예수님께서 광야에서 시험을 받으실 때의 상황을 보면 납득할 수 있을 것입니다.

주님께서 40일 금식을 마치신 후에 유혹하러온 마귀가 가장 먼저 시험했던 것은 예수님의 능력을 사용해서 돌을 가지고 떡을 만들라는 것이었습니다.

왜 마귀는 그런 유혹을 했을까요? 성경은 그 이유를 간결하게 언급합니다.

"사십 일을 밤낮으로 금식하신 후에 주리신지라 시험하는 자가 예수께 나아와서 가로되 네가 만일 하나님의 아들이어든 명하여 이 돌들이 떡 덩이가 되게 하라" (마4:2,3)
그 이유는 자명한 것이었습니다. 배가 고픈 예수님에게 기적을 행하여 떡을 만들어서 그것을 먹으라고 유혹한 것입니다. 배가 고픈 이에게 음식을 주려고 하는 것 - 그것이 마귀의 시험하는 방식인 것입니다.
이어지는 시험도 마찬가지입니다. 그것은 마귀를 기쁘게 하거나 마귀의 유익을 위한 것이 아니라 예수님을 위한 것인 것처럼 보이는 것이었습니다. 높은 성전에서 뛰어내려서 영적인 스타가 되게 해주겠다는 유혹이나, 이 세상을 회복하러 오신 예수님께 힘들게 십자가를 지지 말고 그저 절을 한번 하기만 하면 네 소원대로 될 것이라는 마귀의 유혹은 얼핏 보기에는 주님을 위하는 듯이 보이는 것입니다.

마귀는 항상 시험을 당하는 자의 편에 있는 것처럼 보이게 유혹합니다. 항상 우리의 입장을 생각해주고 대변해주는 것 같은 생각과 감정을 집어넣는 것입니다. 그러므로 자기의 입장이나 위치를 초월하고 넘어서지 못한 사람은 그러한 마귀의 시험에서 벗어나지 못하는 것입니다.
그들은 억울한 일을 당한 사람에게 조용히 살며시 다가갑니다. 예를 들어서 억울한 아내에게 그 동안 남편이 그녀에게 행한 일들을 아주 세세하게 선명하게 기억나게 해줍니다. 십 년 전의 일도 아주 어제 일처럼 분명하게 떠오르게 하며 그 날의 분노와 억울함과 기가 막힌 감정을 아주 세밀하게 살려줍니다.

주위에는 아무도 없고 그녀는 혼자 있습니다. 그런데 갑자기 10년 전의 일이 너무나 선명하게 떠오릅니다. 그것은 너무나 선명해서 방금 당한 일처럼 느껴집니다.

그녀의 얼굴은 서서히 변화되어 갑니다. 당시의 고통과 감정이 갑자기 그녀를 사로잡습니다. 그녀의 얼굴은 일그러집니다. 그녀는 고개를 젓습니다. 이런 생각을 하면 뭐해.. 하고 그녀는 생각합니다. 그녀는 생각을 돌리려고 합니다.

하지만 그녀의 옆에 있는 악한 영들은 쉽게 그녀를 놓아주지 않습니다. 그녀에게 계속 속삭입니다. 말하고 또 말하고 속삭입니다. 그 일을 잊지 말라고 말합니다. 용서하지 말라고 말합니다.

그녀는 그 생각을 떨쳐버리려고 합니다. 하지만 악한 영들은 집요하게 그 생각을 집어넣으며 그녀는 그러한 생각을 떨쳐버릴 수가 없습니다.

생각을 마음대로 관리하는 것이 쉬울까요? 자신의 안에 떠오르는 많은 좋지 않은 생각들을 그치게 하는 것이 쉬울까요?

천만에요. 그것은 쉽지 않습니다. 그것은 바로 영적인 전쟁입니다. 악한 영들의 존재를 알고 영적 권세가 무엇인지 알며 그들을 퇴치하는 법을 아는 이들이 생각을 자유롭게 다루고 사용할 수 있습니다. 많은 이들은 그저 생각에 사로잡히고 끌려 갈 뿐입니다. 바로 그것이 영권이며 영력인 것입니다.

악한 영들은 집요하게 혼자 있는 사람에게 다가갑니다. 그래서 그의 과거의 기억을 끄집어냅니다.

그는 어떤 사람에게는 복수하라고 말합니다. 상대방에게 냉정하게 대해주라고 말합니다. 어떤 이에게는 모든 것을 포기하고 절망하라고 말합니다.

아주 영적인 힘을 잃어버리고 지치게 하는 데까지 성공하면 그들은 그에게 죽으라고 말합니다. 이제는 아무 소망이 없으니 죽으라고 말합니다. 간혹 의식이 돌아오려고 해도 그 옆에 서서 집요하게 죽으라고 생각을 넣어줍니다.

실제로 그러한 사람이 자살을 시도하고 성공하게 되면 그들은 완전히 성공하는 것입니다. 그들은 악령의 계급에서 진급을 하게 되며 지위가 높아지고 또 다른 희생자를 찾아다니게 될 것입니다.

악령들은 각 사람의 약점을 알고 있습니다. 각 사람의 특성을 알고 있습니다.

지적인 그리스도인들에게는 논리적인 함정을 통해서 유혹하며 자신의 지식에 대한 자만심을 넣어줍니다. 남들에 대한 판단의 영을 넣어줍니다. 정서적인 사람들에게는 두려움의 영을 넣어줍니다. 행동형의 사람들에게는 분노의 영이나 정욕의 영을 넣어줍니다.

그들은 어떤 사람들에게 어떤 식으로 공격해야 하는지 잘 알고 있습니다. 그들은 결코 주먹구구식으로 일하지 않습니다. 그들이 그렇게 각 자의 입장에 정확한 메시지와 감정을 심어주기 때문에 사람들은 거기에 속고 빠지게 되는 것입니다.

시어머니에게 악한 영들은 며느리의 잘못하는 것이 무엇인지를 아주 예리하고 선명하게 보여줍니다.

보통 때에는 그렇게 예리하고 영리하지도 않은 사람이라도 그런 생각이 떠오를 때는 자신도 놀랄 정도의 논리와 이유들이 너무나 정확하게 떠오릅니다. 곁에서 그런 것을 마치 원고를 불러다주듯이 세세하게 이야기하는 존재는 누구일까요? 바로 귀신이며 마귀입니다.

평소에는 얌전하고 별로 화를 내지도 않는 아내가 사소한 일에 부부 싸움이 생깁니다. 그런데 갑자기 웅변이 쏟아집니다. 갑자기 논리와 언변이 피스톤처럼 정확하게 쏟아집니다. 평소에 겁이 많던 사람이 겁은 어디로 가버리고 아주 담대해지며 강건하고 날카로운 사람이 됩니다. 그 힘은 어디서 오는 것일까요? 그 에너지는 어디서 온 것일까요?

사람들은 흔히 평소에 얌전한 사람들이 한번 화가 나면 무섭다고 말을 합니다. 이런 경우가 그러한 경우일까요? 평소에 쌓인 것이 갑자기 쏟아지는 것일까요?

주님께서는 제자들에게 말씀하시기를 높은 자들에게 끌려가서 심문을 당할지라도 두려워하지 말라고, 그 때에 말할 수 있는 능력과 힘을 주시겠다고 약속하셨습니다. 그것은 성령의 권능과 지혜를 말합니다.

부부싸움을 할 때 나오는 이 화려한 언변과 능력은 바로 그 성령의 권능일까요? 아닙니다. 반대입니다. 그것은 악한 영들의 권능입니다. 그것은 자기가 말하는 것이 아닙니다. 자신은 그저 잠시 입만 빌려주고 있는 것입니다.

이 말씀을 주목해보시기를 바랍니다.

"분을 내어도 죄를 짓지 말며 해가 지도록 분을 품지 말고 마귀로 틈을 타지 못하게 하라" (엡4:26, 27)

분을 내는 것 자체는 죄가 되는 것이 아닙니다. 다만 분노는 죄에 가깝습니다. 그리고 오랫동안 분노를 품고 있을 때 마귀가 오게 됩니다.

처음에 분을 품는 것은 내가 화를 내는 것입니다. 그러나 그 상태로 있다 보면 마귀가 옵니다. 분노의 영이 오는 것입니다. 그래서 처음에는 약간 기분이 나빠진 정도였지만 조금 후에는 갑자기 강력한 분노가 나타나게 됩니다.

사람들이 싸우는 것을 보면 처음에는 온건한 분노로 시작합니다. 그러나 어느 정도 지나면 분노의 영에 사로잡히는 이들이 많이 있습니다.

그 때 그들은 분노를 통제할 수 있을까요? 아닙니다. 없습니다. 분노에 사로잡혀서 이성을 잃어버립니다. 지금 그는 누가 주장하고 있는 것일까요? 잠시 악령이 그를 지배하고 있는 것

2부 영적 전쟁의 원리들

입니다. 그가 약간이라도 정신이 있다면 이런 생각이 들 것입니다.

'내가 왜 이러지? 내가 왜 이렇게 화를 내는 것일까?' 그는 자신도 자신이 이해가 잘 가지 않을 것입니다.

조금 후에 정신이 돌아온 후에 '내가 왜 그랬을까?'를 생각하는 이들은 어느 정도 가능성이 있습니다. 악한 영들에게서 벗어날 가능성이 있는 것입니다. 그러나 '누구나 그 상황이 되면 화를 낼 수밖에 없을 거야..' 하고 합리화하는 사람은 평생 그 영에게 사로잡혀 살게 될 것입니다. 자기반성을 하지 않는 이들에게는 변화가 있을 수 없기 때문입니다.

부디 이 사실을 기억하시기 바랍니다. 악한 영들은 항상 우리의 입장에서 이야기를 해줍니다. 항상 '너는 옳고 억울하며 그 사람들이 너를 이렇게 만들었다'고 말합니다. 그렇게 해서 사람에게 분노와 미움의 영을 집어넣어서 그를 파괴합니다.

또한 심약한 사람에게는 '모든 것이 네 책임이야, 너는 아무런 가치도 없어.' 하는 식의 이야기를 지속적으로 해서 그의 영을 죽입니다. 그래도 사람들이 속는 이유는 그들이 항상 그럴 듯한 논리로 이야기를 하기 때문입니다.

그들은 아무 이유 없이 지나가는 사람에게 죽으라고 말하지 않습니다. 그렇게 멍청하게 마귀노릇을 한다면 한 명도 지옥으로 보내지 못할 것입니다.

그들은 실연을 당한 이들에게 다가갑니다. 그 중에 마음이 약한 이들에게는 더 이상 살수가 없다고 말합니다. 또한 마음이 강한 사람에게는 복수하라고 말합니다. 그들은 각 사람에 따라 어떻게 말하고 속삭이는 것이 효과적인지에 대해서 아주 잘 알고 있습니다.

그렇다면 악한 영들이 그렇게 우리의 입장에서 이야기하고 우리의 입장을 대변함으로써 분노와 미움과 절망 등을 계속 심는 이유는 무엇일까요? 왜 그들은 우리를 돕는 척 하는 것일까요?

그 이유는 간단합니다. 그것은 그렇게 할 때 그들이 우리를 사로잡기가 쉽기 때문입니다.

어떤 회사의 제품을 계속 사용하고 나중에 거기에 중독이 된다면 그 회사의 제품에 중독된 사람이 그 회사에게 묶이게 되는 것은 자명한 이치입니다. 마귀도 그런 식으로 우리를 사로잡아가기 원합니다.

그들은 그렇게 우리의 편을 들으며 우리의 입장에서 분노와 미움과 절망과 자책의 에너지를 공급하면서 차츰 우리 안에 들어와 우리의 영혼을 도둑질하고 파괴해가기 원하는 것입니다.

오늘날 얼마나 많은 그리스도인들이 그들의 공격과 계략에 대해 무지함으로 인하여 속고 눌리는 삶을 살고 있는지요!

마귀의 존재와 계략에 대해서 발견하고 알아 가면 알수록 사람들은 자신의 삶이 왜 이렇게 왜곡되고 힘들었었는지 깨닫게 될 것입니다. 그리고 진정한 자유로운 삶이 어떤 것인지 알게 될 것입니다. 하지만 유감스럽게도 그들의 계략을 이해하고 대처하는 이들은 너무나 적습니다. 그렇기 때문에 영적 지식과 분별과 영적인 권능은 얼마나 필요한지 모릅니다.

부디 당신의 삶 속에서 악한 영들에게 속아서 잃어버린 것들이 무엇인지를 발견하시기를 바랍니다.

그리고 부디 속지 말고 당신 안에 있는 자유와 권세를 되찾으시기를 바랍니다. 주님은 당신을 자유케 하시기를 원하십니다.

깨닫고 알아갈수록 당신은 행복하고 자유로운 그리스도인이 될 수 있을 것입니다. 할렐루야.

10. 거라사 광인이 보여주는 악한 영의 특성들

성경에는 주님께서 악한 영들을 쫓아내시고 악한 영들에게 잡혀 있던 사람들을 해방시키는 장면들이 많이 나옵니다. 특히 마가복음서에는 귀신을 쫓아내는 모습이 아주 많이 등장하고 있습니다. 그러나 이 시대의 그리스도인들은 악한 영들의 공격이나 활동을 현실과 거리가 먼 것으로 여깁니다.
그 이유는 무엇일까요? 그것은 성경에서 나타나는 귀신들림의 현상이나 귀신이 나가는 모습이 엄청나고 놀라운 형태여서, 귀신들림이란 다 그런 것이며 귀신이 나가는 것도 그렇게 요란스러운 것으로 알기 때문입니다.

거라사 지방에 살고 있던 광인에게서 나타나는 특징들은 정말 특이하고 놀라운 모습들입니다.
귀신들린 사람이 평소에 무덤에서 거한다는 것, 그는 엄청난 힘을 가지고 있어서 쇠사슬에 묶였어도 그것을 끊어버려서 아무도 제어할 수 없다는 것, 그가 무덤에서 항상 소리를 지르고 있다는 것, 그리고 주님께서 그에게 붙은 귀신들을 쫓아내자 2천 마리나 되는 돼지 떼에게 붙어서 바다에 몰사해버렸다는 것.. 그러한 일들은 정말 엄청난 사건입니다. 만약 오늘날에 그런 일이 있었다면 아마 해외 토픽 감이 되었을 것입니다. 그러므로 사람들은 흔히 귀신들리는 일이란 그렇게 놀랍고 엄청난 일이라고 생각합니다. 그러한 일들은 일상에서 거의 보기도 어려운 일이며 우리와는 거리가 먼일이기 때문에 귀신들림이나 귀신 쫓기와 같은 것은 정말 특이한 일로 생각하게 되는 것입니다.

하지만 거라사의 광인은 그리 일반적인 경우라고 할 수는 없습니다. 그것은 정말 특이한 사건입니다.

한 사람에게 그렇게 많은 귀신들이 들어가 있는 경우는 아주 드물기 때문입니다. 그렇기 때문에 예수님께서 그 사람에게 정체를 물어보자 귀신들린 사람의 속에서 말하는 귀신은 자기를 가리켜 군대라고 대답했습니다.

"이에 물으시되 네 이름이 무엇이냐 가로되 내 이름은 군대니 우리가 많음이니이다 하고" (막5:9)

그는 이름을 군대라고 대답했을 뿐 자신이 몇 명이 함께 있는지에 대해서는 대답하지 않았습니다. 그렇다면 그 사람의 안에 귀신은 몇이나 있는 것일까요?

확실한 숫자는 알 수 없습니다. 그러나 그들이 나가서 돼지 2천 마리 속에 들어가 바다로 뛰어들어 몰사한 것을 보면 아마 약 2천 마리 정도는 되지 않았을까요? 아무튼 그렇게 많은 귀신들이 한 사람에게 들어간 것은 특이한 경우라고 할 수 있을 것입니다.

이 사건은 수많은 귀신들이 한 사람에게 들어갔다는 면에서 특이한 사건입니다. 하지만 이 사건은 그 사건의 규모와 크기와 상관없이 악한 영들이 역사하는 하나의 특성을 잘 보여주고 있습니다. 거라사 광인과 같이 많은 귀신들이 들어오지 않아도 악한 영들은 비슷한 성향과 성격을 가지기 때문에 비슷한 일을 하게 됩니다.

악한 영들이 사람의 안에 들어가면 어떤 일을 할까요? 이 사건은 그 대답을 우리에게 보여주는 좋은 자료가 됩니다.

첫째로 거라사 광인의 특징은 무덤 속에서 거주한다는 것입니다.

그는 항상 평소에 무덤 사이에서 살고 있었습니다. 이것은 정말 기묘한 특징입니다. 보통의 정상적인 사람 같으면 아무도 무덤 가까이에서 사는 것을 원하지 않을 것입니다.

나는 군대에 있었을 때 담력 훈련 프로그램을 통과할 때 깜깜한 밤에 무덤을 지나간 적이 있었습니다. 하지만 담력훈련이고 시키는 것이니까 밤에 할 수 없이 무덤을 지나간 것이지 보통 때라면 거기에 갈 이유가 없을 것입니다.

무덤에서 느껴지는 이미지는 어떤 것일까요? 그것은 어둡고 음침한 이미지입니다. 생각만 해도 소름이 오싹 끼치는 곳이지요.

지금이야 묘지도 공원같이 아름답게 조성되어 있지만 예전 시대에는 묘지란 두려운 장소였습니다. 사람의 발길이 별로 닿

2부 영적 전쟁의 원리들

지 않는 산이나 벌판에 공동묘지와 같은 곳이 있다면 사람들은 대낮에도 그러한 곳을 다니고 싶어 하지 않을 것입니다.
그런데 악한 영이 사람의 안에 들어오고 그 사람을 사로잡을 때 그는 그러한 곳에 가려고 합니다. 그러한 섬뜩한 장소를 그는 오히려 편안하게 느끼게 되는 것입니다.
악한 영이 사람에게 들어와서 영향을 주게 되면 제일 먼저 생기는 증상은 사람을 만나는 것이 싫어지는 것입니다. 그리고 혼자 있고 싶어집니다. 아직 무덤에까지 가고 싶은 것은 아니지만 아무튼 일단 혼자서 있고 싶어집니다. 그들은 사람을 만나면 불안해지게 되는 것입니다. 악한 영들은 그러한 마음을 일으킵니다.
그것은 그렇게 그 사람과 외부 사람과의 교류를 차단해 놓아야만 악한 영들이 그들을 마음 놓고 공격할 수 있기 때문입니다. 하와가 에덴동산에서 유혹을 받을 때도 그녀는 혼자 있었습니다.
무덤은 어두운 곳입니다. 악한 영이 역사할 때 사람은 혼자 있고 싶어지며 어둡고 음침한 곳에 있고 싶어 합니다. 말을 하기가 싫어지며 혼자서 음울하게 있고 싶어집니다.
어떤 이들은 비가 오고 우중충한 날이면 기분이 다운되어 컴컴한 곳에서 음울한 노래를 듣고 그 분위기에 잠깁니다. 그것은 악한 영들에게 사로잡혀 있는 것이나 마찬가지입니다. 그런 상태에 있을 때 염세적인 영, 허무의 영이나 자살의 영이 들어가게 되는 것입니다.

내성적이고 생각이 복잡한 사람들, 툭하면 쉽게 우울해지고 심란해지는 사람들은 조심할 필요가 있습니다. 이러한 사람들은 악한 영들에게 공격을 받기가 쉽습니다.

이들은 할 수 있는 한 빨리 자신의 성격을 바꾸어야 합니다. 그래야 악한 영들의 밥이 되지 않고 벗어날 수 있게 됩니다.

복음의 삶이란 밝고 맑고 행복한 것이며 결코 우중충하고 어두운 것이 아닙니다.

더러 신앙의 위인이라고 알려진 이들 중에서도 성품이 우울한 이들이 있습니다. 이러한 이들은 예외 없이 죄책감의 영들에게 시달리며 자학적인 고뇌 속에 잠기는 경향이 있는데 그것은 결코 주님께로부터 온 것이라고 할 수 없는 것입니다.

오늘날 사람들은 점점 더 대인관계를 어려워합니다. 사람들을 만나는 것을 두려워하며 혼자 자기의 세계 속에 틀어박혀서 TV나 컴퓨터 앞에서 소일하는 이들이 늘어가고 있습니다. 이것은 어두움의 영들에게는 아주 좋은 먹잇감을 제공해주는 것입니다. 그러므로 그리스도인들은 마음을 밝게 하며 활동을 즐거워하며 사람을 사귀고 함께 있는 것을 즐거워하는 사람들이 되어야 합니다.

둘째로 거라사 광인은 엄청난 힘을 가지고 있었습니다. 사람들은 그를 묶어두려고 했지만 그가 워낙 강한 힘을 가지고 쇠사슬을 끊어버렸기 때문에 아무도 그를 제어할 수 없었습니다.

2부 영적 전쟁의 원리들

"그 사람은 무덤 사이에 거처하는데 이제는 아무나 쇠사슬로도 맬 수 없게 되었으니 이는 여러 번 고랑과 쇠사슬에 매였어도 쇠사슬을 끊고 고랑을 깨뜨렸음이러라 그리하여 아무도 저를 제어할 힘이 없는지라"(막5:3, 4)

물질계에서는 한 공간에 많은 존재가 동시에 있을 수 없습니다. 예를 들어서 작은 방에 몇 백 명의 사람이 들어갈 수 없습니다.
하지만 영계는 공간을 초월하기 때문에 많은 존재들이 작은 공간에 있을 수 있습니다. 그러므로 수많은 악한 영들이 그 사람에게 들어갈 수 있는 것입니다.
무려 몇 천에 해당하는 귀신들이 그의 안에 거주했기 때문에 그 사람은 이처럼 엄청난 힘을 가지게 되었습니다.
이러한 사례는 보통 찾아보기 어려운 사례입니다. 그러나 이와 같이 많은 영들이 한 사람 속에 들어가지 않고 적은 숫자의 영이 사람의 안에 들어왔을 때에도 악한 영이 역사하는 경우에는 특별한 힘이 나타나게 됩니다.

우리는 갑자기 극단적으로 흥분하고 폭발하는 사람들을 가끔 봅니다. 평소에는 친절하고 선하고 괜찮은 사람인데 이상하게 갑자기 폭발을 합니다.
이럴 때 그 사람의 눈을 조용히 살펴보면 평소의 그 사람이 아닌 것을 알 수 있습니다. 어떤 다른 기운이 그의 안에 들어와서 그 사람을 조종하고 있는 것입니다. 물론 그 다른 기운은 악한 영입니다.

이 때 그 사람은 아주 힘이 넘치고 강한 것이 보통입니다. 그는 평소와 달리 아주 강력한 힘을 가지게 됩니다. 이럴 때 자칫 그를 건드리고 흥분시키면 무슨 짓을 할지 모릅니다.

악한 영이 역사할 때 거기에는 귀신 특유의 어떤 힘이 나타납니다. 평소에 몸이 약한 사람도 싸울 때보면 아주 흥분상태이며 평소보다 몇 배나 힘이 넘칩니다.

그리고 나서 이성을 찾고 나면 그는 반대로 심한 무기력과 탈진 상태에 빠지게 됩니다. 이때에는 분노와 흥분과는 반대로 극도의 죄책감이나 좌절, 무기력감에 빠지는 것이 보통입니다.

악한 영이 역사할 때 나타나는 힘은 단순한 물리적인 힘의 형태로만 나타나는 것은 아닙니다. 거기에는 어떤 쾌활함이나 담대함의 힘도 포함됩니다.

그렇기 때문에 범죄자들이 죄를 짓기 전에 담대함을 얻기 위해서 마약을 하거나 술을 마시거나 하는데, 귀신들은 그러한 것들을 통해서 역사하며 마약이나 술을 통해서 귀신이 줄 수 있는 담대함과 힘을 그들에게 주기 때문입니다.

물론 범죄가 끝난 후에는 두려움과 불안감을 이기기 위해서 그들은 다시 술이나 마약을 접촉해야 합니다.

사람들은 무기력하고 삶이 건조하고 힘이 없을 때, 활력이 없을 때 TV드라마나 영화, 컴퓨터 게임이나 오락 등을 통해서 힘이나 홍겨움이나 활력을 얻으려고 합니다. 그리고 그러한 것들은 별로 악한 것이 아니라는 생각을 가지고 있습니다.

하지만 그러한 것들을 통해서 느낄 수 있는 홍겨움이나 힘, 즐거움은 많은 경우 악한 영들이 가져다주는 힘과 같은 것임을 기억해야 합니다. 그러한 즐거움과 활력들은 반드시 후유증을 일으킵니다.

그러므로 그러한 즐거움이 끝난 후에는 허무함이나 무기력이 더 심하게 오는 것이 보통입니다.

그렇게 되면 이제는 그 허무감에서 벗어나기 위해서 다시 동일한 것을 즐기며 그 세계에 빠지게 되는데 그것이 중독으로 가는 과정인 것입니다. 이러한 과정들은 악한 영들이 사람을 사로잡아 가는 과정이기도 합니다.

겉으로 보기에는 별로 해롭게 보이지 않는 것, 널리 유행하고 있는 이 시대의 문화 가운데 그러한 악령들의 개입과 침투가 아주 많이 있다는 사실을 우리는 인식하고 있어야 합니다. 사람들이 귀신의 소유가 되어 무기력과 부자유 속에서 사는 것은 대부분 영적 무지에서 기인하는 것이니까요.

그리스도인들은 주님께 속한 기쁨과 힘을 맛보고 경험해야 합니다. 그리고 그 힘과 능력으로 살아야 합니다. 그들은 오직 힘과 권능의 근원을 주님께 두어야 합니다. 그리하여 밝고 맑고 아름다운 힘과 활력의 근원을 가지고 있어야 합니다.

그리스도인들이 항상 기도와 예배로 살아야 하는 이유가 바로 그것입니다. 만약 다른 세상의 영을 통하여 힘과 활력을 얻을 때 그들은 결코 공짜를 주지 않으며 나중에는 그 대가를 지불해야 하기 때문입니다.

셋째로 거라사 광인은 자해를 하고 있었습니다.
"밤낮 무덤 사이에서나 산에서나 늘 소리지르며 돌로 제 몸을 상하고 있었더라" (막5:5)
이렇게 돌로 직접 자기를 치는 이들은 별로 찾아보기 어렵겠지요. 그러나 그 힘의 규모는 이보다 작을지 모르지만 자해를 하는 이들을 우리는 많이 볼 수 있습니다. 자학적인 언어를 사용하고 스스로를 꾸짖는 이들은 아주 많이 있습니다.
완벽주의적인 기질을 가지고 있는 사람들은 자신을 자주 꾸짖고 욕합니다. 대체로 희생적인 사람들이 자학을 하는 경향이 많습니다.
영적으로 어린 사람들은 항상 남의 탓을 하며 반성을 별로 하지 않습니다. 자기가 잘못한 것도 그들은 항상 남들이 잘못했다고 핑계를 댑니다. 그들은 남들에게 많은 해를 입힌 후에도 항상 억울하다고 말합니다. 그것은 그들이 어린아이이기 때문입니다.
그러나 반대로 어느 정도 성숙한 사람들, 희생적인 사람들은 자학을 하는 경향이 있습니다. 그들은 모든 것이 자기 때문이라고 말합니다.

2부 영적 전쟁의 원리들

그것은 고상해 보이지만 그 배후에는 악령이 있는 경우가 많습니다. 악령들은 이렇게 양심이 예민한 이들을 공격하여 깊은 자책의 늪에 빠지게 하는 것입니다.

악령들은 우리가 주님의 희생과 사랑과 은혜 가운데 거하지 못하도록 그 은총을 잊어버리게 하고 우리가 비통해하며 자학하는 삶에 사로잡히도록 자극합니다.

그렇기 때문에 성숙하고 헌신된 이들이 이러한 마귀의 속임에 넘어가서 창백하고 비참한 삶을 사는 경우는 아주 많이 있습니다. 불행하게도 이러한 사람들의 책이나 글이나 사역을 접하면 그것을 읽거나 접촉하는 성도들도 비슷한 속임의 영에 빠져서 어둡고 침침한 삶에 빠지게 되는 것입니다.

마귀는 할 수만 있으면 자책을 심어주며 책임을 우리에게 전가합니다. 그들의 최종 목표는 어떻든지 그리스도인들을 절망하게 만들어 자살하도록 요구하는 것입니다. 할 수만 있으면 그들은 우리의 생명을 빼앗으려고 합니다. 그들은 우리에게 그리스도의 승리와 보혈에 대해서 잊어버리게 만들며 오직 모든 책임을 우리가 져야 한다고 속삭입니다.

악한 영들은 항상 책임을 전가합니다. 사실 어떤 악행을 하도록 자극하고 유혹하는 것은 악령들입니다. 그들은 분노하도록, 증오하도록, 용서하지 말고 잔인하게 행동하도록 속이고 자극하고 감동을 넣어줍니다.

그래서 그리스도인들이 그들의 계략에 빠져서 흥분하고 미워하고 화를 내고 죄를 지으면 그들은 이제는 모든 책임을 뒤집어씌워서 정죄하는 것입니다. '네가 그리스도인이냐?' '네가 하나님의 영광을 얼마나 가리는지 아느냐?' '그렇게 살 바에는 차라리 죽는 게 낫지 않느냐?' 하고 그들은 집요하게 속삭입니다.

일을 꾸민 것은 그들인데도 그들은 시치미를 뚝 떼고 모든 책임을 그리스도인에게 뒤집어씌우며 오직 우리가 멸망하고 파괴되기를 원하는 것입니다. 오늘날 그들의 쓸데없는 정죄에 빠져서 헤매고 쓰러지는 그리스도인들은 얼마나 많은지요! 영적 무지란 그토록 무서운 것입니다.

모든 비난과 정죄는 마귀로부터 오는 것입니다. 자해를 하는 것은 결코 주님께로부터 오지 않습니다. 오늘날 강대상에서 얼마나 많은 정죄가 행해지는지 모릅니다. 그러한 것은 바른 메시지가 아닙니다.

죄를 지적하는 것은 필요합니다. 그러나 비난하는 것은 다릅니다. 우리는 죄를 미워해야 하지만 정죄를 받아서는 안 됩니다. 주님은 우리를 정죄하는 분이 아니십니다.

죄를 짓지 말라고 가르치고 경계하는 것과 비난하는 것은 다른 것입니다. 그것은 영이 다릅니다. 전자는 주님의 성령으로 인하여 오는 것이며 후자는 악한 영으로부터 오는 것입니다.

주님은 우물가에서 만난 사마리아 여인을 정죄하지 않으셨습니다. 대신에 그녀의 방황이 영적 굶주림인 것을 아시고 영원히 속에서 솟아나는 생수에 대해서 말씀하셨습니다. 주님은 삭개오를 보고 정죄하지 않으셨습니다. 대신에 그의 마음속 깊은 곳에 숨겨져 있는 갈망을 보시고 그에게 친절하게 대해 주셨습니다.

주님은 죄를 싫어하시고 미워하십니다. 그분은 거룩하신 분이기 때문입니다. 그러나 주님은 우리를 정죄하지 않으셨습니다. 그 이유는 우리의 모든 죄를 지시고 십자가에서 죽으셨기 때문입니다. 그분이 모든 짐을 지셨기 때문입니다.

오늘날 많은 그리스도인들이 마귀의 정죄에 빠져서 속고 있습니다. 그래서 그들은 돌로 자기를 치며 자해합니다.

하지만 그것은 속고 있는 것입니다. 그리스도인들은 결코 자해를 해서는 안 됩니다. 잘못하고 실수할 수 있지만 그와 동시에 주님의 용서를 받아들이고 감사해야 합니다. 그리고 그리스도의 의로 우리의 옷을 삼아야 합니다.

악한 영들은 어둡고 혼자 있게 합니다. 그들은 지옥적인 힘과 활력을 가져다줍니다. 그들은 끊임없이 우리 스스로를 자해하고 자책하게 만듭니다. 그러한 것들이 악령들이 하고 있는 일들입니다.

우리는 깨어서 그들의 특성과 전략에 대해서 이해하고 발견해야 합니다. 우리의 영적 지식이 늘어갈수록 우리들은 그들에게 속지 않게 될 것입니다. 그리고 주님의 무한하시고 풍성하신 자비와 은혜 가운데 머물게 될 것입니다. 할렐루야.

11. 실제적인 영적 전쟁

악한 영들의 역사와 움직임은 개념이 아니며 실제입니다. 어떤 이들에게 있어서 악한 영들에 대한 이야기는 그리 실제적이 아닐지도 모릅니다. 그러나 내게 있어서 그것은 생생한 현실입니다.

나는 이론적인 책을 쓰는 것을 별로 좋아하지 않습니다. 단순히 성경의 여러 본문을 사용하여 그 의미를 분석하고 원문의 뜻을 해석하고 해설하는 것으로는 마음에 만족이 되지 않습니다. 그러한 것들은 실제적인 것이 아니며 영적 전쟁과 해방에 있어서 실제적인 도움이 되지 않기 때문입니다. 그렇기 때문에 나는 내가 경험하지 않은 것은 쓰고 싶지 않습니다. 그렇지 않으면 이론에 그치며 도움이 되지 않기 때문입니다. 그래서 영성에 대한 어떤 원리나 이론을 전해야 할 때는 나는 항상 먼저 그것을 체험해야 했었습니다.

악한 영들에 대한 것을 다루는 것도 진정 실제적인 싸움입니다. 나는 이 책을 시작하면서부터 크고 작은 사고와 증상에 시달렸습니다. 며칠 사이에 여기에 부딪치고.. 저기를 다치고.. 이런 식이었습니다.

하나의 증상이 왔을 때 그것을 대적하면 그 증상은 사라졌습니다. 하지만 조금만 방심을 하고 있으면 사소한 다른 사고가 있었습니다.

나는 그러한 악한 영들의 공격에 익숙합니다. 그들은 이러한 책이 세상에 나오는 것을 싫어합니다. 그러므로 그들은 이러한 주제를 다루는 동안은 지속적으로 공격을 합니다.

작년에 썼던 〈지금 이 공간에 임하시는 주님〉을 쓸 때에는 정말 심한 공격을 받았었습니다. 그 책은 지금 우리가 거하고 있는 그 장소에 주님의 임재와 영광이 나타나도록 그 방법과 원리를 제시하는 책이었습니다.

그러므로 그것은 그 공간을 지배하고 있는 악한 영들에게 직접적으로 영향을 주는 책이었습니다. 그렇기 때문에 나는 악한 영들에게서 치열한 공격을 받았습니다. 간신히 기도로 그 책을 마무리하고 나서야 나는 긴장을 풀고 눌림과 전쟁에서 벗어날 수 있었습니다. 영적 전쟁은 공상이나 이론이 아니라 살아있는 생생한 실제입니다.

나는 과거에 영적 원리를 잘 알지 못했을 때는 많이 당하기도 했었습니다. 한번은 어떤 자매에게 붙은 귀신을 쫓아내고 늦은 밤에 집으로 돌아왔습니다. 밤 12쯤 되어서 방으로 들어오는데 잠을 자고 있던 당시 돌이 조금 지났던 아들이 일어나서 '아빠~' 하면서 나에게 다가왔습니다.

그 순간 나는 조금 전에 내가 쫓아낸 악한 영의 존재가 공격하는 것을 느꼈습니다. 그리고 동시에 아들이 그 자리에서 넘어져서 우는 것을 보았습니다. 그것은 동시에 일어난 일이었습니다. 방에는 이불 밖에 없었기 때문에 아이가 그 자리에서 넘어졌다고 해서 다칠 것이라고는 생각하지 않았습니다. 그러나 아이는 밤새 울었습니다.

다음날 병원에 아이를 데리고 갔을 때 비로소 아이의 다리가 부러진 것을 알았습니다. 그래서 두 달 동안 아이는 깁스를 해야 했습니다. 나는 영적 전쟁사역의 대가가 어떤 것인지 알게 되었습니다.

그 후에도 나는 많은 공격을 겪었습니다. 그것은 악한 영으로부터 오는 경고와도 같았습니다. 다른 사람들을 돕지 말라는 경고와 같은 것이었습니다.

분명한 것은 실제적으로 사람들을 해방시키고 돕기 원한다면 본인도 비슷한 위험에 처하게 된다는 것입니다. 거기에는 대가가 필요합니다.

영적 원리를 이해하고 분별하고 배우게 될 때 안전하게 자신을 방어하며 사역하는 법을 알 수 있습니다. 그러므로 충분한 영적 지식을 갖추지 않고 단지 열정 하나로 일하는 것은 그리 바람직한 일이 아닙니다.

나는 그러한 악한 영들의 공격을 많이 겪으면서 대처방법과 요령을 알게 되었습니다. 그들의 무기와 공격방법에 대해서 알게 되었고 자신을 보호하는 원리에 대해서 알게 되었습니다. 그것은 정말로 실제적인 문제였습니다.

아마 당신이 주님과 영성을 사모하는 사람이 아니며 실제적으로 주님을 알아 가는 것에 대해서 그다지 관심을 가지고 있지 않다면 악한 영들은 당신을 별로 공격하지 않을 것입니다. 단순하게 세상에서 잘 먹고 잘 살기를 원하며 영적 성장을 그다지 추구하지 않으며 별로 기도하는 사람이 아니라면 마귀는 당신을 그다지 많이 공격하지 않을 것입니다.

그러나 당신이 살아 계신 주님을 사모하고 추구하며 실제적인 영적 자유와 성장을 추구하고 원한다면 악한 영들은 당신을 공격할 것입니다.

또한 당신이 다른 사람들에게 복음을 전하거나 그들을 영적으로 성장하도록 돕는다면 당신은 더욱 더 공격을 받게 될 것입니다.

그러므로 당신은 무기를 가지고 있어야 하며 영적 권능으로 덧입혀져야 합니다. 그들을 결박하고 깨뜨릴 수 있는 강력한 권능으로 채워져야 하는 것입니다.

부디 이 영적 전쟁이 실제적인 것이며 살아있는 것이라는 사실을 인식하시기를 바랍니다.

당신의 영이 깨어날수록, 영적 감각이 선명해질수록 이것은 분명한 실제가 될 것입니다. 당신은 더 전쟁을 인식하게 될 것이며 또한 더 깊은 자유와 해방과 새로운 영역을 경험하게 될 것입니다.

12. 악한 영들은 빛 앞에서 드러납니다

어떤 이들에게 있어서 귀신이나 영적 전쟁과 같은 이야기는 공상과 같은 이야기입니다. 그러나 어떤 이들에게 있어서 그것은 생생한 실제입니다. 그 이유는 무엇일까요? 왜 그러한 차이가 있는 것일까요?

오래 전 청년 시절에 내가 다니고 있던 교회의 도서실에서 어떤 자매로부터 부탁을 받은 적이 있었습니다.

그녀는 신학대학원의 졸업반이었는데 귀신론에 대한 논문을 준비하고 있다고 하면서 귀신의 실제에 대한 증명과 사례에 대한 자료를 요청하는 것이었습니다.

나는 교회에서 가끔 그녀의 얼굴을 본 적은 있지만 그녀와 대화를 나누어본 적도 없고 그녀에 대해서는 아무 것도 아는 것이 없었습니다. 그런데 그녀는 아마 다른 이로부터 들었는지 나에 대해서 어느 정도 알고 있었던 것 같았습니다.

나는 악한 영들의 역사는 아주 실제적인 것이라고 말하며 그런 영들의 움직임에 대한 자료나 증거는 어디서도 얻을 수 있다고 이야기를 했습니다. 그리고 그녀의 삶에서도 그 증거를 찾을 수 있을 것이라고 이야기를 했습니다.

그러자 그 전까지 우호적이었던 그녀는 화를 내는 것이었습니다. 그것은 너무 극단적인 이야기가 아니냐는 것이었지요. 그녀는 귀신들린 사람에게서 귀신을 쫓아내고 그렇게 눌린 이들을 치유하고 회복시키는 것은 특수하고 흥미로운 영역이라고만 생각했지 자신의 삶에도 악한 영들이 속이고 공격을 할 수 있다는 사실에는 화가 났던 것입니다. 그녀에게 그러한 이야기는 정말 머나 먼 이야기일 테니까요.

나는 세계적으로 유명한 심리학자의 책에서 비슷한 내용을 발견한 적이 있었습니다. 그는 평생 많은 사람들의 심리를 치유하고 상담을 해주었지만 귀신들린 사례는 한 번도 접한 적이 없었다는 것이었습니다. 그는 그러한 사례를 접하기 위해서 정보를 얻기 위해서 아주 노력을 했지만 한 건도 그러한 경우를 보지 못했다고 하였습니다.

이것은 어떤 이유일까요? 왜 어떤 사람은 그러한 악한 영들의 실체를 수없이 접하며 실제적인 전쟁을 벌이고 있고 또 어떤 이들은 도무지 그러한 사례를 접할 수 없는 것일까요?

여러 가지 이유가 있을 것입니다. 무엇보다 영적인 감각이 잠을 자고 있는 사람들은 영적 세계의 실상을 이해할 수 없습니다. 그것은 소경이 경치를 보려고 수없이 시도했다가 실패하고 경치란 존재하지 않는다고 말하는 것과 마찬가지입니다. 그들에게 있어서 보이는 것은 닫혀 있는 감각이기 때문입니다.

또한 이러한 이유도 있습니다. 악한 영들은 가능한 한 그들의 정체를 드러내기를 원하지 않는다는 것입니다. 그들은 할 수만 있으면 조용히 숨어있기를 원합니다.

그들은 주님이 말씀하신 바와 같이 도둑과 같기 때문입니다. 아마 시끄럽게 떠들면서 도둑질을 하는 도둑은 없을 것입니다. 그들의 입장에서는 세상에 도둑이란 존재하지 않는다고 믿는 사람이 많을수록 유리하기 때문입니다.

물론 나는 반대로 모든 것을 다 귀신으로 보고 항상 극단적으로 긴장상태에 있으며 조금만 문제가 생기면 오직 흥분하고, 귀신을 쫓고.. 이런 식의 태도가 신앙의 중심인 것으로 생각하는 것도 극단이라고 생각합니다.

그러한 것은 결코 바람직한 믿음의 패턴이 아닙니다. 신앙이란 기본적으로 주님과의 사랑과 교제에 빠지는 것이며 영적 전쟁은 이것을 방해하는 세력들을 제거하는 하나의 과정이기 때문입니다. 그러므로 영적 전쟁은 신앙의 본질적인 부분이라고 할 수는 없습니다. 신앙이란 주님을 알아 가며 그분께 가까이 나아가는 것입니다.

그러나 신앙의 본질적인 부분은 아니라고 하더라도 영적 전쟁을 이해하고 우리의 원수를 알게 된다는 것은 신앙생활의 중요한 부분임에는 틀림이 없습니다. 그러한 바른 지식은 우리에게 자유함을 가져다주기 때문입니다.

어디선가 돌이 날아오는데 그것을 모르고 그냥 맞고 있는 것과 그것을 발견하고 숨어있는 존재를 혼내주어서 더 이상 맞지 않아도 되는 것은 분명히 다른 삶입니다. 그것은 곧 해방입니다.
악한 영들은 그들의 전략을 위해서 할 수 있는 한 어둠 속에서 활동하며 자신을 드러내지 않습니다. 그들이 자신을 드러내는 것은 권능에 굴복해서 어쩔 수 없이 하는 것이 대부분인 것입니다.

예수님께서 사역하실 때 그 앞에서 발작을 하면서 자신을 드러내는 귀신들린 이들이 많이 있었습니다. 그들은 예수님을 알아보고 그가 하나님의 아들이심을 고백하곤 하였습니다. 그래서 주님은 그들을 잠잠하게 하시기도 했습니다.
"예수께서 각색 병든 많은 사람을 고치시며 많은 귀신을 내어 쫓으시되 귀신이 자기를 알므로 그 말하는 것을 허락지 아니하시니라" (막1:34)
예수의 하나님이심을 대부분의 사람들은 알지 못했고 심지어 주님의 제자들도 잘 몰랐지만 귀신들은 그 사실을 알고 있었습니다. 그것은 그들이 영적인 존재이기 때문입니다.
그들은 좋아서 그것을 고백한 것이 아닙니다. 주님이 가지고 계시는 빛이 너무 강력했기 때문에 그 빛 앞에서 귀신들은 자기의 정체가 드러나게 되었던 것입니다. 그들은 그것이 몹시 고통스러웠지만 자신을 감출 수 없었습니다. 이와 같이 빛은 어둠을 드러냅니다.
바울 사도의 사역 가운데서도 그러한 일들이 있었습니다. 바울이 복음을 전파할 때 그 자리에 있었던 귀신이 소리를 지르며 자신의 정체를 드러냈던 것입니다.

"우리가 기도하는 곳에 가다가 점하는 귀신들린 여종 하나를 만나니 점으로 그 주인들을 크게 이하게 하는 자라 바울과 우리를 좇아와서 소리질러 가로되 이 사람들은 지극히 높은 하나님의 종으로 구원의 길을 너희에게 전하는 자라 하며 이같이 여러 날을 하는지라 바울이 심히 괴로워하여 돌이켜 그 귀신에게 이르되 예수 그리스도의 이름으로 내가 네게 명하노니 그에게서 나오라 하니 귀신이 즉시 나오니라" (행16:16-18)

이 여인은 점을 치는 사람이었습니다. 그녀가 점을 치는 능력으로 주인에게 큰 돈을 벌어주었다는 것은 그녀의 점술 능력이 뛰어나다는 것을 보여줍니다.

사람들은 귀신이 들어오면 정신이 이상해지는 줄 알지만 그렇지 않습니다. 성경에 나타난 귀신들린 사례에서도 정신이 이상한 사례는 드뭅니다.

귀신이 사람의 안에 들어와도 그 사람은 여전히 정상적인 생활이 가능합니다. 다만 부분적으로 어떤 억눌림의 증상이 있을 뿐입니다. 성경에 나타난 귀신들린 증상의 일반적인 것은 귀신들려 벙어리가 되었다든지, 귀머거리가 되었다든지, 허리를 펴지 못하고 꼬부리고 산다든지, 이와 같이 점을 치는 능력을 가지고 있다든지 하는 정도입니다.

아마도 이 여인이 오늘날에 있다면 신문에 광고와 기사가 많이 오르락거렸을 것입니다. 돈과 명예도 많이 얻었을 것입니다. 그리스도인이라 자처하는 사람 중에도 점을 치는 이들이 많이 있습니다. 그러한 이들은 점을 치는 행위가 귀신을 초청하는 것이며 자신을 마귀에게 드리는 행위라는 것을 알지 못하기 때문입니다.

주를 예배하고 사랑하며 알아 가는 것이 신앙의 본질이지만 단순히 자신의 문제 해결과 육체적인 이익을 위해서 믿는 이들은 아직 진리와 아주 먼 거리에 있습니다. 그러므로 그들은 빛과 어두움을 제대로 구별하지 못하며 주님과 마귀를 구별하지 못하는 것입니다.

이 점하는 여인은 평소에는 정상적인 사람이었습니다. 그는 자신이 가지고 있는 귀신의 능력으로 돈을 벌고 있는 사람이었습니다. 그러나 그는 강력한 빛과 능력을 가지고 있던 사도 바울의 앞에서 고통을 느끼며 그 정체가 드러나게 되었습니다. 그러므로 그녀는 그 앞에서 발작을 하면서 소리를 지르게 되었던 것입니다.

오늘날은 참으로 많은 미혹의 영들이 활동하고 있는 시대입니다. 어떤 이들은 점을 치며 어떤 이들은 전생을 본다고 주장하며 초능력을 행한다고 주장합니다. 이러한 일은 귀신의 영을 받은 것입니다. 빛이 임하게 될 때 이러한 영을 받은 이들은 고통을 느끼게 될 것입니다.

귀신들은 어둠에 속한 존재들입니다. 그러므로 그들은 어두움

속에 익숙하며 고통을 느끼지 않습니다. 그러나 빛에 가까이 있을 때 그들은 고통을 느끼며 비명을 지르게 됩니다.
그러므로 어떤 이가 명목적인 믿음이 아니고 실제적인 신앙, 빛의 힘과 능력을 가지고 있으면 악한 영들은 그러한 사람들 앞에서 고통을 느끼며 자신을 드러내는 것입니다.

죄란 어둠에 속한 것입니다. 육신적인 삶도 어둠에 속한 삶입니다. 그러므로 그러한 삶 속에 잠겨있는 이들에게 악한 영들은 별로 위협이나 고통을 느끼지 않습니다. 그러므로 그들은 여전히 어둠 속에 숨어있을 것입니다.
그러나 어떤 이가 기도로 사는 사람이며 성령의 권능을 경험한 사람이라면 악한 영들은 자신을 지속적으로 감추기 어렵습니다. 그렇기 때문에 어떤 사람들 앞에서는 조용하고 잠잠한 귀신이 어떤 사람의 앞에 가면 고통을 느끼고 발작을 하면서 자신을 나타내는 것입니다.
제자들은 가는 곳마다 귀신을 드러내고 귀신을 쫓아내었습니다. 그러나 오늘날 그러한 일은 보기 어렵습니다. 그 이유는 무엇일까요? 오늘날은 귀신들이 다 회개를 하고 일을 하지 않기 때문일까요? 마귀들은 다 없어졌을까요?
그렇지 않습니다. 오늘날의 교회들이 말만 무성하고 실제적인 성령의 능력과 권세를 잃어버렸기 때문에 악한 영들은 여전히 숨어있는 것입니다. 많은 제자훈련들이 있지만 그들은 예수님이 훈련시킨 제자들처럼 권능으로 무장되어 있지 않기 때문에 어둠의 권세자들에게 폭탄을 던지지 못하고 있는 것입니다. 그러므로 무력하고 영감이 둔한 오늘날의 제자들은 어둠의 세력이 자신의 앞에서 정체를 드러내지 않기 때문에 어둠의 존재를 잘 인식하지 못합니다. 그들은 모든 문제들이 영적인 데서 기인하는 것임을 보지 못합니다. 그렇기 때문에 현실적인 문제들, 가난이나 가정불화의 문제.. 그런 눈에 보이는 문제에만 매달리게 되는 것입니다.

이런 이야기를 들은 적이 있습니다. 어떤 성도님이 말씀하시기를 자신은 평소에는 전혀 멀쩡한 사람인데 어떤 유명한 기도의 사람 앞에 가까이 갔더니 그 사람의 앞에서는 자신이 자꾸 이상한 행동을 하게 되더라는 것입니다. 몸을 이상하게 움직이기도 하고 팔 다리를 이상하게 흔들기도 하고 구토가 나오기도 하더라는 것입니다. 그러나 그 분의 옆에서 나오게 되면 다시 멀쩡해지는 것입니다. 그 이유는 무엇일까요?
그것은 빛을 가지고 있는 사람의 앞에 있을 때 자신의 안에서 평소에 살고 있는 악한 영들이 드러나기 때문입니다. 자기 속에 숨어서 살고 있던 악한 영들은 당황하게 되며 일종의 발작 비슷한 행동을 보여주게 되는 것입니다.
성령의 권능이 역사하는 영성집회에는 비슷한 경험을 하는 이들이 많이 생깁니다. 이상한 몸부림을 하기도 하고 어지러움이나 통증을 느끼기도 하며 구토를 하기도 하고 전율을 느끼기도 하며 시원함을 느끼기도 합니다. 이 역시 비슷한 현상인데 평소에 숨어있던 악한 영들이 집회 가운데 나타나는 성령의 능력과 빛의 역사를 견디다 못해서 드러나거나 도망가는 것입니다.

비슷한 다른 이야기를 들은 적이 있습니다. 어떤 권사님은 오랜 기도의 용사입니다. 그녀는 지식은 그리 많이 가지고 있지 않지만 새벽기도, 철야기도로 시작해서 항상 기도로 사는 사람입니다.

그녀가 버스를 탈 때 가끔씩 이런 일이 생긴다고 합니다.

처음 보는 사람이 권사님의 눈에 마주치게 되면 갑자기 비명을 지르며 "나갈게! 나간 다니까! 나가면 될 거 아냐!" 한다는 것입니다. 물론 주위의 사람들은 놀라서 쳐다보게 되지요.

이것은 무슨 일일까요? 역시 같은 일입니다. 평소에 숨어있는 악한 영들은 강력한 빛을 가지고 있는 이들 앞에서 고통을 느끼며 드러나게 되는 것입니다.

내 경우도 비슷한 일을 더러 겪는 편입니다. 나를 만나러 오는 사람들이 내 앞에서 구역질을 하거나 머리가 어지러워지거나 하는 현상들을 가끔 경험하곤 합니다. 물론 그러한 현상의 원인도 비슷한 것입니다. 숨어있는 악한 영들이 드러나게 되는 것이지요. 인상적이었던 것은 기도를 통해서 그러한 영들은 더 확실하게 드러난다는 것입니다.

오래 전 신혼 때의 일입니다. 어느 날 어떤 자매가 우리 집에 놀러왔습니다. 우리는 같이 웃고 떠들고 대화를 나누다가 헤

2부 영적 전쟁의 원리들

어질 시간이 되어서 내가 기도하고 헤어지자고 하고 간단하게 기도를 시작했는데 그녀가 갑자기 발작하듯이 울음을 터트리는 것이었습니다.

조금 전까지 전혀 아무렇지 않았던 그녀는 내가 기도를 시작하자마자 갑자기 소리를 지르며 잘못했다고, 살려달라고 용서해달라고 빌었습니다. 그녀는 눈물로 세수를 하고 말았습니다.

내가 기도를 시작하자마자 그녀의 뇌리 속에서 그녀가 전에 느낀 적이 없었던 선명한 메시지가 떠올랐습니다. '내가 미쳤지.. 내가 여기에는 왜 왔지? 어유.. 이제 나는 죽었다..'

물론 그것은 악한 영의 음성이었습니다. 평소에 그녀의 안에서 숨어서 살던 영들이 기도를 시작하자 그 정체를 드러낸 것입니다.

서로 교제하며 대화를 나누는 것과 기도하는 것은 다른 것입니다. 기도는 주님의 영을 초청하는 것입니다.

그러므로 일반적인 대화에서는 귀신들이 숨어있을 수 있습니다. 그러나 영의 흐름에 대해서 알고 있는 이가 '오, 주님..' 하고 기도를 시작하면 그 곳에는 주님이 임하시며 그분의 살아계신 임재가 흐르게 됩니다. 그러므로 그 공간의 영적 분위기가 순식간에 달라집니다.

나는 집에서든 어디서든 일단 마음속으로만 '주님..' 하고 기도를 시작하면 그 공간이 완전히 조금 전과는 전혀 다른 분위기가 되는 것을 느끼곤 합니다. 기도는 그와 같이 그 공간을 주님의 임재로 채우는 것이기 때문에 악한 영들은 놀라고 충격을 받는 것입니다.

청년 시절에 한번은 자기 딸이 귀신들린 어머니의 간절한 소망에 의해서 그녀와 전화로 통화를 한 적이 있었습니다. 그녀는 즐겁게 이 이야기, 저 이야기를 했습니다. 그러다가 내가 전화로 기도를 하자고 하자 갑자기 비명을 지르더니 전화를 끊어버렸습니다. 악한 영들은 기도를 통한 실제적인 하나님의 임재를 아주 두려워했던 것입니다.

어떤 이들은 귀신들이 드러나는 것을 두려워합니다. 사실 악한 영들이 발작을 하고 난리를 꾸미는 것을 즐겁게 느낄 사람은 없을 것입니다. 그러나 악한 영이 드러나고 패주하는 것은 천국이 임하는 하나의 특성입니다. 그것은 바로 복음의 능력이며 사람의 모든 묶임을 풀어주고 자유롭게 하는 하나님의 권능인 것입니다.

오늘날의 교회, 오늘날의 신앙은 너무나 이론화, 개념화되어 있습니다. 살아있는 하나님의 임재와 영의 흐름에 대해서 너무나 둔감합니다. 그러므로 신앙생활을 오래 해도 실제적인 변화와 해방과 자유함을 잘 알지 못합니다. 믿기 전에도 그들은 애굽의 바로 밑에서 노예 생활을 하고, 믿은 후에도 그들은 여전히 애굽의 바로 밑에서 묶여서 살고 있습니다.

하나님의 권능이 임하게 될 때 그 모든 것은 달라질 것입니다.

우리에게 빛이 임하게 되며 우리 안에는 주님의 생명이 가득하게 될 것입니다. 빛이 임하게 되므로 평소에 어둠 속에 살았을 때는 알지 못했던 많은 묶임과 눌림과 고통에서 우리는 해방될 것입니다.

빛은 어두움을 드러냅니다. 그리하여 모든 더러운 것들을 소멸시킵니다. 그러므로 우리는 빛의 임함을 사모해야 합니다. 어둠이 드러나는 것을 두려워하거나 오히려 문제가 복잡해진다고 생각해서는 안 됩니다.

우리가 쓰레기 더미 속에서 살고 있더라도 어둠 속에 있으면 우리는 그것을 알지 못합니다. 그러나 우리에게 빛이 비친다면 우리는 더 이상 그 쓰레기 더미 위에서 살기를 원치 않게 될 것입니다. 우리는 순결하고 아름답고 거룩한 삶을 살기 원하게 될 것입니다.

부디 주님의 임재와 그 영광의 빛이
임하는 것을 사모하십시오.
주님은 사모하는 자에게 그 빛을 주십니다.
그 빛이 임하게 될 때 우리는 밝아질 것입니다.
자유롭게 될 것입니다.
그리고 실제적인 천국의 영광이 무엇인지
알게 될 것입니다. 할렐루야.

13. 악한 영들은 권능을 두려워합니다

주님 앞에서 귀신들이 떨고 복음을 전하는 사도 바울 앞에서 떨었듯이 악한 영들은 어떤 이들이 실제적인 복음과 천국의 능력을 가지고 있는지 알아봅니다. 그들은 어떤 사람들 앞에서는 전혀 두려워하지 않으며 어떤 이들 앞에서는 아주 두려워하며 떱니다.
그러므로 우리는 악한 영들에게 만만하게 보이는 신자가 되어서는 안 됩니다. 그들이 두려워하고 떠는 대상이 되어야 합니다.

시골에서 목회하시는 어떤 목사님이 장로님과 함께 어느 집에 심방을 갔습니다. 그런데 마침 그 집에서는 악한 영들에게 잡혀 있는 청년이 있었습니다. 이 청년이 그 목사님과 장로님을 보더니 붙잡고 마구 두드려 패기 시작했습니다.
목사님의 입장에서는 체면이 말이 아니었습니다. 그러나 그 청년은 엄청난 힘을 가지고 있었기에 그를 감당할 수가 없었습니다.
그런데 어린 소녀하나가 목사님께 무엇을 물어보려고 교회에 들렸습니다. 그러다 목사님이 교회에 가까운 집에 심방을 가신 것을 알고는 그 집에 찾아갔습니다.

그런데 그 때까지 목사님과 장로님을 두드려 패고 있던 그 청년이 그 소녀를 보더니 덜덜 떨면서 벽에 붙어버리는 것이었습니다. 그래서 간신히 목사님과 장로님은 위기를 벗어날 수 있었습니다.

이 소녀는 항상 교회에 와서 부르짖고 기도하는 소녀였습니다. 이 청년이 그 사실을 알 리가 만무하건만 그 소녀를 보는 순간 즉시로 공포에 사로잡혔던 것입니다.

나중에 이 청년이 정신이 돌아온 후에 장로님과 목사님은 그 청년에게 물어보았습니다. 소녀를 보자마자 왜 그렇게 떨었는지를 말입니다. 그 청년은 대답하였습니다. 그 소녀를 보자 그녀가 찬란하게 빛나는 칼을 가지고 있었는데 그 칼에 조금만 닿기만 하면 죽을 것 같이 무서웠다는 것이었습니다. 물론 그것은 그 청년의 시각이 아니고 그에게 붙어 있었던 악한 영의 시각이었습니다.

의아해서 목사님이 다시 물어보았습니다. 그러면 자기에게서는 칼을 보지 못했느냐고.. 그러자 청년은 대답했습니다. 목사님과 장로님도 칼을 차기는 했지만 그 칼들은 녹이 심하게 슬고 뭉툭하게 보여서 하나도 무섭지 않았다는 것입니다.

이 이야기가 보여주는 메시지는 이것입니다. 즉 악한 영들은 지위와 경력을 두려워하지 않으며 오직 하늘에서 오는 힘, 영적인 능력만을 두려워한다는 것입니다. 그들은 학위나 유학의 경험이나 탁월한 학교 성적을 두려워하지 않습니다. 그들이 두려워하는 것은 이 사람이 진정한 영적인 힘을 가지고 있는가 하는 것입니다.' 엑소시스트' 라든지 '신들린 여인' 과 같은 영화에서 많이 등장하는 장면이 있습니다. 어떤 사람이 귀신을 쫓으려고 시도하지만 온갖 방법을 사용해도 귀신은 요동도 하지 않습니다. 그리고 비웃으면서 '믿음이 없는 자여' 하고 빈정거립니다.

이처럼 그들은 믿음이 없는 자가 그들을 공격하려고 할 때 오히려 비웃으며 반격을 하는 것입니다. 그들은 어떤 이들이 실제적인 믿음을 가지고 있으며 어떤 이들이 실제적인 믿음을 가지고 있지 않은지를 알고 있는 것입니다. 성경에도 이러한 사례가 나옵니다.

"이에 돌아다니며 마술하는 어떤 유대인들이 시험적으로 악귀 들린 자들에게 대하여 주 예수의 이름을 불러 말하되 내가 바울의 전파하는 예수를 빙자하여 너희를 명하노라 하더라 유대의 한 제사장 스게와의 일곱 아들도 이 일을 행하더니 악귀가 대답하여 가로되 예수도 내가 알고 바울도 내가 알거니와 너희는 누구냐 하며 악귀들린 사람이 그 두 사람에게 뛰어올라 억제하여 이기니 저희가 상하여 벗은 몸으로 그 집에서 도망하는지라" (행19:13-16)

악한 영들은 바보가 아닙니다. 그들은 영적 존재입니다. 그들은 어떤 존재가 두려운 존재이며 어떤 존재가 아무런 힘이 없는지 잘 알고 있습니다. 그러므로 영적 전쟁에 있어서 인간적인 방법이나 기술로 그들을 제어하려고 하는 것은 위험한 일인 것입니다.

사도행전에서 악한 영들이 그렇게 많이 쫓겨나가고 두려워했던 이유는 성령님의 기름 부으심과 역사가 실제적으로 많이 나타났었기 때문입니다.

그 시대의 성도들은 '당신들은 성령을 이미 받은 것'이라고 교회에서 교육을 받은 것이 아니라 실제적인 권능의 역사를 경험하였습니다. 그들에게 있어서 성령님의 임재와 기름 부으심은 실제적인 것이었으며 선명한 것이었습니다.

"베드로가 이 말 할 때에 성령이 말씀 듣는 모든 사람에게 내려오시니" (행10:44)

이것이 사도행전 당시의 상황이었습니다. 그들에게는 성령께서 내려오시는 것이 눈에 보였습니다. 그것이 어떻게 보였는지 어떤 현상으로 나타났는지에 대해서는 여러 견해가 있지만 분명한 것은 그 자리에 있던 사람들에게 그것은 확실하게 보이고 나타났다는 것이었습니다. 중요한 것은 이렇게 확실하게 성령의 권능이 나타나게 되면 악한 영들은 초토화가 된다는 사실입니다. 악한 영들은 이론이 아닌 실제적인 영의 흐름, 역사를 아주 두려워합니다.

실제적인 원리를 하나 더 이야기하겠습니다.

악한 영들이 두려워하는 것은 소리입니다. 그들은 소리를 통해서 흘러나오는 영의 움직임을 두려워합니다. 나름대로 믿음을 가지고 있고 나름대로 주님을 사랑하며 믿으려고 애를 쓰는 분들이 있습니다. 그런데 악한 영들은 그들을 두려워하지 않습니다. 그들도 나름대로 기도하고 주님을 사모하는데 왜 그럴까요? 나는 한 가지를 추측할 수 있습니다. 그러한 이들은 아마 거의 발성기도, 소리를 내어서 기도하는 경험이 많지 않을 것입니다.

소리에는 능력이 있습니다. 특별히 방언기도의 파워는 대단한 것입니다. 어떤 이가 그다지 깊이 헌신되어 있지 않고 성경의 지식도 그다지 많이 가지고 있지 않아도 그가 평소에 방언으로 많이 기도하는 사람이라면 귀신들은 그를 보고 벌벌 떨 것입니다. 그가 강단에서 설교를 할 때 성도들은 그의 평범한 메시지에도 은혜를 얻고 심령의 시원함을 느끼게 될 것입니다. 왜냐하면 소리에는 힘이 있기 때문입니다. 성령으로 인한 소리에는 특별하게 강력한 영적 에너지가 흘러갑니다.
부르짖는 기도의 훈련이 어느 정도 된 사람이면 귀신들은 그의 앞에서 견뎌내지 못합니다. 그들은 소리의 외침과 함성을 몹시 고통스러워합니다.
연약한 그리스도인들은 대부분 발성기도의 훈련이 거의 되지 않은 이들입니다. 그들은 양심적이며 섬세하며 주님을 간절하게 사모할지는 모릅니다. 그러나 그들은 능력이 없을 것입니다. 그들은 항상 '마음에는 원이로되 육신이 약하도다' 하는

2부 영적 전쟁의 원리들

노래를 부르며 살 것입니다. 소리를 사용하지 않는 이들은 영력이 개발되지 않습니다. 침묵기도를 좋아하는 사람 치고 귀신이 두려워하는 강력한 영력이 흘러나오는 이들은 드뭅니다.

지적인 그리스도인들은 대체로 큰 소리로 방언을 말하며 부르짖는 것을 좋아하지 않습니다. 그들은 경건하고 품위 있게 믿고 싶어 합니다. 큰 소리로 외치는 것은 대체로 무식하게 보이기 때문입니다. 그렇기 때문에 그들은 품위 있게 놀리며 품위 있게 창백한 삶을 사는 것입니다.
그것은 시편에 나오는 다윗의 간절한 부르짖음이나 성경에 수없이 많이 등장하는 부르짖으라는 명령에 비하면 이해하기 어려운 태도입니다.
악한 영들은 실제적인 영 능력을 알아봅니다. 그들은 부르짖는 사람이 강력한 영적 파워를 가지고 있는 것을 알고 있습니다. 그러한 사람들이 조용히 말을 하기만 해도 그들은 벌벌 떱니다.
그리스도인들은 강력한 영권을 얻기를 사모해야 합니다. 마귀를 두려워해서는 안 됩니다. 그들의 진을 초토화시킬 수 있는 영권을 얻어야 합니다.
백인들은 오랫동안 고상한 기독교를 세우기를 원했습니다. 그래서 그들은 신학을 발전시켰습니다. 하지만 그들의 이지적인 특징은 기독교를 개념화시켜서 영적인 실제와 능력을 사장시켜버렸습니다. 백인들의 논리는 옳아 보이지만 실제적인 영성이나 자유함과는 아주 거리가 먼 것입니다. 백인들의 개념 신앙은 마귀들에게 별로 위협이 되지 않기 때문에 교회 안에 많은 세상의 요소들, 악한 영들의 혼미한 세력들이 들어왔습니다.

세상에는 많은 사악한 영들의 역사가 퍼지고 있습니다. 교회에 살아 계신 주님의 임재와 영적 권능이 회복될 때 그 모든 악령들의 역사는 초토화될 것입니다.

다행히도 한국 사람들은 영성과 열정을 가지고 있습니다. 지금은 백인들의 영향을 통해서 많이 잃어버렸지만 한국교회는 과거에 부르짖는 교회였습니다. 그 믿음을 다시 회복할 때 이 땅에는 놀라운 부흥과 충만한 하늘의 역사가 이루어지게 될 것입니다.

부르짖고 외치고 방언을 할 때 성령의 권능은 흘러나옵니다. 강력한 영권의 물줄기가 사악한 영들의 진 위에 쏟아질 것입니다. 그 때에 악한 영들의 진지는 초토화되고 천국의 풍성함이 시작될 것입니다.

악한 영들은 빛을 두려워합니다. 권능을 두려워합니다.

우리들은 이 빛과 권능을 얻어야 합니다. 그것이 실제적인 기독교이며 성경에 나타나 있는 기독교입니다. 그 때 우리는 진정한 승리하는 그리스도인이 될 수 있을 것입니다. 할렐루야.

14. 악한 영들은 파장을 따라 들어옵니다

순간적인 충동에 의해서 범죄를 저지르고 경찰에 잡힌 범인들은 나중에 '그 때는 내 정신이 아니었다'고 울부짖습니다. 평소의 그를 잘 아는 사람들은 '그 사람은 정말 그럴 사람이 아니다. 정말 믿어지지 않는다' 하고 말을 하곤 합니다.
어느 정도 그러한 말은 사실일 것입니다. 죄를 지을 때는 정말 제 정신이 아닙니다. 그 때는 어떤 이상한 힘, 이상한 정신이 그를 사로잡는 것이 보통입니다.
그러나 중요한 것이 있습니다. 그를 사로잡아서 죄를 짓게 한 영이 비록 그가 아니고 악한 영들의 장난이라고 해서 그 사람에게 책임이 면제되는 것은 아니라는 것입니다.

어떤 사람이 다른 사람의 인격을 모독하고 심하게 화를 냅니다. 그리고 나서 그 다음 날에 말합니다.
"미안합니다. 사실은 어제 화를 낸 것은 제가 아니고 귀신입니다. 제가 그만 깜박 속아서.."
이런 유의 변명에 고개를 끄덕일 사람은 없을 것입니다. 그러한 말은 어리석은 변명입니다.
세상 사람들은 흔히 이런 핑계를 댑니다.
"미안합니다. 그 때는 술김이라.."

"죄송합니다. 제가 너무 화가 나 있는 바람에.."
물론 사과를 하는 것은 좋습니다. 하지만 그 책임은 자신이 져야 합니다. 술김이라든지 화가 나서 그랬다든지, 제가 아니고 귀신이라든지.. 그런 것은 변명이 될 수 없습니다.
우리는 그리스도인이라고 하더라도 악한 영이 순간적으로 들어오고 역사할 수 있다는 것을 압니다. 귀신은 우리를 소유할 수 없을 지라도 일시적으로 억압하고 들어와서 괴롭힐 수 있습니다.

하지만 그들을 받아들이는 것은 우리의 책임입니다. 내가 아니고 악한 영에게 속았다는 것.. 그것은 그들과의 전투에 있어서 중요한 하나의 원리가 되는 것은 사실이지만 여전히 우리는 책임을 면할 수 없습니다.
그 이유는 무엇일까요? 그것은 영의 선택이 본인 자신에게 있는 것이기 때문입니다.
이 세상에는 악령만 있는 것이 아닙니다. 거룩한 하나님의 영도 역사하시며 천사들도 와서 우리의 기도를 도우며 선한 영향력을 행사하려고 합니다. 그러므로 어느 쪽을 선택하든지 그것은 자신의 선택입니다. 나는 싫었지만 하도 그 쪽이 강요해서 받아들였.. 하는 식의 변명은 통하지 않는다는 것입니다.
변명을 할 수 없는 다른 이유가 또 있습니다. 그것은 악한 영들도 역사할 수 있는 원리와 한계가 있으며 아무에게나 어디서나 들어가고 움직일 수 없다는 것입니다. 즉 귀신이 전혀 상관없는 사람에게 들어가는 경우는 드물다는 것입니다. 그들은 그들과 동일한 파장을 가지고 있는 사람에게만 들어갈 수 있습니다.

이 땅은 물질적인 세계입니다. 그러므로 물질적이고 혈연적인 특성을 따라 모입니다. 각자의 영적 발전 상태나 인격의 수준에 따라 모이는 것이 아닙니다. 혈연을 따라 모이고 지연을 따라 학벌을 따라 모입니다. 그것이 이 세상입니다.

그러나 영계는 다릅니다. 영의 세계는 그 영의 성격과 발전 상태에 따라 모이고 흩어지는 것입니다. 빛의 영들은 빛의 세계에서 모입니다. 그것이 천국입니다. 어두움의 영들은 어두움의 세계에서 모입니다. 그것이 지옥입니다.

더러운 영들은 더러운 영들끼리 모입니다. 거룩한 영들은 거룩한 영들끼리 모입니다. 사랑하는 영들은 사랑의 영들끼리 가까이 모이게 되며 미움과 분노의 영들은 역시 비슷한 영들끼리 모이게 됩니다.

사후는 영의 세계입니다. 거기에는 혈연과 지연이 별로 의미가 없습니다. 그러므로 이 세상에서는 서로 가깝게 지냈다고 하더라도 사후에는 각자의 상태에 따라 흩어지게 되는 것입니다.

부자와 나사로는 같은 동네에 살았습니다. 부자는 나사로가 대문에서 살도록 친절을 베풀기도 했습니다. 부자도 같이 유대인으로서 아브라함을 아버지로 부르며 나름대로 신앙생활을 하고 있었습니다. 그러나 영의 세계에 들어갔을 때 그들은 물질세계에 있을 때와는 달리 전혀 가까이 있을 수 없었습니다. 부자는 물질세계의 쾌락과 영화에 빠져서 영적인 세계에는 전혀 관심을 가지지 않았습니다.

그러나 나사로는 궁핍과 어려움 속에서 하나님의 은혜와 도우심을 사모하였으며 그는 사후에 빛의 세계에서 위로를 받게 되었습니다. 그들은 물리적으로는 가까웠지만 영적으로는 아주 먼 곳에 있었던 것입니다.

이처럼 영의 세계에서는 외적인 지위나 상태는 아무 의미가 없는 것입니다. 어떤 이들은 내적인 변화가 없이 하루 종일 교회에서 살고 교회에서 많이 봉사를 하면 천국에 가는 것으로 생각합니다.

그러나 그것은 오해입니다. 주님께서는 천국에 대해서 그렇게 쉽게 가르치신 적이 없습니다. 천국에 들어가기 위해서는 내적인 변화, 영의 변화가 필요합니다.

악한 영들은 아무에게나 들어갈 수 있는 것이 아닙니다. 그들도 영으로서 영의 법칙을 따라 활동할 수 있고 그들과 비슷한 파장을 가지고 있고 비슷한 성질을 가지고 있는 사람들에게만 들어갈 수 있는 것입니다. 그렇기 때문에 어떤 사람에게 악한 영이 들어와서 누르고 있다면 거기에는 본인의 책임도 많이 있는 것입니다.

2부 영적 전쟁의 원리들

영들은 같은 성질을 따라 모이고 같이 삽니다. 그것은 물고기가 물고기끼리, 땅에 사는 동물은 땅에 같이 사는 것과 같습니다. 영들은 항상 비슷한 것끼리 모입니다.

한 가족이나 이웃으로 가까이서 오래 산다고 해도 전혀 연합이 되지 않는 이들이 있습니다. 그들은 많은 시간을 같이 보내지만 언어가 전혀 통하지 않습니다. 그것은 그들이 서로 다른 영계에 소속되어 있기 때문입니다.

반면에 어떤 이들은 처음 보자마자 급속도로 친해집니다. 마치 오래 전부터 알던 사람들처럼 친밀감을 느낍니다. 한 마디만 나누어도 그들은 서로의 마음을 느낍니다. 이러한 경우는 서로 마음과 영이 통하기 때문이며 영적인 수준과 상태가 비슷하기 때문입니다.

악한 영들이 어떤 사람의 안에 들어오는 것은 비슷한 이유입니다. 그들은 비슷한 성향을 가지고 있는 사람에게 들어오게 되는 것입니다.

어떤 이들은 영적으로 지나치게 예민해서 다른 사람들에게 붙어있는 나쁜 기운이 자기에게 옮아오지 않을까 몹시 두려워하고 염려합니다.

그러나 영의 세계는 무질서하게 아무에게나 들어가고 나올 수 있는 것이 아닙니다. 영계에는 영계의 질서가 있으며 서로 성향이 다르면 같이 있을 수 없습니다.

간혹 떠돌아다니는 영들이 어떤 사람의 안으로 들어올 때가 있습니다. 그러나 그러한 경우에는 그 영이 이 사람과의 관련성을 별로 가지지 못하고 있기 때문에 얼마 지나지 않아서 나가게 됩니다. 못이 지남철에 붙어 있는 것처럼 악한 영들이 붙어 있는 것은 서로 끌리기 때문이며 서로 같이 있을 수 있는 요소가 있기 때문입니다.

그렇기 때문에 악한 영들이 들어와서 장난을 치는 것은 본인의 책임도 적지 않다는 것을 말하는 것입니다. 에베소서 4장 26, 27절의 "**해가 지도록 분을 품지 말고 마귀로 틈을 타지 못하게 하라**"는 말씀은 분노를 오래 품고 있을 때 악한 영들이 들어올 수 있는 기회를 줄 수 있다는 것을 보여줍니다.

그러므로 우리는 마음의 파장을 아름답고 밝게 해야 합니다. 악한 영들이 좋아하는 그러한 마음과 생각을 가져서는 안 됩니다.

습기가 많은 곳에는 이끼가 끼게 되어 있습니다. 폐가에는 거미줄이 끼고 쥐들의 소굴이 되며 악한 자들이 거하게 됩니다. 우리의 마음과 생각은 잘 관리해주지 않으면 어둡고 컴컴해져서 마귀가 침입하는 경로가 될 수 있습니다.

원망하는 마음, 어두운 마음, 우울한 마음, 푸념, 분노, 증오, 두려움. 그러한 상념들은 악념에 속하는 것입니다. 그리고 이러한 악념들은 악한 영들을 끌어당깁니다.

청년 시절 나는 전도에 힘쓰며 많은 이들을 만나면서 상담하고 도와주곤 했습니다. 악한 영들에게 시달리는 이들을 기도

2부 영적 전쟁의 원리들

해주기도 하고 그들이 성령세례를 받도록 도와주기도 했습니다.

나는 그러는 과정에서 많이 지치게 되었습니다. 나는 명랑하고 밝은 그리스도인들이 참으로 드문 것을 알게 되었습니다. 어둡고 우울하고 소극적인 이들이 참 많은 것을 알게 되었습니다. 그러한 이들은 자연히 악한 영들에게 눌려서 고통스러운 삶을 살고 있었습니다.

어두운 기질의 자매들을 많이 도와주면서 나는 결심한 것이 있었습니다. 나는 가정을 가지게 된다면 절대로 마음이 어둡고 우울한 자매와는 결혼하지 않겠다고 마음을 먹었습니다. 나는 사역자로서 많은 이들을 도와야 했지만 집에서까지 어두움의 영들과 씨름을 하고 싶지는 않았습니다. 나는 집에서는 쉬고 싶었습니다.

나는 당시에 영적으로 아주 예민한 편이어서 사람들에게 악한 영들, 어두움의 영들이 붙어있는 것을 느끼고 볼 수 있었습니다. 나는 그러한 이들을 보게 되면 몸과 마음이 피곤하였습니다.

그럴 때 나는 아내를 만났습니다. 내가 그녀를 만나고 놀랬던 것은 그녀에게는 별로 악한 영들이 보이고 느껴지지 않았기 때문입니다. 나는 나중에야 그 이유를 알았습니다.

아내는 아주 낙천적인 성격이었습니다. 그녀는 밝고 단순한 성품이었습니다. 그녀는 언제나 인생을 재미있게 사는 법을 알고 있었습니다. 그리고 그렇게 밝은 기질의 사람들에게는 악한 영들은 잘 역사하지 못했던 것입니다.

나는 그러한 그녀의 매력에 빠져서 그녀와 결혼하기로 결심하고 결혼을 했습니다. 그리고 그 결정을 지금도 감사하고 있습니다.

나는 개척교회를 하면서 많은 어려움을 겪고 시련을 통과했습니다. 하지만 아내는 언제나 즐겁고 재미있게 살았습니다. 먹을 것이 없을 때가 한 두 번이 아니었지만 그녀는 항상 즐겁게 살았습니다.

질병으로 사경을 헤맬 때도 있었지만 그녀는 그런 상황에서도 삶을 즐기는 편이었습니다. 그녀는 항상 웃고 아무리 어려운 일이 있어도 5분 이상 고민하지 않았습니다. 나는 왜 악한 영들이 그녀에게 잘 역사하지 않는지 알게 되었습니다.

악한 영들은 어두움의 영입니다. 그들은 어둡고 침침한 생각을 넣어줍니다.

그러므로 내성적이고 사색적이며 생각이 복잡하고 우울한 이들은 마귀의 공격을 받을 가능성이 아주 많습니다. 그러한 이들은 자신의 스타일을 바꾸어야 합니다.

복음은 기쁨입니다. 그러므로 주님을 즐거워하며 삶을 즐거워하며 사소한 것에도 감사하고 누리고 기뻐할 수 있어야 합니다. 그리고 그러한 마음 밭에 마귀는 들어올 수 없습니다.

악한 영들은 그리스도인과 비 그리스도인에 상관없이 언제나

2부 영적 전쟁의 원리들

틈만 있으면 사람의 안에 들어오려고 합니다. 그래서 그들을 사로잡고 괴롭히려고 합니다. 그러므로 그들이 틈타지 않도록 방비하고 깨어있는 것이 중요합니다.

무엇보다 가장 중요한 것은 밝고 맑게 행복하게 사는 것입니다. 그들은 생각의 흐름과 파장을 통해서 들어오기 때문에 밝고 행복한 그리스도인들에게 그들은 아무런 힘도 행사할 수 없습니다.

우리는 마귀와 정 반대되는 의식과 생각 속에서 살아가야 합니다. 우리가 아무리 마귀를 대적해도 마귀가 좋아하는 생각을 하고 있다면 그들은 우리를 떠나지 않을 것입니다.

그러나 우리의 의식이 밝음과 감사와 사랑과 아름다움으로 가득 차 있다면 그들은 우리를 해롭게 할 수 없습니다.

그러므로 부디 당신의 마음을 아름답게 밝게 사랑으로 가득 채우십시오. 주를 사모하며 주께 대한 감사와 예배의 마음으로 가득하게 하십시오.

그것이 곧 은혜의 삶이며 승리의 삶이며 악한 영들로부터 벗어나는 자유로운 삶의 비결인 것입니다. 할렐루야.

15. 쾌락의 영과 징벌의 영

악한 영들이 들어오고 장난을 치는 데에는 이유가 있습니다. 그 사람이 어둠의 요소를 가지고 있기 때문에 악한 영이 역사하는 것입니다. 그러므로 우리들은 핑계를 댈 수 없습니다.
핑계를 댈 수 없는 또 하나의 이유는 악한 영들이 들어오는 것은 공짜가 아니기 때문입니다. 특별한 예외가 아닌 한 극장에 무료로 입장하는 관객은 없습니다. 스포츠 경기를 관람하거나 연극을 보고 싶어도 들어갈 때는 입장료를 내야합니다.
마찬가지로 악한 영들이 사람의 몸 안에 들어올 때도 공짜로 들어오지는 않습니다. 그들은 대부분 정식으로 입장료를 지불하고 들어옵니다.

악한 영들은 어떤 입장료를 지불할까요? 그것은 즐거움입니다. 쾌락이나 만족감입니다.
어떤 사람이 상대방에게 좋은 인상을 받아서 그를 사귀려고 마음먹게 되었다고 합시다. 나중에 알고 보니 그 사람은 악한 사람이었습니다. 하지만 이미 아주 가까워졌기 때문에 헤어지지 못하고 그 사람으로부터 괴로움을 겪게 됩니다.
악한 영들이 침투하고 들어와서 괴롭히는 원리는 이와 비슷한 것입니다. 악한 영들은 처음에 들어올 때 쾌락을 줍니다. 그래

2부 영적 전쟁의 원리들

서 사람들은 계속하여 그들이 주는 즐거움을 맛보기 위해서 악한 영들에게 문을 열어줍니다. 그러면 그들은 들어와서 자리를 잡습니다. 그리고는 주인노릇을 하려고 합니다. 사람들이 나중에 그것을 후회하고 그를 쫓아내려고 하면 그들은 그 사람에게 징벌과 고통을 줍니다. 이것이 그들의 움직이는 방식입니다.

예를 들어서 중독의 영에게 잡혀서 고통을 겪는 사람이 있다고 합시다. 어떤 이는 식탐에 중독이 되어 있습니다. 그래서 그는 먹는 것을 절제하지 못합니다. 비만과 각종 질병에 시달리고, 심지어 목숨까지 위태로워지면서도 음식을 절제하지 못합니다. 그것은 어떤 영이 우리 안에 들어와 일단 한 번 자리를 잡게 되면 쉽게 나가지 않기 때문입니다.

어떤 이는 도박의 영에 잡혀 있습니다. 그는 도박 때문에 인생이 패가망신하고 집안 살림이 다 거덜 나도 도박의 귀신으로부터 벗어나지 못합니다.

어떤 이는 애정의 영에 사로잡혀, 상대방을 사랑하면 망하는 줄을 잘 알면서도 그 끈을 끊지 못하고 비참한 인생을 삽니다. 어떤 이들은 음란이나 쇼핑, 술 중독 등의 영에 사로잡혀서 노예생활을 하면서 지옥처럼 살아갑니다.

자, 이런 이들은 처음에 어떻게 중독이 되었을까요? 어떻게 그 영들이 그들의 삶 속에 침투하게 되었을까요? 그리하여 그들의 인생을 파괴하고 주인노릇을 하게 된 것일까요?

그것은 그 영들이 어려움을 겪고 있는 사람들에게 잠시 동안 위안을 주었기 때문입니다.

나는 이 원리를 쾌락의 영과 징벌의 영으로 설명하려고 합니다. 그것은 쾌락의 영과 징벌의 영이 따로 있다는 의미가 아닙니다. 모든 영들은 들어올 때 쾌락의 영으로 들어오지만 일단 자리를 잡으면 주인 행세를 하며 그를 징벌하고 고통을 주는 존재가 되는 것입니다.

사람들은 힘들고 어려울 때 무엇인가에 위로를 얻으려고 합니다. 잠시 나마 힘을 얻고 싶어 합니다.

속이 상하거나 외로울 때 음식을 먹는 것은 잠시 기분을 즐겁게 해줄 수도 있습니다. 하지만 그 다음이 문제입니다. 그렇게 들어온 음식의 영은 이제 그를 지배하려고 하기 때문입니다.

음식의 영이라는 의미에 주목하십시오. 사람이 활동을 하면 에너지를 잃어버리게 되어 에너지를 보충하기 위해 정상적인 식욕을 느끼게 됩니다. 그러나 음식의 영이라는 것은 그러한 것과는 다릅니다.

그것은 몸이 음식을 필요로 하는 상태가 아닐 때도 음식을 먹고 싶은 충동을 일으키는 것입니다.

어떤 사람이 무기력하거나 마음이 슬플 때 음식을 먹음으로써 그 음식을 즐기는 감각을 통해서 마음에 위로를 얻고 무기력감을 잊어버렸다고 합시다. 이제 그에게는 음식이 필요하지 않을 때 음식을 먹는 영이 들어온 것입니다. 음식을 통해서 위안을 느끼는 기운이 들어온 것입니다. 그는 나중에 마음이 외롭거나 지치게 될 때에 음식을 먹고 싶은 충동을 느끼게 될 것입니다. 이미 그의 안에 들어온 그 영이 그러한 느낌을 주는 것입니다.

다른 영들이 들어오는 경로도 비슷합니다. 어떤 사람이 외롭고 힘들 때 술을 마시게 되고 그를 통해서 위안을 얻었다고 합시다. 그 영은 그의 안에 자리를 잡게 됩니다. 그래서 힘들 때마다 동일한 행동을 요구하게 됩니다.

기본적으로 이 원리는 동일한 것이라는 사실을 이해하시기를 바랍니다. 영들은 항상 처음에 들어올 때 위안과 기쁨을 주면서 들어옵니다.

도둑질을 하는 영도 마찬가지이며 마약의 영도 마찬가지이며 필요하지도 않은 과도한 물건을 사게 하는 쇼핑의 영도 마찬가지입니다. 음란의 영도 마찬가지이며 드라마 중독의 영도 마찬가지입니다. 공상을 즐기는 영도 마찬가지입니다.

그 모든 것들은 처음에 우리에게 위안을 주면서 들어옵니다. 그리고 나서는 우리를 지배하며 다스리려고 합니다.

악한 영들은 항상 처음에 기쁨과 쾌락을 줍니다. 그것은 아무 대가도 없이 손쉽게 얻을 수 있는 즐거움입니다.

험담을 하는데도 기쁨이 있습니다. 남의 욕을 하는 이들은 일시적으로 속이 시원함을 느끼게 될 것입니다. 하지만 그것은 악령들이 주는 즐거움이며 그는 나중에 대가를 지불하게 됩니다. 그는 습관적으로 불평을 하게 되며 남의 험담을 하게 될 것입니다. 그는 자신이 험담을 하고 있는 것 같지만 점점 더 악한 영들의 노예가 되어가고 있는 것에 불과한 것입니다.

오늘날 드라마나 컴퓨터 게임 등에 중독되는 이들은 점점 더 많아지고 있습니다. 그들은 살아있으나 살아있는 것이 아닙니다. 그들은 자유롭지 않습니다. 그들은 벌레나 기계처럼 움직입니다. 그들은 어둠의 영들의 지배를 받고 점점 더 의식을 잃어가고 의지를 잃어갑니다. 그들의 영혼은 점점 더 어둠 속으로 떨어집니다.

왜 그들은 그렇게 되어갈까요? 그것은 그러한 것들이 그들에게 쾌락을 주기 때문입니다. 위안을 주고 도피처를 주기 때문입니다.

그들이 마지막으로 가는 곳은 한 곳입니다. 그곳은 어둠의 세계입니다. 지금 이 땅에서 노예 생활을 하는 이들은 영원한 곳에 가서도 영원히 노예처럼 살게 될 것입니다. 그 배후에는 악한 영들이 숨어있습니다. 그들은 인간의 이성과 모든 감각을 점차 마비시켜 버립니다.

일본에는 거의 외출도 하지 않고 사람도 만나지 않으며 하루 종일 방안에서 컴퓨터 게임만을 하면서 살아가는 젊은이들이 점점 더 많아져, 사회 문제가 되고 있다고 합니다.

이 나라에도 그러한 영들이 급속도로 퍼져나가고 있는 것 같습니다.

2부 영적 전쟁의 원리들

이러한 사람들을 '폐인'이라고 부르며 거기에 긍정적인 의미를 부여하는 이들도 있습니다.

그러나 폐인이란 좋은 상태가 아닙니다. 그것은 일종의 묶임이며 노예생활입니다. 그것은 지옥의 특성을 그대로 보여주는 것입니다.

그것은 서서히 죽어가고 있는 것입니다. 묶여있고 노예 상태로 있지만 사람들은 그것을 즐거움이라고 생각합니다. 이러한 이들은 점점 몸도 마음과 영혼도 황폐해지며 나중에는 두려워서 바깥에 나가지도 못하게 됩니다. 그것은 정말 비극적인 일입니다.

이런 모든 비극이 컴퓨터를 통한 위안과 만족을 경험하는 데에서부터 시작되는 것입니다. 우리가 어떤 것을 적절하게 통제하고 이용할 수 있다면 그것은 나쁘지 않습니다. 그러나 그것이 우리의 삶과 의식을 지배하게 된다면 거기서부터는 노예생활이 시작되는 것입니다.

악한 영들은 우리에게 항상 위안과 힘을 주려고 합니다. 술이나 담배같은 악한 행위로 위로를 주려고 합니다.

어리석은 사람들은 그들의 위로를 받아들입니다. 그리고 그 영을 자신의 안에 모십니다. 그리고 그 영에 사로잡혀 사는 것입니다. 물론 대부분의 사람들은 자기가 악령의 노예가 되어 있다는 사실조차 알지 못합니다. 악한 영들은 항상 어둠 속에서 숨어서 일하고 있기 때문입니다.

오늘날 물질문명만이 발달한 이 사회에서 사람들은 영성에 대한 지식이 부족합니다. 어떤 충동을 일으키는 것이나 어떤 행위를 하게 만드는 것이 영들이라는 기본지식을 아는 이들도 드뭅니다.
그저 눈에 보이는 것만 믿기 때문에 모든 행동을 하는 것은 나 자신이라고 생각합니다. 하지만 영의 세계를 이해하지 못하면 우리는 자유로운 삶을 살 수 없습니다.

인간은 영적인 존재입니다. 사람은 떡으로만 사는 존재가 아닙니다. 사람에게는 떡이라는 물질적인 부분도 필요하지만 보다 더 중요한 부분인 하나님의 말씀으로 살아야 하는 것입니다. 하나님의 말씀은 떡도 아니고 돈도 아니지만 우리의 영혼을 채웁니다. 이처럼 사람은 영적 생기가 충만할 때 행복하게 살아갈 수 있습니다.
사람은 하나님을 예배하고 찬양하고 사랑하고 교통할 때 그 영혼이 빛으로 가득하게 되며 심령에 기쁨과 행복감이 충만해지도록 설계되었습니다. 그것이 영으로 사는 삶입니다.
하지만 죄로 타락한 인간은 하나님을 예배하고 높이며 만족을 얻으려 하지 않습니다. 주님이 아닌 다른 것으로 우상을 만들고 거기에 절을 합니다.
술을 즐기고 죄를 즐기며 악을 행하고 죄와 세상이 주는 쾌락을 즐거워할 때 그것들은 어둠의 영이 되어 사람들을 지배하고 다스리게 되는 것입니다.

2부 영적 전쟁의 원리들

이스라엘 백성이 하나님을 섬기는 것을 싫어하고 우상을 섬길 때 그들은 이방의 민족들에게 잡혀서 노예생활을 하게 되었습니다. 그것이 구약에 나타난 이스라엘의 역사입니다.

그처럼 오늘날도 하나님의 백성들은 주님을 예배하며 주와 동행하는 천국의 기쁨을 누리기보다 세상의 영들이 주는 쾌락을 즐거워하며 거기로 도피하기 원합니다. 그렇게 할 때 보이지 않는 악한 영들에게 잡혀서 비참한 어둠 속의 삶을 살게 되는 것입니다.

우리는 이 원리를 분명히 깨달아야 합니다. 주님을 섬기고 예배하는 일은 처음에는 별로 재미있는 일이 아닐지 모릅니다. 처음에는 좁은 길에 가깝습니다.

몸이 피곤할 때 기도하러 가기가 싫을 때가 있습니다. 그럴 때 몸은 그냥 집에서 TV나 보면서 놀자고 말합니다.

하지만 그 몸의 제안을 거절하고 교회에 가서 주님 앞에 무릎을 꿇고 기도할 때 얼마 후에는 그 깊은 심령 속에서 놀라운 기쁨이 임하는 것을 느끼게 됩니다. 그처럼 주님께 속한 것은 처음에는 힘들게 느껴져도 조금 지나면 넘치는 기쁨으로 보상을 얻게 됩니다.

마귀의 일은 반대입니다. 처음의 기쁨과 즐거움을 얻는 것은 아주 쉽고 공짜인 것 같습니다. 그러나 그 기쁨은 아주 잠간입니다. 쾌락은 순간이며 그 후에는 기나 긴 불안과 고통과 재앙이 있습니다. 그 마지막은 멸망입니다. 하지만 이 순간에도 지금 당장의 쾌락을 위해서 많은 사람들이 마귀의 유혹에 넘어가고 있습니다.

부디 기억하십시오. 마귀가 주는 쾌락에는 공짜가 없습니다. 그들은 처음에는 돈을 주지만 나중에는 엄청나게 비싼 이자를 뜯는 사채업자들 보다 더 심한 존재들입니다.

오늘날 수많은 그리스도인들이 마귀에게 눌려서 고통을 겪고 있는 이유는 그들이 주님과 천국으로부터 오는 신령한 즐거움에 대해서 알지 못하고 경험하지 못하고 있기 때문이며 그렇기 때문에 세상의 허무한 쾌락을 즐기고 누리려고 하기 때문입니다. 하지만 그 결과는 얼마나 비참하고 고통스러운 것인지요!

아무리 외롭고 지치고 무기력하고 힘들더라도 악한 영들이 주는 위로를 얻지 마십시오.

그들의 주는 도피처에 가까이 가지 마십시오. 당신은 먹은 것을 다 토해내야만 그들에게서 벗어날 수 있습니다.

기억하십시오. 그들은 쾌락의 영으로 오지만 결국은 징벌과 재앙의 영으로 당신에게 나타나게 됩니다.

오직 주님을 기뻐하십시오.

외롭고 힘들고 지치고 어려울 때 오직 주님 앞으로 가까이 나아가십시오. 주님의 위로와 평강과 은총과 빛이 당신에게로 가까이 올 것이며 당신은 오직 주님의 사람이 될 수 있을 것입니다. 할렐루야.

16. 무리하게 영적 전쟁을 하지 마십시오

악한 영들은 영이 약하고 믿음이 약한 자를 공격합니다. 그들은 강한 자 앞에서는 꼼짝도 하지 못하고 약한 자들은 잔인하게 공격합니다.

그것은 정글의 법칙이며 약육강식의 법칙이기도 합니다. 동물의 세계는 본능적으로 강한 자가 약한 자를 공격합니다. 그리고 강자에게 굴복합니다. 인간적으로 보면 치사하고 비겁한 일이지만 그것이 동물 세계의 법칙입니다. 커다란 개들은 작은 어린아이를 보면 공격하는 경우가 더러 있습니다. 그들은 약하고 작은 존재를 보면 공격성을 느낍니다.

아들인 주원이가 길을 가다가 끔찍한 모습을 목격한 적이 있었습니다. 커다란 개가 아주 작은 새끼 고양이를 순식간에 달려들어서 물어 죽였다는 것입니다.

그 새끼 고양이는 아주 예쁜 애완용 고양이였는데 주인이 깜빡 다른 곳에 정신을 팔고 있다가 당한 모양이었습니다. 불과 몇 초 만에 순식간에 일어난 일이기 때문에 말릴 틈이 없었습니다.

아들인 주원이는 그 모습이 너무 잔인하고 끔찍하다고 몸서리를 쳤습니다.

그런데 바로 그것이 어두움의 세계에서의 법칙입니다. 우리는 귀신들에게 자비를 기대할 수가 없습니다. 약하면 당하는 것입니다. 그들은 잔인하게 약자를 괴롭히며 거기에서 기쁨을 느낍니다.

선한 이들의 세계, 천국의 영계는 강한 자가 약한 자를 돕고 보호하며 사랑과 긍휼을 베풉니다. 그러나 낮은 영계는 오직 강한 자만이 살아남을 수 있습니다.

그러므로 우리는 영적으로 강자가 되어야 합니다. 약자가 되어서 항상 푸념을 하고 울고 하소연을 하면서 살아서는 안 됩니다.

항상 근심과 두려움과 낙담과 걱정에 잡혀 있는 이들은 영이 약하고 믿음이 약하기 때문에 어두움의 기운에 눌려있는 것입니다. 이러한 이들은 항상 미래에 대한 두려움을 가지고 있으며 풍성하고 승리하는 삶을 사는 것과는 거리가 먼 곳에 있는 것입니다.

다만 영적 전투에 있어서 주의해야 할 점이 있습니다. 우리는 자신의 영력을 강화시켜야 하지만 그것은 서서히 자연스럽게 이루어지는 것이며 시간이 필요하므로 자신의 믿음과 영력을 넘어서는 전쟁에 섣불리 뛰어드는 것은 좋지 않다는 것입니다.

어떤 초신자가 처음 은혜를 받고 너무 감동을 받은 나머지 오래된 무신론자에게 복음을 전하기 위해서 접근했습니다. 그리고 한참 대화를 나누다가 나중에는 과연 하나님이 계신지 복음이 맞는 것인지 헷갈린 상태로 돌아오고 말았습니다.

이것은 영적 싸움에서 진 것입니다. 아직 자신의 믿음과 지식과 영력이 충분치 못한 상태에서 무리하게 전쟁에 나아가면 그렇게 될 수도 있는 것입니다.

무리하게 배짱으로 나아가면서 그것을 믿음이라고 생각하는 이들도 있습니다. 그러나 그것은 믿음이 아니며 지혜롭지 못한 행동인 것입니다.

시골에서 목회를 하시는 어떤 목사님이 정신이 이상한 청년을 귀신을 쫓는다고 계속 기도를 하고 있었습니다. 그러나 별로 기도가 먹혀 들어가지 않았습니다.

잘 되지 않을 때는 귀신을 쫓는 사역을 중단해야 합니다. 자신의 영권으로 상대방의 영이 잡히지 않을 때는 무리하게 사역을 해서는 안 됩니다. 자신의 영력을 넘어서는 것은 빨리 포기하는 것이 낫습니다.

이 목사님이 기도를 잠시 쉬고 있을 때 누워있던 청년은 바로 옆에 있는 낫을 들고 목사님의 배를 찔렀고 목사님은 즉사하고 말았습니다.

이것은 어처구니없는 결과입니다. 악한 영들에게 잡혀 있는 이들을 다룰 때 결코 무리하게 사역을 해서는 안 된다는 것을 이 사례는 잘 보여줍니다.

특히 물리적인 힘으로 하는 것은 아주 좋지 않습니다. 어떤 이들은 귀신이 들렸다고 사람을 마구 때리는 경우도 있는데 악한 영을 때려서 쫓아낼 수 있다고 생각하는 것은 어처구니없는 일입니다. 영적 전쟁은 물리적인 싸움이 아닙니다.

영적 전쟁은 결코 오기로 해서는 안 됩니다. 그것은 믿음이 아닙니다. 밤에 혼자 기도하는 것이 무서운데 억지로 무서운 상태에서 기도하는 것은 좋지 않습니다. 무서움에도 불구하고 산에 올라가서 기도하는 이들도 있습니다. 그것은 좋지 않은 것입니다.

은혜는 편안한 상태에서 받는 것이 좋습니다. 무서운 마음이 드는 것은 이미 그의 영이 주위에 있는 악한 영들에게 눌린 것이며 진 것입니다. 그런데 자기의 영권으로 안 되는 것을 무리하게 싸우게 되면 많은 부작용이 생길 수 있습니다.

영의 싸움은 의지의 싸움이 아닙니다. 그러므로 무서운 마음이 들 때는 불을 켜고 기도한다든지 해서 마음이 편안한 상태에서 기도를 하고 은혜를 받아야 합니다.

신혼 초에 다니던 교회에서 어떤 청년을 만나서 교제를 하다가 우리 집에 데리고 오게 되었습니다. 그는 신실하게 헌신된 형제였습니다. 집에 와서 이야기를 나누다가 같이 기도를 하게 되었는데 그의 안에서 이상한 반응이 나타났고 나는 그것이 악한 영인 것을 알게 되었습니다.

나는 그 영을 대적하였습니다. 그에게서 떠나라고 명령하였습니다. 그는 곧 회복이 되었습니다.

2부 영적 전쟁의 원리들

나는 그 영을 쫓아내는 과정에서 그에게 언제 들어왔느냐고 물었습니다. 그러자 그 영은 열 여섯 살에 산에서 들어왔다고 하는 것이었습니다.

기도를 끝낸 후에 나는 그에게 열 여섯 살에 산에서 무슨 일이 있었느냐고 물었습니다. 그러자 그는 그 때에 은혜를 받고 싶어서 산에 올라가 기도를 했는데 무서운 것을 억지로 참고 기도를 했다는 것이었습니다. 그에게 붙어있었던 이 영은 그 때 들어온 모양이었습니다.

이처럼 억지로 기도하는 것은 좋지 않은 것입니다. 어떤 이들은 담력을 길러야 한다고 하면서 마음이 여린 이들을 억지로 산으로 데리고 갑니다. 하지만 그것은 좋지 않은 것입니다. 마음이 불안하고 억압된 상태에서는 결코 좋은 영이 오지 않습니다.

평화로운 마음의 상태에서 감사함으로 찬양과 경배를 주님께 드릴 때 은혜와 영광의 영이 임하는 것이지 이를 악물고 기도할 때 은혜가 오는 것이 아닙니다.

우리의 믿음과 영력은 조금씩 자연스럽게 성장해가는 것입니다. 그러므로 두려움이 있는데 그것을 억지로 무시해서는 안 됩니다. 자신이 없는 일을 함부로 해서도 안 됩니다.

우리 안에서 나타나는 기쁨과 자유함 속에서, 평강 속에서 우리는 한 걸음씩 움직여가야 합니다.

당신의 의식이 점점 더 밝아진다면, 점점 더 마음의 평화를 경험하게 된다면, 발성기도와 영의 흐름에 대해서 예민해진다면 당신은 점점 더 믿음과 영력이 강해지는 것을 느끼게 될 것입니다.
하지만 자신의 믿음 안에서 움직이시기를 바랍니다.
자연스럽게 한 걸음씩 가야 합니다.
영의 세계는 원리와 법칙을 따라 이루어지는 것이며 인간적인 급한 마음으로 이루어지는 것이 아닙니다.
부디 믿음과 영력 안에서 자라 가십시오. 그 분량만큼 당신은 유용한 사람이 될 것입니다.

17. 악한 영의 억압과 정신병의 차이는?

신학자들이나 학자들은 악한 영들이 억압해서 생기는 증상들과 자연적인 정신병의 증상을 구분하는 방법에 대해서 많이 언급합니다.
그 두 가지 증상을 나누는 것이 좋을지도 모릅니다. 그러나 그 두 가지를 구태여 구분하지 않더라도 별로 상관은 없습니다. 왜냐하면 여러 가지 정신병적인 증상이라도 하더라도 결국은 악한 영들에게 눌리는 것이므로 근원적으로 그리 차이가 있는 것이라고 볼 수도 없기 때문입니다.

사람들이 흔히 이 두 가지를 나누어서 생각하는 이유는 귀신들림이나 악한 영으로부터 억압을 당하는 것이 특별한 현상이라고 생각하기 때문입니다.
즉 우울증이나 내적인 상처, 대인 기피증이라든지.. 공황장애, 두려움, 불안 증상 등은 일반적인 정신병이라고 봅니다.
제어하기 어려운 강력한 힘으로 발작을 한다든지, 초자연적인 현상이나 능력이 나타나거나 그 사람 속에서 다른 인격이 나타난다든지 하는 현상의 경우는 귀신들림이나 악령으로 인한 것이라고 여깁니다.
최근에는 다른 인격이 나타나는 것도 다중 인격장애라든지..

하는 이름을 붙여서 정신적인 증상으로 생각하는 경향이 있습니다. 의학이 발달할수록 영적 현상을 정신적인 현상으로 설명하려는 경향을 가지게 되는 것 같습니다.

쉽게 설명하자면 귀신들림의 현상은 아주 특이한 것이며 정신적인 증상은 보다 일반적이고 자연적인 현상으로 보고 있는 것 같습니다. 하지만 그 두 가지 사이에는 역사하는 영들의 경중의 차이가 있을 뿐 근본적으로는 별로 차이가 없는 것입니다.

영적으로 마비되고 둔하여질수록 사람들은 어떤 사건이나 현상에 대해서 영적으로 이해하려고 하지 않고 논리적으로 이해하고 설명하려는 경향을 가집니다.

그러므로 아시아, 아프리카의 제3세계 사람들, 우상을 많이 섬기고 미신을 많이 믿는 문화권 속에서만 그러한 귀신들림의 현상이 나타난다고 여기는 것입니다.

물론 그것은 오해입니다. 그러한 견해는 이성 중심의 문화를 통하여 생긴 영적 마비와 무지로 인하여 영들의 활동에 대한 인식이 부족하여 생긴 것입니다.

실제로 어느 지역에서만 악한 영들이 움직이고 있는 것은 아닙니다. 다만 지역이나 문화의 상태에 따라 악한 영들의 전략과 활동이 달라지는 것 뿐입니다.

백인들의 문화는 근본적으로 이성중심입니다. 그들은 머리 중심의 가치관, 세계관을 가지고 있습니다. 그들은 영의 세계에 대한 이해가 근본적으로 부족합니다. 그래서 심지어 신학자들까지도 귀신의 존재에 대해서 믿지 않는 이들이 많이 있습니다. 그러한 이들은 실제로 악한 영에게 잡힌 사람이 발작을 한다고 해도 그것을 악령들의 역사로 보지 않을 것입니다. 거기에도 여러 정신병적인 이름을 갖다 붙이고 해석할 것입니다. 악한 영들은 기본적으로 그들의 정체를 숨기려고 합니다. 그들은 결코 공개적으로 자신을 드러내려고 하지 않습니다. 그래서는 그들의 힘이 약해지기 때문입니다. 그러므로 오늘날의 이러한 영적인 마비와 무지의 상태는 그들이 자유롭게 일할 수 있는 좋은 여건을 제공하는 것입니다.

귀신들림, 악한 영들의 억압은 조금도 이상하거나 특이한 현상이 아닙니다. 인간은 자기를 지으신 하나님을 거절하고 떠났으며 그로 인하여 마귀들은 이 세상의 주인이 되었고 합법적으로 인간을 지배하고 다스리고 공격할 수 있게 되었습니다. 그러므로 악한 영들의 공격을 받는 것은 자연스러운 현상이며 하나도 이상하거나 특수한 일이 아닙니다.

우울증이나 대인 기피증, 불안장애 등도 정신병으로 설명해도 상관없지만 악한 영들의 공격으로 인한 것이라는 사실은 같은 것입니다. 우울증, 두려움, 분노와 같은 에너지는 천국에서 오는 것이 아닙니다. 그것들은 빛으로부터 오지 않습니다. 그것은 어둠의 영계, 어두움의 왕국에서부터 흘러나온 에너지입니다. 모든 생각과 느낌은 영계로부터 오는 것이며 그것은 인간이 창조하는 것이 아닙니다. 그러므로 어두움의 감정, 어두움의 느낌이 빛의 세계로부터 오는 것이 아님은 명백한 것입니다. 어떤 악령의 증상은 좀 더 강력합니다. 좀 더 파괴적입니다. 어떤 악령의 증상은 좀 더 작고 미세합니다. 그것은 악령들의 힘에 차이가 있기 때문이며 악령들의 생각을 수용하는 이들과의 연합과 조화에 차이가 있기 때문입니다.

그러나 그것들은 근본적으로 다 악한 세계에서 오는 것입니다.

이성을 중시하는 현대문화는 영적 세계를 무시하거나 이해하지 못하고 있기 때문에 그 모든 것을 이성적으로 해석하고 설명하고자 합니다. 그러므로 최대한 영적 해석을 배제하고 논리적으로 그것을 이해하고 치유하고자 합니다.

그러나 문제는 이것입니다. 현대의학은 정신병의 증상에 대해서 설명은 많이 하고 있으며 분류는 아주 많이 하고 있지만 치유와 회복의 사례는 거의 드물다는 것입니다.

어떤 증상을 악한 영의 억압으로 보느냐, 자연적인 정신증상으로 보느냐 하는 것은 그 치유방법에 큰 차이를 가져옵니다. 전자는 그 악한 영들이 어떤 경로로 들어왔는지, 그 영의 특성이 무엇인지를 밝힌 후에 주 예수의 이름으로 그 영들을 대적하고 쫓아낼 것입니다. 물론 이 방법은 예수를 믿지 않는 이들에게는 시행할 수 없습니다. 악령들은 오직 주 예수의 이름 앞에서만 굴복하기 때문입니다.

정신증상이라고 볼 때는 주로 상담이나 약물치유를 중심으로 하게 될 것입니다. 이 방법은 이미 언급한대로 증상을 잠시 잠재우기는 하지만 완전하게 치유하는 경우는 드뭅니다.

나는 치유에 있어서 상담이나 그러한 여러 방법들이 필요 없다고 주장하는 것은 아닙니다. 사람의 마음에 대한 여러 지식이나 통찰력은 도움이 될 수 있을 것입니다.

다만 그러한 것들은 보조적인 수단에 불과한 것이며 근원적인 회복의 방법은 아니라는 것입니다. 사람은 영적인 존재이기 때문에 사람의 마음과 행동을 이해하려면 영적 세계와 신앙에 대한 것을 배제해서는 안 됩니다.

어떤 이들은 사회생활이 불가능할 정도의 심각한 증상을 가지고 있습니다. 그러나 대부분의 사람들은 악한 영들로 인하여 고통을 겪기는 하지만 그럭저럭 삶을 유지해갑니다.

하지만 증상의 경중에 상관없이 그러한 공격은 악한 영들로부터 오는 것입니다. 그것은 아주 자연스러운 일이며 흔하게 볼 수 있는 일입니다.

사람의 중심은 육체가 아니고 영혼이며 사람은 육체의 만족을 통해서는 결코 진정한 행복을 얻지 못합니다. 잘 먹고 잘 자고 몸에 질병이 없어도 사람은 영혼의 충족을 통해서만 만족을 얻는 존재입니다.

그러므로 그 영혼이 하나님의 영으로 채워지지 않은 이들은 그 속이 공허하여 귀신을 받아들이게 되어 있습니다. 여기에서 인간의 모든 고통과 증상이 시작되는 것입니다. 그러한 현상들을 사회 문화적으로 이해할 때 거기에는 회복과 치유를 기대하기 어렵습니다.

그러나 그러한 증상들을 영적으로 이해하고 창조주 하나님께로 돌아가며 주 예수의 이름으로 그 영들을 대적할 때 눌린 사람들은 자유함을 얻기 시작합니다. 한 순간에 모든 것이 끝나지는 않지만 서서히 그들은 묶임에서 놓여나기 시작하는 것입니다.

분노가 일어날 때, 두려움이 일어날 때 그 영들을 대적하는 이들은 거의 없습니다. 신앙생활을 오래하고 교회생활을 오래하였어도 이에 대해서 배우고 실제의 삶에서 적용하는 이들은 거의 없습니다. 그들은 그러한 감정의 배후에 무엇이 있는지 배우지 않습니다.

그들은 내적인 치유를 받으며 상담을 받습니다. 그리고 이해하라고 참으라고, 주님을 바라보라고, 말씀을 묵상하라는 처방을 받습니다. 그러나 그들이 겪는 고통은 잘 사라지지 않습니다. 하지만 그러한 고통의 근원이 악한 영들로부터 온다는 것을 깨닫고 주의 이름으로 그러한 것들을 대적하다보면 분명히 경험하게 되는 것이 있습니다.

그것은 바로 자유입니다. 그리고 여태까지 알지 못하고 속고 살아왔다는 느낌입니다. 우리 안에 엄청난 능력과 권세의 주의 이름이 있는데 그것을 알지 못하고 눌려서 억울한 나날들

2부 영적 전쟁의 원리들

을 보내왔다는 것, 그것이 갑자기 선명하게 깨달아지게 되는 것입니다. 주 예수의 이름으로 악한 영들을 대적할 때 사람들이 자유와 치유를 얻게 된다는 사실은 아주 놀라운 것입니다. 하지만 그것은 의학자들이 사용할 수 있는 힘과 권세는 아닙니다. 그것은 어떤 의학적인 테크닉이나 기법이 아니라 그 중심으로 주를 믿으며 헌신된 사람들에게 주어진 능력과 권세이지 학위나 세상에서의 직위를 통해서 주어지는 권세는 아니기 때문입니다.

학자들이 두 가지의 증상을 구분하든 말든 그것은 어쩔 수 없는 일입니다. 그러나 그리스도인들은 이 두 가지가 다 악한 영들의 공격이며 주의 이름으로 그 영들은 소멸되고 고통의 증상은 사라져 회복될 수 있다는 사실을 알아야 합니다.
영적 지식이 많아지고 분별력이 증가될수록 우리들은 그 영들을 바르게 이해하고 그 영들의 정체와 활동에 대해서 깨닫게 될 것입니다. 그리고 대적하게 될 것입니다.
그 결과 우리는 자유함을 얻게 될 것이며 예수 그리스도 안에서 얻어지는 해방의 능력이 얼마나 놀라운 것인지 깨닫게 될 것입니다.
그리스도인들에게는 영적 전쟁이 있습니다. 영적 공격이 있습니다. 우리들은 그들의 공격을 이해하고 분별하여 파괴해야 합니다. 그 때 우리는 좀 더 천국의 삶과 그 실제에 대해서 느끼고 경험하게 될 것입니다.

18. 악한 영들은 사람의 안에 들어오려고 합니다

악한 영들이 사람을 공격하는 방법은 오직 한 가지인데 그것은 사람의 안에 들어오는 것입니다. 그들은 사람의 안에 들어와야만 사람을 괴롭힐 수 있습니다.
그러므로 우리들은 바깥에 있는 마귀를 두려워할 필요가 없습니다. 다만 그 악한 영들이 우리 안에 들어오는 것을 두려워해야 합니다.

"더러운 귀신이 사람에게서 나갔을 때에 물 없는 곳으로 다니며 쉬기를 구하되 얻지 못하고 이에 가로되 내가 나온 내 집으로 돌아가리라 하고 와 보니 그 집이 소제되고 수리되었거늘 이에 가서 저보다 더 악한 귀신 일곱을 데리고 들어가서 거하니 그 사람의 나중 형편이 전보다 더 심하게 되느니라" (눅11:24-26)

주님의 말씀을 보면 귀신들은 사람들을 자기가 사는 집으로 생각합니다. 그래서 어떤 이유로 그 집에서 쫓겨나면 바깥에서는 쉴 곳이 없어 아주 고통스럽게 느끼게 됩니다.
그러므로 그들은 자기가 나온 집에 돌아갈 수 없게 되자, 다시 그 곳으로 돌아가기 위하여 더 강한 귀신들 일곱을 데리고 억지로 들어온다는 것입니다.

그러므로 우리는 이 세상에 가득한 악의 세력에 대해서 걱정하는 것보다 내 안에 들어오는 악령들에 대해서 걱정해야 합니다. 바깥에 악이 있는 것도 문제이지만 더 큰 문제는 그 악이 내 안으로 들어오는 것입니다.

영들은 사람의 바깥에 있을 때 아무런 힘이 없습니다. 그들은 무기력하며 약합니다. 그러므로 그들은 사람의 안으로 들어오려고 합니다.

바깥에 두려움이 있을 때 그것은 우리에게 큰 고통이 되지 않습니다. 그러나 그 두려움의 기운이 우리 안에 들어오면 그것은 정말 고통입니다. 우리는 두려움에 떨며 사로잡히게 됩니다. 일어나도 두렵고 앉아도 두렵습니다. 모든 것이 불안하고 걱정이 됩니다. 그것이 두려움이 우리 안에 들어온 결과입니다. 그처럼 우리의 안에 들어온 것은 우리를 사로잡게 되는 것입니다.

음란의 영도 마찬가지입니다. 세상이 음란하고 더러워도 좋지 않기는 하지만 그럭저럭 살 수 있습니다.

그러나 그 음란의 기운이 우리 안에 들어오면 그 영은 우리를 사로잡고 지배하게 됩니다. 그래서 하루 종일 더러운 생각이 나게 됩니다. 그리하여 우리 영혼이 어두움 속에 빠져 버리게 되는 것입니다.

그러므로 우리는 바깥에 죄와 악이 많이 있는 것을 두려워하기보다 그 영들이 우리 안에 들어오는 것에 대해서 조심하고 깨어있어야 합니다. 그 영들이 우리 안에 들어오지 못하도록 그들과 다른 파장을 가지고 있어야 합니다. 귀신들은 어둡고 더러운 영들이므로 우리의 생각은 맑고 밝고 깨끗하고 순결하며 아름다워야 합니다.

영들은 파장을 따라 움직이기 때문에 반대의 생각과 파장 안에서는 거할 수가 없습니다. 그들은 더러운 영들이므로 깨끗한 기운 앞에서 고통을 느낍니다. 그들은 폭력적이고 악한 영이기 때문에 사랑의 기운 앞에서 고통을 느낍니다.

악한 사람들은 남들이 친절한 말을 하거나 사랑의 말을 할 때 분노를 느끼며 고통을 느낍니다. 다른 사람을 칭찬하면 장난으로 '우웩..' 하면서 구토를 하며 비위가 상한다고 말하는 사람들이 있는데 그것은 장난이라 할지라도 그들의 속에 있는 악령들의 성격을 보여주는 것입니다. 즉 악한 영들은 그렇게 칭찬하는 말이나 격려하는 말을 고통스럽게 느낍니다. 그래서 구토를 통해서 나가려고 하는 것입니다.

그들은 분노의 말이나 험담이나 더러운 욕과 같은 말을 통해서 만족감을 느끼며 그러한 말과 행동을 하는 사람의 속에서 편안하게 거할 수 있습니다. 그렇기 때문에 아름답고 성결한 삶이 악한 영들과의 거리를 멀게 만드는 것입니다.

입이 더럽고 생각이 더럽고 행동이 더러운 이들은 그 습관을 바꾸지 않으면 아무리 많이 기도해도 악한 영들은 그에게서 떠나지 않습니다. 그들이 그 안에서 편안하게 살 수 있기 때문입니다. 우리는 악한 영들이 우리 안에 들어오지 않도록 항상 깨어있어야 합니다. 그리고 들어오는 느낌을 잘 알고 있어야 하며 혹시라도 나쁜 영들이 들어왔다면 곧 내보내야 합니다. 우리는 그러한 감각에 있어서 발전해야 합니다.

나는 청년시절에 어떤 언변이 뛰어난 유명한 강해 설교자가 귀신론에 대해서 가르치는 것을 들은 적이 있습니다. 그는 귀신은 영적인 존재이며 우리는 육체를 가진 인간으로서 그들을 느낀다는 것은 말도 되지 않는다고 가르쳤습니다.
나는 그의 강의를 들으며 그가 영적 세계에 대해서 거의 경험이 없다는 것을 알았습니다. 사람이 영적인 세계를 느낄 수 없다면 기도할 때나 예배를 드릴 때 하나님도 전혀 느낄 수 없을 것입니다. 은혜와 감동도 전혀 알 수 없을 것입니다.
그것은 사실이 아닙니다. 나는 영의 세계를 경험하지 않고 논리적으로 속단하는 것이 너무나 어처구니없는 일이라는 것을 알게 되었습니다.
그 사역자는 몇 십 년이 지난 후에 영성에 대해서 관심을 가지게 되었다는 것을 나는 나중에 알게 되었습니다.

대체로 지적인 사역자들은 오랫동안 사역을 한 후에 영적 탈진이 오게 되면 그 때에야 비로소 기도와 영성에 대해서 관심을 갖기 시작하는 것이 보통입니다. 하지만 그 이전까지 그들이 잘못 이해하고 잘못 가르쳐서 많은 이들을 오류 가운데 이

끌었던 것에 대해서는 책임을 피할 수 없을 것입니다.
악한 영들은 수시로 사람의 안에 들어옵니다. 성경의 수많은 사례가 이것을 입증합니다. 우리의 실제 경험을 보더라도 그렇습니다. 그것은 자연적인 현상이며 특별한 사람들에게만 나타나는 것이 아닙니다.
우리는 그 영들이 들어오지 못하도록 주의해야 합니다. 그리고 들어왔다면 곧 내보내야 합니다.
우리는 그러한 느낌에 대해서 깨어있어야 하며 정확한 인식과 분별력을 가지고 있어야 합니다.

19. 영들의 들어옴

영들은 수시로 사람의 안에 들어오고 나갑니다. 한번 들어와서 사람의 안에 주인행세를 하며 오래 거하는 영들도 있고 잠시 들렀다가 영의 파장이 맞지 않아서 금방 나가는 영들도 있습니다.

사람들은 영을 받는다, 영이 들어온다.. 하면 무슨 큰 일이 생긴 줄로 생각합니다. 하지만 어떤 기운과 영향을 받는 것이 곧 영을 받은 것이며 영이 들어온 것입니다. 어떤 생각을 받아들이거나 감동을 느끼거나 하는 것은 다 영들의 작용의 결과입니다.

영들은 빛에 속한 영들이 있고 어둠에 속한 영들이 있습니다. 천국으로부터 오는 영이 있고 지옥으로부터 오는 영들이 있습니다. 천국에서 오는 영은 주의 영이며 지옥에서 오는 영들은 악한 영들이며 귀신들입니다.

귀신은 한 종류가 아닙니다. 거짓의 영도 있고 살인의 영도 있으며 도박의 영도 있고 음란함의 영도 있으며 욕심의 영도 있습니다. 어떤 이에게는 이 영이 강하게 역사하며 어떤 이들에게는 다른 영이 강하게 역사합니다.

또한 하나님의 영도 여러 속성을 가지고 있습니다. 거룩함의 영, 진리의 영, 사랑과 은혜의 영, 하나님을 경외하는 영.. 등 여러 속성을 가지고 있습니다.

그리고 그 모든 속성과 은총은 한 사람에게 무한하게 다 임하는 것이 아닙니다. 어떤 이에게는 거룩함의 영이, 어떤 이에게는 진리의 영이, 어떤 이에게는 하나님을 경외하는 신이, 어떤 이에게는 지혜의 영, 선함의 영이 좀 더 강하게 역사합니다.

그것은 달란트와 사명에 따라 주님께서 각자에게 필요한 영을 충만하고 풍성하게 부어주시는 것입니다.

어떤 이들은 가르침에 대한 지혜의 영을 많이 받습니다. 그러나 사랑의 영은 부족하기도 합니다.

어떤 이들은 경건하고 주를 경외하는 영을 충만하게 받습니다. 그러나 권능의 영은 적게 받기도 합니다. 이처럼 각 사람은 자신의 사명이나 기질에 따라서 어떤 영을 좀 더 많이 얻으며 어떠한 영을 조금 적게 얻습니다.

그러므로 성령 충만이란 하나의 상태를 가리키는 것이 아닙니다. 그것은 아주 다양하고 풍성한 상태인 것입니다.

실제적으로 주를 알고 교통하는 이들은 이처럼 구체적인 영을 받으며 삶과 행실이 바뀌는 것입니다. 그러나 실제적이 아닌 개념적인 신앙을 가지고 있는 이들은 머리에는 여러 가지 지식이 가득하지만 실제로 그를 채우고 있는 영은 빛의 영이 아니고 어두움의 영인 경우가 많습니다. 그 영들은 곧 세상의 악한 기운과 영들입니다. 그러한 영을 가지고 있는 이들은 실제의 천국과 멀리 있으며 지옥적인 삶을 살게 됩니다. 그래서 입으로는 경건과 사랑을 이야기해도 실제의 삶에서는 각종 악과 죄와 육신적인 모습에서 벗어나지 못하는 것입니다.
이처럼 영의 실제를 경험하지 않고 단순히 이론으로 주와 말씀을 알고 있는 이들은 실제적인 자유와 승리와 변화를 거의 경험하지 못합니다.

오늘날 이 세대는 주님의 임재와 하나님의 체험에 대한 실제적인 인식과 경험이 부족합니다. 오직 주를 먹고 마시며 그 영을 경험해야 영혼이 소생하게 되지만 대부분의 그리스도인들은 하나의 개념이나 지식으로 만족합니다.
그것으로는 영의 변화가 이루어지기 어렵습니다. 단순히 말씀을 지적으로 이해하는 것이 아니라 말씀 속에 있는 하나님의 영, 생기를 취해야 합니다.
이러한 주님의 실제를 경험하지 못할 때 들어오는 영들이 세상의 영들이며 속이는 영이며 거짓의 영들입니다. 그 영들은 세상의 문화를 통해서 들어옵니다.
오늘날 그리스도인들도 세상의 문화를 통해서 세상의 악한 영들을 받아들입니다. 그렇게 영들이 들어오는 것입니다. 그러한 일들은 일반적인 일이며 하나도 특이한 일들이 아닙니다.

한 예를 들어서 설명해보겠습니다. 어떤 사람이 여름철에 흔히 TV에서 방송하는 납량특집인 괴기 영화를 보았습니다. 그리고 나서는 한 동안 TV속의 섬뜩한 장면이 뇌리에서 사라지지 않아서 무서워하며 고생합니다. 바로 이러한 것이 영을 받은 것입니다. 공포의 귀신이 그에게 들어온 것입니다.

어떤 이들은 포르노에 접한 후에 하루 종일 그 영상이 뇌리에서 사라지지 않습니다. 이것은 음란의 영이 그에게 들어온 것입니다.

분별과 자제력이 부족한 청소년들은 이러한 문화와 접한 후에 바로 범죄를 하게 되는 일이 많습니다. 이러한 원리를 알면 TV나 컴퓨터 등의 영상문화가 다양한 세상의 악령들을 공급하는 통로가 됨을 잘 이해할 수 있을 것입니다.

그러므로 영들이 사람의 안에 들어오고 나가는 것은 하나도 신기한 일이 아니며 흔하게 이루어지는 일이라는 사실을 인식해야 합니다. 귀신이 들어오면 사람이 미치고 정신이 이상하게 되는 것이 아님을 알아야 합니다.

세상적이 되고 육신적이 되고 죄를 사랑하게 되며 주님과 거룩한 믿음의 세계와 멀어지게 되는 것이 세상의 영들을 받은 결과입니다. 그리고 그러한 일들이 가장 무서운 일인 것입니다.

그리스도인들은 오직 주의 영을 가득하게, 충만하게 받아야 합니다. 날마다 주님의 임재와 말씀과 그의 영으로 충전되어야 합니다. 그래야만 영적으로 만족하고 배부르며 세상의 영이 들어오지 않게 됩니다. 그러나 영적으로 비워져있고 주인

2부 영적 전쟁의 원리들

이 없는 상태라면 이 세상에 가득한 영들이 침투하게 될 것입니다. 주님을 구하며 그분께 사로잡히지 않는 이들의 심령은 주인이 없는 집과 같습니다. 그러므로 악한 영들은 주인이 없는 집에 들어와 주인의 노릇을 하게 될 것입니다. 그들은 빈집에 들어와 거주하며 속이며 그 사람의 영혼을 사로잡아 허무한 것들을 추구하게 만들 것입니다.

천국과 지옥은 항상 사람들에게 영적 에너지를 보내고 있습니다. 빛과 어두움의 기운은 항상 사람들에게 들어오려고 가까이 옵니다.
그 중에서 어떤 영을 선택하고 받아들이는가 하는 것은 본인에게 달려 있는 것입니다.
이 중에서 오직 빛의 영을 구하며 오직 항상 주의 영을 사모하고 구하는 이들에게 주님께서는 그의 영을 강력하고 충만하게 부어주실 것입니다. 그리하여 그 주의 영을 받고 누린 그리스도인들은 세상에서 얻을 수 없는 진정한 만족과 행복과 자유함을 얻을 수 있게 될 것입니다. 할렐루야.

20. 사람은 영의 통로입니다

앞의 장에서 사람은 영적인 존재이며 영의 그릇을 가지고 있어서 영들을 받을 수 있으며 천국의 영을 받아들이는가 지옥의 영을 받아들이는가에 의해서 그의 삶과 영원한 운명이 결정되는 것에 대하여 이야기하였습니다.

오늘날 많은 그리스도인들은 주님의 영, 천국의 영을 실제적으로 경험하는 것에 대해서 잘 알지 못합니다. 그래서 자기 욕망의 성취나 목표를 이루면 그것이 성공적인 그리스도인의 삶이라고 생각합니다.

그렇게 영적인 무지함 속에 있기 때문에 주님의 영보다는 세상의 문화들을 통하여 세상의 영을 받아들입니다. 그리하여 세상에서 유행하는 사상, 유행하는 영을 받아들이고 거기에 끌려 다닙니다.

사람들에게 영을 공급하는 것은 영상문화뿐이 아닙니다.
영이 전달되는 가장 기본적인 방식은 사람을 통한 것입니다.
모든 사람들은 곧 영이며 어떤 영의 특성을 가지고 있습니다.
모든 사람들은 기본적으로 천국에 속하거나 지옥에 속해 있습니다.
그리하여 그들은 자기에게 속한 영과 기운을 다른 이들에게 전달하게 됩니다. 그러므로 다른 사람과 같이 있는 것은 그 사람이 속한 영계에 같이 있는 것과 같은 것입니다.
모든 사람들은 자기의 이름을 가지고 있지만 영적으로는 한 영의 특성을 가지고 있습니다. 그 사람을 대표하는 영적 특성이 있습니다.
그래서 어떤 이들은 분노의 사람이며 분노의 영입니다. 어떤 이는 지혜로운 영이며 지혜로운 사람입니다.
어떤 이들은 교활한 영이며 어떤 이들은 어리석은 영입니다.
어떤 이는 선한 영을 가지고 있으며 어떤 이들은 악한 영을 가지고 있습니다.
어떤 이들은 아름다운 영을 가지고 있으며 어떤 이들은 추한 영을 가지고 있습니다.

이처럼 어떤 사람의 특성은 그에게 있는 영의 특성입니다. 그 영의 특성에 따라 어둠에 속한 영들은 지옥의 영계의 지배를 받으며 아름답고 선하고 진리에 속한 영들은 천국의 지배를 받게 됩니다.
어떤 이들은 자기가 구원의 확신이 있다고 말하며 영적인 체험도 많이 했다고 주장하며 자신의 지식을 자랑하기도 하며 자신의 신앙이 아주 좋다고 생각하지만 실제로는 교만한 영과 욕심의 영과 미움과 분노의 영, 판단의 영으로 가득합니다.
실제적으로 그러한 사람은 천국에 속한 사람이 아니며 지옥의 영들의 지배 속에 살고 있는 것입니다.

그 영의 특성은 삶과 인품 속에 나타나는 것이며 그것은 신앙 경력이나 지위에 의해서 입증되는 것이 아닙니다.
분노의 영을 가지고 있는 사람이 사랑하려고 하면 그것은 아주 고통스럽고 힘든 일입니다. 인색한 영을 가지고 있는 사람이 남을 대접해야 한다면 그것은 정말 고통스러운 일이 됩니다.

그러므로 우리는 어떤 행위를 하려고 하는 것보다 바른 영을 받아야 합니다. 선한 영이 없는 사람이 선한 행동을 하려면 그것처럼 고통스러운 일이 없는 것입니다.
그렇기 때문에 우리는 하나님의 영을 받아야 하고 성령으로 충만해야 하는 것입니다. 하나님의 영으로 가득한 상황에서는 아름다운 행위가 자연스럽게 나타나게 되며 그러한 행동은 고생이 아니라 오히려 기쁨이 되기 때문입니다.
우리는 모든 사람들이 영의 통로임을 알아야 합니다. 그러므로 어떤 이를 접촉하고 어떤 이들을 조심하고 멀리해야 하는지 알아야 합니다. 어떤 이가 지옥에 속한 많은 영을 가지고 있다면 우리는 그와 교제하는 것을 조심해야 합니다. 왜냐하면 그를 통해서 지옥의 영과 그 기운들이 우리에게 전달되기 때문입니다.
우리는 사회 생활을 하는 데에 있어서 항상 우리의 마음대로 사람을 가려서 만날 수는 없을 것입니다. 우리가 이 세상에 살아있는 동안은 그것이 가능하지 않습니다.

2부 영적 전쟁의 원리들

우리는 사후에는 지옥에 속한 사람들을 만나지 않을 것입니다. 그러나 이 땅에 사는 동안은 그것이 불가능합니다. 그렇기 때문에 우리는 어떤 사람이 좋지 않은 영을 가지고 있다고 해서 그 사람을 업무상의 일이 있음에도 불구하고 멀리 할 수는 없습니다. 가족 중에 누군가가 영이 나쁘다고 해서 그를 멀리 할 수도 없습니다.

그러나 우리에게 선택의 기회가 있다면 우리는 가능하면 그러한 이들과는 교제를 가지지 않는 것이 좋습니다. 업무상의 만남과 우리가 원하는 교제는 다른 것입니다.

예를 들어서 영이 다르고 사는 이상과 방향이 다른 불신자와 결혼을 해서는 안 됩니다. 결혼은 가장 깊은 형태의 교제이며 영의 교류가 있는 것이기 때문입니다.

모든 사람은 각자마다 독특한 자기의 영적 특성을 가지고 있습니다. 어떤 이는 주를 경외하는 사람이며 아름답고 겸손하며 따뜻하고 지혜롭습니다. 이러한 이들은 천국의 영을 나누어주고 전파합니다.

반면에 어떤 이들은 자기중심이며 교만하고 거짓을 자주 말하며 악하고 분노하는 영을 가지고 있습니다.

그는 지옥의 에너지를 많이 공급받고 있는 사람이며 어두운 영을 가지고 있는 것입니다. 당연히 그는 지옥의 기운을 전파합니다. 그러니 우리가 어떤 교제를 사모해야 하는지는 자명한 것입니다.

사람들을 접할 때 우리는 그들이 속한 영계에 접하게 되며 그들이 가지고 있는 영들이 우리 안에 들어올 수 있다는 사실을 부디 기억해두시기 바랍니다. 그러므로 아무 마음의 준비도 없이 함부로 사람을 접해서는 안 됩니다.

그렇기 때문에 영이 맑은 사람은 생각이 혼미하거나 어두운 사람을 만나게 되면 머리가 아프거나 가슴이 답답해지는 것입니다. 그것은 그러한 사람을 만나고 교류하는 순간에 그 사람이 가지고 있는 혼미하고 어두운 영들이 이 사람의 안으로 들어왔기 때문입니다.

그렇기 때문에 어쩔 수 없이 그러한 이들을 만나야 한다면 만남의 이전에 기도하고 자신의 영을 강화시켜서 방비해야 하며 그러한 만남 이후에는 자신의 영을 정화시키기 위한 기도를 해야 합니다.

찬양과 기도를 통해서 안에 들어온 어둡고 악하고 혼미한 영들을 내보내야 하는 것입니다. 그렇지 않고 그 혼미한 기운을 내버려두면 그렇게 들어온 기운이 자신의 안에 자리를 잡을 수도 있게 되기 때문입니다.

그러한 상태, 즉 어떤 사람과 자주 교제하다가 그 사람이 가지고 있는 영을 지속적으로 받아들이게 되어 그 사람의 영과 기운이 자신의 안에도 자리를 잡고 살아가게 될 때 일반적인 용어로 그것을 '닮아간다'고 하는 것입니다. 즉 같은 영을 소유하게 되는 것입니다.

그것은 날마다 주와 교제하는 사람이 주의 영을 받아 그리스도를 닮아가고 그리스도의 향기를 가지는 것과 같으며 또한 악한 사람과 같이 교제함으로 그 영을 받아 같이 악한 사람이 되는 것과 같은 것입니다.

부디 이 사실을 기억하시기 바랍니다.
사람은 영입니다. 영혼이 곧 사람입니다.
그래서 사람은 어떠한 사람이든 항상 영적 분위기와 에너지를 가지고 있습니다. 그리고 그 사람이 가지고 있는 분위기와 영적 에너지와 기운은 그가 접하는 사람들에게 전달됩니다.
그러므로 세상에 가득한 악한 영들이 당신의 안에 들어오지 않도록 당신은 사람과의 교제를 아주 조심해야 하며 자신을 지켜야 합니다.
그리고 천국의 영, 주를 사모하는 영을 가득 가지고 있는 이들을 접촉해야 합니다. 그렇게 할 때 당신의 영은 더욱 더 맑아지며 주님과 천국 앞으로 가까이 가게 될 것입니다.
할렐루야.

21. 고통과 즐거움의 법칙

사람들은 어떤 때에 즐거움을 느낄까요? 그리고 어떤 때에 고통을 느낄까요?
그것은 영의 접촉에 관련된 것입니다. 사람은 자신과 일치하는 영을 만날 때 즐거움을 느낍니다. 그리고 영의 성질이 다르고 반대되는 영을 만날 때 고통을 느끼게 됩니다.
사람들은 겉으로 몸을 가지고 있으나 본질적으로 영혼이며 영의 성격을 가지고 있습니다. 각 사람마다 고유한 영을 가지고 있으며 영의 특성을 가지고 있습니다.
그러므로 사람은 자기와 성격이 비슷한 영들끼리 있을 때 즐거움을 느낍니다. 그러나 반대되는 영을 가지고 있으면 서로 간에 고통을 느끼게 됩니다.

선한 영을 가지고 있는 이들은 악한 영을 가지고 있는 이들을 만나면 몹시 괴롭습니다. 또한 악한 영을 가지고 있는 이들도 선한 영을 가지고 있는 이들을 만나면 불쾌감을 느끼게 됩니다.
남을 섬기고 접대하기를 좋아하는 영들은 역시 비슷한 이들을 만나면 마음이 즐거워집니다. 그러나 남을 지배하고 억누르기를 좋아하며 대접받기를 좋아하는 영들은 그러한 이들을 보면 바보같이 느껴지고 불쾌감을 느끼게 됩니다. 그것은 그들이 가지고 있는 영들끼리 서로 부딪치기 때문입니다.

사람이 애정을 느끼는 것도 이와 같은 것입니다. 서로 영이 비슷하기 때문에 서로 끌리게 되는 것입니다. 그러나 서로를 잘 알지 못할 때는 상대방의 성격이나 영적 특성을 충분히 알지 못하기 때문에 겉으로 나타나는 서로의 육체적인 매력에 의해서 끌리게 됩니다. 막상 결혼을 해서 살다보면 서로의 가치관, 성격이 너무나 다르기 때문에 고통을 겪는 경우도 많이 있습니다.

그것은 영이 다르기 때문입니다. 그러므로 천국에 속한 영들은 천국에 속한 영들끼리 만나야 서로 고통이 없는 것입니다. 천국의 영들은 서로 대접하고 사랑하고 헌신하며 상대를 압제하지 않고 희생을 즐거워하기 때문입니다.

고통을 주는 영들은 다 지옥에서 오는 것입니다. 그러므로 이러한 고통을 겪고 있는 가정들은 기도로써 영이 변화되어서 천국의 영으로 충만할 때 진정한 가정의 천국이 오게 됩니다.

그렇기 때문에 영들은 자신과 성향이 같은 이들을 찾아다니며 자신과 성향이 비슷한 이들의 속으로 들어가게 됩니다.

음란한 기운과 성향을 가지고 있는 사람은 음란한 말이나 그림이나 영화와 같은 것을 보고 기쁨을 느낍니다. 그러한 것들을 접할 때 그 영이 들어오게 되는데 그 들어온 영은 그가 들어온 곳이 자신의 고향처럼 편안하게 느끼기 때문에 그 영을 받은 사람도 아무 고통을 느끼지 않습니다. 그러나 정결한 마음과 영을 가지고 있는 사람은 그러한 분위기나 그러한 영을 가지고 있는 사람을 만나면 몹시 고통스럽습니다.

그래서 그러한 이들과 같이 있으면 머리도 아프고 가슴도 메슥거리고 답답하게 느낍니다. 그것은 그의 영이 더러운 영을 싫어하며 잘 조화가 되지 않기 때문입니다.

그렇기 때문에 잠시 그러한 이들과 같이 교제할 때는 머리가 아프고 가슴이 답답하지만 그들과 헤어진 후 조금 있으면 그 머리가 아프고 가슴이 답답한 증상이 사라지게 됩니다. 그것은 잠시 그의 안에 들어온 더러운 영들이 자기들이 살기가 적당하지 않은 집이라고 보고 다시 나가버리기 때문입니다.

어떤 선한 사람이 있습니다. 그는 항상 사랑하고 다른 이들을 축복하고 싶어 합니다. 그런데 그가 어떤 일로 한 무리의 사람들 사이에 끼게 되었습니다. 그 무리들은 열심히 남들에 대한 험담과 욕설과 짜증과 원망의 말을 쉬지 않고 토해내고 있었습니다.

그 선한 사람은 그러한 분위기에서 어떠한 느낌을 가지게 될까요? 그는 곧 가슴이 터지는 것 같이 불안하고 고통스럽게 됩니다. 그 무리의 사람들은 분노의 사람들이며 악한 영을 가지고 있는 사람들이기 때문입니다. 그러므로 선한 이는 그 악한 기운을 감당하는 것이 고통스러운 것입니다.

그가 그 무리들과 헤어져 혼자 있게 되었을 때 그는 '휴, 살았다!' 하고 한숨을 내쉴 것입니다. 그는 이제 조금 있으면 머리 아프고 가슴이 답답한 증상이 사라지게 됩니다. 그 이유 역시 다른 이들과 같이 있을 때 접촉한 분노하고 험담하고 미워하는 영이 그 사람과 성격이 맞지 않으므로 나가버리기 때문입니다.

다른 이들과 같이 있을 때는 그들의 영을 받는 것이 쉽습니다. 그 영들과 기운들은 쉽게 들어옵니다. 자신과 다른 기운과 영들이 들어오기 때문에 고통을 느끼게 되는 것입니다.

만약 그들과 같은 성향을 가지고 있으면 그 영들은 이 사람의 안에 계속 머물게 됩니다. 하지만 그 영이 맞지 않으면 고통을 느끼게 되며 그 영들이 나가게 됩니다.

하지만 그렇게 회복이 된 후에도 다시 그렇게 영이 맞지 않은 이들을 만나게 되면 그 영과 기운을 다시 받아들이게 되기 때문에 그는 고통을 느끼게 됩니다. 이러한 일이 반복되면 차츰 그는 자신과 영이 맞지 않는 영을 가지고 있는 이들과 헤어지고 싶어지게 되는 것입니다.

이와 같이 영들은 사람들의 안에 들어온 후에 그 사람의 성향에 따라서 그 곳에 오래 머물기도 하고 살기가 불편하면 떠나게 됩니다.

마음이 선한 사람들은 다른 이들이 항상 분노하고 불평하며 남들을 미워하면서 사는 것을 보면 참 이상할 것입니다. 어떻게 그렇게 살 수 있을지, 마음이 괴롭지는 않을지 생각할 것입니다. 자신은 조금만 남을 미워해도 바로 숨이 막히고 답답하고 고통스럽기 때문입니다.

그러나 그들은 그러한 성향을 가지고 있기 때문에 분노와 미움이 오히려 편한 것입니다. 그들은 사랑하고 용서하려면 오히려 더 고통스럽습니다. 그러므로 그러한 이들의 안에는 그러한 악한 영들이 오랫동안 거주하게 됩니다.

겸손한 영을 가지고 있는 이들은 다른 이들이 자기를 높여주고 칭찬하면 몹시 고통을 느낍니다. 그는 주님 앞에서 심히 죄송한 마음을 느끼고 회개하게 됩니다.

그러나 교만한 영을 가지고 있는 이들은 그러한 접대를 성공으로 여기며 몹시 기뻐합니다. 그러므로 동일한 환경이 어떤 이들에게는 고통이 되고 어떤 이들에게는 즐거움이 되는 것입니다. 그것은 각자가 가지고 있는 고유한 영의 성격에 따른 것입니다.

이 땅에서 줄곧 교만한 영과 분노의 영과 미움의 영, 원망의 영.. 등을 가지고 평생을 살아왔다면 그는 사후에 빛의 세계인 천국에 갈 수가 없습니다. 그러므로 그는 악령들이 가는 지옥의 영계에 가게 됩니다.

그러므로 입으로만 예수를 믿는 것은 진정한 구원이라고 볼 수 없습니다. 그가 진정한 구원을 원하며 주님을 진정한 주인으로 모신다면 그의 중심은 변화되어야 합니다. 그의 영은 바뀌어야 합니다. 영이 바뀌게 되면 반드시 삶과 행동과 인격은 바뀌게 됩니다. 그렇지 않다면 그는 실제적으로 빛의 세계에 거하고 있는 것이 아닙니다.

이 땅에는 수많은 영들이 항상 돌아다닙니다. 그래서 그 영들은 사람의 안에 들어오고 나갑니다. 항상 공중에 바람이 부는 것과 같습니다. 그런데 어떤 영은 어떤 곳에 오래 머물고 어떤 영들은 금방 나갈까요?

그것은 자신의 성향과 일치하는 곳에서는 오래 머물고 주인노릇을 하게 되며 자신의 성향과 맞지 않는 곳에서는 얼마 버티지 못하고 나가게 되는 것입니다.

사람들도 친구사이이든, 부부 사이이든 그 관계가 기쁨이 되지 않고 고통이 되면 한 동안은 참지만 나중에는 견디다 못해 헤어지려고 합니다. 그것은 영들도 마찬가지입니다. 악한 영들도 어떤 곳에 거주하다가 그 곳이 계속 고통을 주면 나중에는 나가게 됩니다.

선한 사람은 악한 영들이 많이 거하는 술집과 같은 장소에 갔다든지 악한 영을 많이 가지고 있는 이들을 만나게 되면 고통을 느끼게 됩니다. 그는 머리도 아프고 가슴도 아프고 온 몸이 피곤하며 힘이 들게 됩니다. 그러한 고통의 과정은 그의 영이 그곳에 있는 영들과 조화되지 않기 때문에 겪게 되는 것입니다.

그러한 고통을 느끼는 것은 사실은 다행한 일입니다. 그가 고통을 느끼는 것은 그러한 영들과 성향이 맞지 않는다는 것을 보여주기 때문입니다. 그러므로 그에게는 그러한 영들은 잠시 들어올 수는 있겠지만 곧 나가게 됩니다.
그러나 그러한 분위기를 즐거워하는 이들은 이미 자기 안에 비슷한 영들이 있는 것이며 그러한 악과 자기의 성향이 일치하고 있는 것입니다.

나는 목회자들을 만나면 머리가 아플 때가 많이 있습니다. 어떤 경우에는 아주 심한 고통을 느끼곤 합니다. 특히 머리가 영리하며 생각이 많고 복잡한 이들을 만나면 머리가 깨어질 것 같이 아플 때가 많습니다. 그래서 가급적이면 목회자를 만나는 것을 피하려고 하는 편입니다.
그것은 적지 않은 사역자들이 머리에 복잡한 이론과 철학이 많으며 어두움의 생각들을 많이 가지고 있는 경향이 있기 때문입니다.
성령의 역사를 경험하고 주님의 실제적인 임재를 맛보지 못한 사역자들은 대체로 영감이 둔하기 때문에 각종 혼란스러운 영들이 여러 가지 생각을 넣어주어도 잘 분별하지 못합니다. 그래서 그들의 머리에는 혼미함이 많이 있는 것입니다.
이러한 이들은 발성기도, 방언기도를 많이 하게 되면 머리의 혼미함이 사라지게 됩니다. 이 시대의 신학교육이 영적 실제를 주지 못하기 때문에 사역자들은 실제적인 영의 신선함과 자유함의 흐름에 대해서 잘 경험하지 못합니다. 이것은 몹시 슬픈 일입니다. 만약 사역자들이 영의 실제를 좀 더 경험하고 그 영의 흐름을 나눌 수 있다면 예배는 천국의 영과 그 기쁨으로 충만하게 될 것입니다.

평신도를 만나게 되면 많은 경우 그들 중에는 머리의 혼미함보다는 가슴이 막혀 있는 이들이 많습니다.

그것은 내재된 분노나 근심의 영들로 인한 것이 대부분입니다. 그러한 증상들은 영의 세계를 이해하고 주의 이름으로 대적하고 쫓아내면 회복됩니다.

그렇게 되면 곧 가슴이 후련해지고 기쁨이 충만해지게 됩니다. 주님을 사모하고 천국을 사모하면서도 영이 약하고 눌리고 분별이 없으면 그와 같이 지옥의 영들에게 고통을 겪게 되는 것입니다.

영들은 항상 바람처럼 움직이면서 들어오고 나갑니다. 자기에게 즐거움을 주는 이들의 안에 거주하며 고통을 주는 이들에게서 나갑니다. 즐거움을 느끼는 곳에서는 점점 더 힘이 강해지며 고통을 느끼는 곳에서는 점점 더 힘이 약해집니다.

그러므로 우리는 악한 영들을 대적해서 내보내야 하며 악한 영이 편하게 거할 수 없도록 아름다운 마음을 품어야 합니다. 또한 주님을 모시고 주님께서 우리 안에 충분히 거하실 수 있는 아름다운 전이 되도록 해야 합니다. 우리 마음 안에 악한 생각이나 더러운 마음을 품으면 주님께서 편하게 계시지 못할 것입니다.

우리 안에서 영들은 강해지기도 하고 약해지기도 합니다. 우리가 아무리 마귀를 대적해도 죄를 미워하지 않고 죄의 쾌락을 사랑한다면 악한 영들은 우리를 떠나지 않을 것입니다.
부디 즐거움과 고통의 원리를 기억해두십시오.
당신이 주님을 즐거워하며 마귀를 미워하고 죄를 미워한다면 악한 영들은 결코 당신의 안에서 역사할 수 없을 것입니다.

22. 떠돌이 영에 대하여

언젠가 어떤 기도원에서 자기에게 붙어 있는 귀신을 쫓아달라고 부탁을 받았던 적이 있었습니다.
그 분은 기도원에서 개인적인 문제로 열심히 기도에 몰두하고 있던 남자 집사님이었는데 같은 기도원에 오래 있으면서 알게 되어 대화도 나누고 신앙상담도 해주고 하던 분이었습니다.
그는 기도를 많이 해서인지 어느 정도의 영감을 가지고 있는 분이었는데 자기에게 악한 영이 붙어서 괴롭히는 것 같으니 악한 영을 쫓아달라는 것입니다.

그래서 그에게 붙어있는 영을 대적하였더니 이 분의 눈이 갑자기 풀리면서 그 속에서 어떤 음성이 대답을 하기 시작했습니다. 그에게 나가라고 했더니 자기는 갈 데가 없다고 여기에 있게 해달라고 하소연을 하는 것이었습니다.
이름을 물었더니 떠돌이라고 했습니다. 그래서 절에 가라고 했더니 자기 같은 떠돌이는 절에 가도 별로 갈 곳이 없다고 투정을 하는 것이었습니다. 아무튼 그를 쫓아내었는데 그 후로 이런 떠돌이 영들이 있다는 것을 알게 되었습니다.
이런 영들은 특별히 거처가 없이 여기 저기 돌아다닙니다. 그래서 별로 관련이 없는 사람들에게도 들어갑니다.

재작년 여름에 아내와 아이들과 함께 대천 해수욕장에 갔던 적이 있었습니다. 기차를 타고 대천에 도착해서 미리 예약한 콘도에 머물렀는데 갑자기 아내가 얼굴이 해쓱해지더니 머리가 깨지는 듯이 아프고 구토가 난다며 고통스러워하는 것이었습니다.

앞에도 이야기했지만 아내는 워낙 사람이 밝습니다. 그래서 악한 영들에게 시달리는 경우가 거의 없습니다.

나는 그래서 아내가 기차 여행으로 피곤해서 그런 가보다 하고 조용히 쉬게 했는데 조금 있다가 가만히 생각해보니 아내의 증상이 자연적인 것이 아니라는 느낌이 들었습니다.

나는 아내의 눈을 쳐다보았습니다. 아주 흐리고 힘이 없었습니다. 속으로 '아차!' 싶었습니다. 이런 경우는 거의 악한 영들의 침입이라고 볼 수 있는 것입니다.

나는 아내에게 말했습니다.

"여보.. 떠돌이 영이 당신에게 들어온 것 같아. 이거 그냥 아픈 게 아니야. 그러니까 예수 이름으로 대적해야 돼.."

"그래요?"

아내는 힘없이 말했지만 너무 지쳐서 스스로 악한 영을 잘 대적할 수가 없었습니다. 그녀는 눈도 제대로 뜨지 못했습니다. 나는 그녀의 눈을 쳐다보며 악한 영을 꾸짖었습니다. 그리고 아내의 등을 두드리며 악한 영들이 구토를 통해서 나가도록 했습니다.

그리고 아내에게 눈을 크게 뜨고 부릅뜨고 배에 힘을 주며 숨을 토해내라고 했습니다. 악한 영들은 눈을 선명하게 뜨고 배에 힘을 주면 그 세력이 약해지며 숨을 내쉬면 나가게 됩니다. 5분 정도 그렇게 했을까.. 갑자기 아내의 눈이 맑아졌습니다. 그리고 고개를 들었습니다.
"우와. 나간 것 같아요. 정말 신기하네. 이제 머리가 하나도 안 아파요. 정말 거짓말 같이 깨끗하네요.."
그러면서 아내는 물었습니다.
"떠돌이 영.. 그런 게 왜 나한테 들어오는 거예요?"
"몰라요. 그 놈들은 조금 이상한 놈들이에요. 보통은 악한 영들은 자기와 비슷한 사람이나 우울하고 어두운 사람들에게 들어가는데 이놈들은 아무에게나 들어와요. 보통 유흥가에 이런 놈들이 많은데 여기는 바닷가니까 아마 많이 돌아다니나 봐요.."
아내는 고개를 저었습니다.
"아유. 끔찍해. 나는 그런 놈들이 싫어.."

어디에나 떠돌이 영들이 있습니다. 어디론가 여행을 하다가 갑자기 몸에 병이 나는 경우가 있는데 대체로 이런 영들이 들어왔기 때문인 경우가 많습니다. 하지만 그런 경우 그러한 증상이 악한 영으로 인하여 온 것을 감지하는 이들은 별로 없습니다. 그냥 약을 먹거나 버티면서 지나가게 되지요.
다행스럽게도 이 떠돌이 영들은 그리 오래 머물지 못합니다. 그 사람과 마음의 파장이 서로 맞지 않기 때문에 얼마의 시간이 지난 후에는 나가게 됩니다. 하지만 그 기간 동안에는 쓸데없이 아프고 고생을 하게 되며 드물게는 그 영들이 자리를 잡을 수도 있기 때문에 빨리 그 정체를 알고 대적하면 곧 회복될 수 있는 것입니다.

유흥가라든지 노래방이나 피씨방, 비디오방과 같이 영이 혼란스러운 곳에는 가급적이면 가지 않는 것이 좋습니다. 그러한 곳에는 악한 영들이 많이 돌아다니기 때문입니다.
영이 맑은 이들은 그러한 곳에 가게 되면 머리가 아프고 속이 메슥거리는 것이 보통인데 그것은 그 더러운 영의 분위기를 그 속에 있는 영이 느끼고 괴로워하기 때문입니다.
물론 영이 마비되고 세상의 쾌락을 좋아하는 이들은 그러한 분위기에서 전혀 고통을 느끼지 못하며 오히려 그러한 분위기를 좋아하기도 합니다. 그것은 그들이 세상에 속해있기 때문입니다.
주님께 속한 사람들은 그러한 곳에 가서는 안 되지만 혹시라도 그러한 곳에 접할 수밖에 없는 상황이 있을 때에는 기도함으로 조심하고 깨어있어야 합니다. 또한 악한 영들이 함부로 들어올 수 없도록 강한 영권과 능력으로 무장하고 있어야 할 것입니다.

23. 제사에 오는 악한 영들

오늘날 그리스도인들 가운데는 제사 문제에 대하여 분명하지 않은 이들이 많이 있습니다. 제사 문제로 인하여 가족들 간의 분쟁을 겪고 있는 이들은 그러한 갈등이 싫어서 대충 타협하기도 합니다.
어떤 이들은 그렇게 타협하는 것이 지혜롭게 믿는 것이라고 여기기도 합니다. 그러나 사람이 두려워서 우주의 왕이신 주님을 그렇게 멸시하는 자들은 결코 영원한 행복을 얻지 못할 것입니다.

그리스도인들이 불신자와 결혼을 해서는 안 되는 중요한 이유 중의 하나도 바로 이 제사문제입니다. 주를 섬기지 않는 이들은 대부분 조상에 대한 제사를 드리며 또 본인이 아니더라도 시댁에서 그것을 끈질기게 요구하게 됩니다.
결혼을 하기 전에는 배우자 한 사람과의 문제만이 중요했지만 결혼을 하고 난 후에는 시댁이나 가족관계가 그들의 삶에 있어서 중요한 요소가 됩니다.
그들과의 관계 때문에 가정의 평화가 깨어지기도 하고 많은 고통이 시작되기도 하는 것입니다.
어떤 사역자는 제사는 마음이 중요한 것이며 별로 대수로운 문제가 아니라고 가르치기도 합니다. 그러나 그러한 가르침은 수많은 성도들을 재앙으로 인도하는 것이며 그러한 잘못된 가르침에 대한 심판을 언젠가는 피할 수 없게 될 것입니다.
천국에 속한 사람과 지옥에 속한 사람의 가장 큰 차이는 바로 이것입니다.
즉 천국인은 주님께 예배와 영광과 찬양을 드리는 자이며 지옥인들은 조상들에게 제사를 드리는 존재인 것입니다. 사실은 그들이 조상이라고 믿고 있는 이들은 조상이 아니고 악한 영들이며 귀신입니다. 그러므로 마귀와 귀신들을 경배하는 이가 지옥에서 벗어날 수는 없으며 천국에 들어갈 수도 없는 것입니다.

성경은 이 문제에 대해서 명백하게 가르칩니다.
"대저 이방인의 제사하는 것은 귀신에게 하는 것이요 하나님께 제사하는 것이 아니니 나는 너희가 귀신과 교제하는 자 되기를 원치 아니하노라 너희가 주의 잔과 귀신의 잔을 겸하여 마시지 못하고 주의 상과 귀신의 상에 겸하여 참예치 못하리라 그러면 우리가 주를 노여워하시게 하겠느냐 우리가 주보다 강한 자냐"
(고전10:20-22)
이 말씀은 명백하게 제사는 귀신에게 드리는 것이며 귀신과 교제하는 것이라고 밝히고 있습니다. 그러므로 주님을 믿는 자는 결코 제사를 지내서는 안 되며 그것은 주님을 분노하게 하는 것이라고 가르치고 있는 것입니다.

제사를 지내는 것은 조상에게 드리는 것이 아니라 귀신에게 드리는 것입니다. 그것은 귀신들에게 자신의 인생을 바치는 것을 의미합니다. 자기뿐만 아니라 자기와 자신의 자녀들의 인생을 귀신들에게 맡기는 것입니다. 그러므로 제사를 드리는 자들은 일생동안 자신의 가정과 자녀들이 귀신들의 지배 속에서 살게 됩니다.

영적으로 무지한 사람들은 제사를 드리는 것이 조상에게 예를 올리는 것이며 그렇게 제사를 드릴 때 조상들이 와서 음식을 얻어먹고 간다고 생각합니다.

그러나 그것은 착각입니다. 제사 때에는 분명히 영들이 오기는 오지만 그 영들은 귀신들이며 가정에 사고와 재앙과 질병과 고통을 가져다주는 저주의 영들이지 조상들이 아닙니다. 한번 죽은 사람은 우리가 부른다고 오고 명절이라고 마음대로 돌아다닐 수 있는 것이 아닙니다.

믿지 않고 구원받지 못하고 죽은 사람들은 지옥에서 영원히 갇혀 있는 것이지 자기 마음대로 여기 저기 오고 갈 수 있는 것이 아닙니다.

자유롭게 사는 것은 이 땅에 아직 육체를 가지고 있을 때에 가능한 것입니다. 일단 한번 죽으면 그 후에는 심판이 있으며 그 기회를 놓친 이들은 마음대로 돌아다닐 수 없습니다.

사후의 몸은 영계의 법칙을 따라 움직여지는 것이며 자기 마음대로 오고 갈 수 있지 않습니다. 나사로가 살던 집의 부자는 죽은 후에 음부에 떨어진 것을 후회하며 아브라함에게 애원하기를 나사로를 자기의 형제들에게 보내달라고 했지만 그의 요청은 허락되지 않았습니다.

아마 죽은 후에 자기 마음대로 돌아다닐 수가 있다면 누구나 아직 구원받지 않은 자기의 친족에게 가서 복음을 전하려고 했을 것입니다. 하지만 한번 죽은 이들은 다시는 이 세상에 돌아올 수 없습니다.

신학대학을 다니고 있던 청년 시절이었습니다. 어느 날 나는 밤늦게 집에 들어왔습니다. 늦은 시간이라 몹시 피곤해서 집에 도착하는 즉시 잠이 들어버렸습니다.

그런데 나는 잠을 자는 동안 머리가 깨어지는 것 같이 아픈 것을 느끼게 되었습니다. 게다가 밤새도록 악몽에 시달렸습니다.

아침에 잠을 깨고 나니 너무 몸도 마음도 영도 좋지 않았습니다. 내 방에 좋지 않은 악한 기운이 가득한 것을 느끼게 되었습니다. 이런 이상하고 불쾌한 느낌은 거의 경험해보지 못했기 때문에 나는 아침에 어머니에게 물어보았습니다.

도대체 어제 우리 집에서 무슨 일이 있었느냐고, 지금 내 방에 악한 영들이 가득 차 있는데 도대체 무슨 일이냐고 나는 물었습니다.

그러자 어머니가 대답하기를 어제 집에서 제사의식을 했다는 것입니다. 아버지가 하도 갑자기 강권을 하는 바람에 아무리

말려도 듣지 않는 바람에 할 수 없이 그런 의식을 하는 것을 볼 수밖에 없다고 했습니다.

아버지는 돌아가시기 직전에 주님을 영접하셨습니다. 가끔 교회에 가보기도 했지만 신앙에는 관심이 없었습니다. 그런데 사업이 잘 안 되자 우리 집에 달려있는 사무실에서 상을 차려 돼지 머리를 거기에 올려놓고 절을 했다는 것입니다. 일종의 약식 고사를 지낸 것입니다.

나는 그제야 이 집에 악령들이 왜 가득하게 와 있는지 이해가 갔습니다. 고사를 지내는 것은 일종의 초혼행사이며 귀신을 부르는 의식입니다. 그러므로 비록 약식일망정 고사를 지내면 조상이 오는 것이 아니라 귀신이 오는 것입니다. 그것은 사업이 잘 되는 것이 아니라 망하는 길입니다.

나는 비로소 상황을 알고 주님께 대신하여 회개를 드렸습니다. 그리고 악한 영들을 쫓아내었습니다. 그러자 머리가 아프고 가슴이 답답한 증상은 사라져버렸습니다.

우리 민족처럼 귀신을 섬기기를 좋아하는 민족도 없을 것입니다. 조금만 뭐가 나쁘면 고사를 지내야 한다고 농담처럼 말하고 명절이 되어 가족들이 모이면 무덤에 가고 제사를 드리며 귀신들에게 경배하는 것을 문화로 알고 있습니다. 무지로 인한 행위이기는 하지만 그것은 저주를 부르는 행동입니다.

그런 행동은 하나님을 진노하시게 하여 나라와 민족을 멸망시키는 짓이라는 사실이 널리 알려져야 할 것입니다. 오늘날 기독교가 영적 지식이 충만하고 영적인 능력이 충만하다면 이처럼 귀신들이 당당하게 활동하지는 못할 것입니다. 그러므로 진정한 영적 부흥이 필요합니다.

귀신들은 더럽고 악한 영들입니다. 그들은 죽음이 있는 곳에 까마귀가 모여들 듯이 악하고 더러운 행위가 있는 곳에 모여듭니다. 그러므로 우리 그리스도인들은 말과 생각과 행위가 정결해야 합니다. 그리고 무엇보다도 우리의 삶에 주님께 대한 예배와 사랑의 고백과 표현이 중요하다는 것을 인식해야 합니다.

오직 주님께 우리의 중심을 드려 예배해야 합니다. 어떤 경우에도 결코 귀신들에게 절을 하거나 예배를 드려서는 안 됩니다. 그것은 영원한 멸망을 부르는 행위입니다.

인간적으로 화를 내고 싸우고 욕심을 부리고.. 그런 죄를 우리는 지을 수도 있습니다. 그러나 귀신에게 제사를 드림으로 이 우주의 주인이시며 창조주이신 하나님을 그렇게 욕되게 하는 것은 좀 더 근원적인 죄입니다. 그것은 일반적인 죄보다 훨씬 더 무서운 죄입니다. 그것은 스스로 영원한 저주를 자초하는 것입니다.

부디 기억하십시오. 제사에는 귀신들이 옵니다. 온갖 악하고 더러운 귀신들이 떼거리로 몰려옵니다. 그것은 재앙과 저주의 시작입니다. 영이 예민한 이들은 그 공간에 있는 귀신들을 느낄 수 있고 둔감한 이들은 그것을 느끼지 못하겠지만 악한 귀신들이 그 자리에 있는 것은 분명한 사실입니다.
당신의 영혼을 귀신들과 거리를 두십시오.
오직 주님께만 예배하고 주를 높이십시오.
예배함으로 주의 영으로 충만되고 주님께 가까이 나아가십시오. 그것이 우리가 진정 복을 받고 행복한 삶을 사는 아름답고 귀한 비결인 것입니다. 할렐루야.

24. 악한 영들의 힘의 차이

귀신들린 현상에 대한 이야기를 들으면 사람들은 흔히 속에서 그 사람과 다른 어떤 음성이 말을 하거나 다른 인격이 드러나고 나타나는 것을 떠올립니다. 어떤 여자의 안에서 굵은 남성의 목소리가 들리며 이상한 이야기를 하면서 껄껄껄 웃는다든지.. 그러한 것을 연상하는 것이지요.

하지만 그러한 모습은 그리 일반적인 것은 아닙니다. 오히려 특별한 경우이지요. 악한 영들이 들어왔다고 해서 모두 다 그런 현상이 나타나는 것은 아닌 것입니다.

그것은 그 사람의 안에 들어온 악한 영의 세력이 아주 강해진 것이며 그 사람의 발성기관을 사로잡고 의지를 사로잡은 상태이기 때문입니다. 또는 그 악한 영들을 알아볼 수 있는 능력자 앞에서 할 수 없이 자신을 드러내게 될 때입니다.

보통은 악한 영들이 활동하는 것은 사람들의 안에 어떤 하나의 인상이나 느낌을 심는 것뿐이지 그렇게 강력하게 그 사람에게 영향력을 행사하는 것은 아닙니다.

어떤 생각을 지속적으로 주입하거나 어떤 감정을 자꾸 자극하고 충동을 불어넣는 것이지 그렇게 드러나게 행동하는 것이 아닙니다. 그렇기 때문에 사람들은 악한 영들에게 속는 것이며 자신의 속에서 악한 영들이 활동하고 장난치고 있다는 사실을 모르고 있는 것입니다. 악한 영들은 흔하게 사람들의 안에 들어옵니다. 이것은 하나도 신기한 현상이 아닙니다. 그들은 하나의 에너지나 기운과 같은 존재이며 어떤 기분을 느끼게 하는 것 같은 존재입니다.

모든 악령들이 다 그와 같은 정도로 적은 영향만을 주는 것은 아닙니다. 어떤 경우에는 그처럼 살짝 숨어서 은밀하게 활동하고 그 사람을 지배하며 또한 어떤 경우에는 표면으로 드러나서 강하게 그 사람을 지배하고 사로잡기도 합니다.

다만 사람의 안에 들어와서 있는지 없는지도 모르게 활동할 것인지, 아니면 사회생활이 불가능할 정도로 심하게 그 사람을 사로잡고 공격할 것인지, 하는 것은 그 영의 힘에 따라 다른 것입니다.

예를 들어 어느 정도의 불면증이나 우울증, 다른 사람과의 낯을 심하게 가린다거나.. 하는 사소한 증상들도 대체로 악한 영들의 장난인 경우가 많습니다. 그러나 그러한 증상들은 조금 불편하기는 하지만 그렇다고 사회생활을 못 할 정도는 아닙니다. 고통스럽기는 하지만 그럭저럭 삶을 꾸려나갈 수 있을 것입니다.

그러나 아주 집요한 자살의 영이라든지, 정신을 혼미하게 하는 영이 강하게 역사해서 이상한 이야기를 계속 한다든지, 폭발적인 분노의 영이나 공포의 영을 가지고 있다면 그러한 사람은 정상적인 사회생활을 하기가 어려울 것입니다. 그것은 그 사람의 안에 들어와 있는 악령의 힘에 차이가 있는 것입니다. 다시 말하자면 어느 정도의 악한 영들을 사람들은 다 가지고 있지만 그 증상이 심각한 사람이 있고 가벼운 사람이 있다는 것입니다.

어떤 사람이 악한 영으로 인하여 고통을 겪습니다. 그런데 어떤 사역자가 귀신을 꾸짖고 기도하여 그 순간에 악한 영들이 벌벌 떨면서 나가떨어지고 그 사람은 자유롭게 됩니다.
보통의 사람들이 일반적으로 생각하는 귀신 쫓기 사역은 이런 것입니다. 사람들은 그 사역자가 아주 굉장히 능력이 있는 사람이라고 생각할 것입니다.
하지만 그런 경우는 대체로 그 사람의 안에 들어온 악한 영들이 들어온 지 얼마 되지 않아서 자리를 잘 잡지 못하고 있을 때입니다. 또한 영들의 성격은 다 다른데 어떤 영은 쉽게 포기하고 나가는 경우도 있고 어떤 영들은 집요하고 끈질기게 버티는 영들도 있습니다. 사람의 성격이 다 다르듯이 그들도 다 다릅니다.
중요한 것은 사역자의 능력보다 그 사람의 영적 수준이나 상태가 더 중요하다는 것입니다. 어떤 사람은 강한 악령의 능력에 잡혀있고 어떤 사람은 가벼운 영에 잡혀 있습니다. 가벼운 영들은 쉽게 나가지만 강한 영들은 잘 나가지 않습니다.
어떤 영들은 강한 것이고 어떤 영들은 약한 것일까요?

2부 영적 전쟁의 원리들

그것은 우선 그 영들이 들어와서 활동하는 기간에 달려 있습니다. 예를 들어 시작된 지 얼마 되지 않은, 겨우 며칠 정도 밖에 지나지 않은 증상이라면 그것은 발견하고 대적하는 즉시 사라지는 것이 보통입니다.

그러나 그 영이 들어와서 활동한지 오래 된 증상이라면 그것은 잘 소멸되지 않습니다. 병중에서도 오래된 만성병은 치유가 어려운데 영의 세계도 마찬가지입니다.

만약에 그 영이 들어온 것이 그 사람이 어릴 때 받은 충격과 상처에 의한 것이라면 그것은 오랜 세월에 걸쳐 그 사람의 안에서 자리를 잡고 있기 때문에 시간이 많이 필요합니다.

그 영들은 이미 오랜 시간동안 그 안에서 활동했기 때문에 그 영이 자기화 되어 있습니다. 그러므로 그 사람은 그 영이 자신이라고 굳게 생각하며 그 영과 자신을 분리시킬 수 없기 때문에 그 영은 잘 나가지 않게 됩니다. 이처럼 악한 영들이 한 사람의 속에 오래 자리를 잡으면 그 인격과 거의 연합이 되어서 그 사람의 성격이나 특성에 영향을 주게 됩니다.

또한 악한 영들이 들어있는 시간보다 더 중요한 영향을 끼치는 요소는 그 사람의 영적이고 정신적인 특성입니다.

그 사람의 특성이 밝은 편이라면 악한 영들은 그의 안에서 잘 버티기 어렵습니다. 근본적으로 악한 영들은 어두움의 영이기 때문입니다.

그러나 그 사람이 우울하고 어두우며 염세적인 사람이라면 악한 영들은 그 사람의 마음을 고향처럼 느끼게 되기 때문에 깊이 연합하게 됩니다.

어떤 사람의 성품이 선한 사람이라면 이 경우도 악한 영들은 오랫동안 자리 잡기 어렵습니다. 하지만 강한 분노를 품고 있으며 죽어도 자기가 당한 것을 용서하지 않겠다는 마음을 가지고 있는 사람이라면 악한 영들은 그러한 마음과 파장이 맞기 때문에 편안하게 거할 수 있습니다.

악한 영들은 음식을 먹고 사는 것이 아닙니다. 그들은 사람의 안에 있는 생각이나 마음, 정서적인 욕구 등을 먹고 삽니다. 그러므로 그들은 사람들이 미워하고 화를 내고 그러한 것들이 그들의 먹이가 되며 에너지가 되므로 그것을 통해서 그들은 힘이 강해지게 되는 것입니다. 반대로 악한 영들은 조화로운 마음, 사랑과 기쁨과 감사와 같은 마음을 가지고 있는 사람의 안에서는 고통스러워서 잘 버티기 어렵습니다.

그러나 분노, 미움, 절망, 낙담, 근심, 원망... 등의 조화가 깨진 마음을 가지고 있는 사람의 안에서는 그와 깊이 연합하며 아주 오래 버틸 수 있으며 그 사람을 사로잡을 수 있는 것입니다.

오랫동안 악한 영들에게 사로잡히고 고통과 증상을 겪고 있는 이들은 이와 같이 마음의 조화가 깨진 것이 보통입니다. 이 경우에 아무리 귀신을 억지로 쫓아낸다 하더라도 별로 소용이 없습니다.

귀신들은 그 사람과 깊이 연합되어 있기 때문에 쫓아내기도 어렵지만 억지로 쫓아낸다 하더라도 다시 돌아옵니다. 그것은 그 사람의 마음이 악한 영들과 연결이 되어 있으며 서로를 끌어당기기 때문입니다.

그러한 마음의 상태를 바꾸지 않으면 설사 쫓아낸 영들이 다시 오지 않는다고 해도 다시 다른 비슷한 영들이 오게 됩니다. 그들은 항상 마음의 성향과 상태를 따라 움직이는 존재들이기 때문입니다.

그러므로 밝고 맑은 마음으로 살며 감사하는 마음으로 살며 항상 사랑하고 용서하는 마음으로 사는 것이 얼마나 중요한지 모릅니다. 그러한 상태에서는 귀신들은 고통스러워서 가까이 올 수 없습니다. 그들은 빛을 두려워합니다. 그러한 마음과 생각들은 바로 빛에 가깝기 때문입니다.

영의 세계의 법칙과 원리를 알게 될수록 사람들은 어두운 생각을 가지는 것, 원망하고 미워하는 것이 얼마나 나쁘고 재앙을 부르는 것인지를 알게 될 것입니다.

사랑하는 것, 감사하는 것, 주를 높이며 예배하는 것이 우리의 영혼과 미래와 영원에 얼마나 풍성한 복과 영광을 예비하는지 알게 될 것입니다.

악한 영들은 어두운 마음속에서 강건해지며 밝은 마음속에서 그 힘을 잃고 달아납니다. 그러므로 진정 주를 사모하는 그리스도인들은 언제나 항상 아름답고 밝은 마음과 생각 속에서 주를 찬양하며 살아가야 할 것입니다. 할렐루야.

25. 이 사역에 뛰어드는 것을 조심하십시오

귀신을 쫓아내는 사역에 전문적으로 뛰어드는 것은 위험한 일입니다. 어떤 사역자들은 이러한 부분에 대해서 많은 관심을 가지고 있습니다. 어떠한 이들은 이러한 전쟁을 가벼이 생각합니다.

하지만 이러한 전쟁과 사역에 뛰어드는 것은 쉬운 일이 아닙니다. 이러한 영들의 활동하는 원리를 충분히 이해하지 않고 자신의 마음과 영혼을 아름답고 밝고 충만하게 조화된 상태가 아니라면 그는 악한 영들로부터 많은 공격을 받을 수 있습니다.

사역자들은 할 수 있는 한 모든 사람들을 도와주고 싶어 합니다. 그들을 위해서 희생하고 싶어 합니다. 하지만 사역자들은 무한한 능력을 가지고 있는 슈퍼맨이 아닙니다. 사역자들은 주님이 시키시는 분량 안에서, 맡겨주신 부분에 대해서만 사역하는 것이 좋은 것입니다.

주님은 많은 환자들과 귀신들린 자들을 고쳐주셨습니다. 그것은 자신이 그리스도이심을 나타내야하셨기 때문이며 또한 그들을 위하여 목숨을 버리고 십자가에서 죽기 위해서 오셨기 때문입니다.

그와 같이 사역자들은 그들에게 도움을 요청하는 이들을 위하여 목숨을 버릴 준비가 되어있지 않다면 사역에 있어서 조심해야 합니다. 물론 모든 사역자들은 주를 위하여 목숨을 포기한 사람들일 것입니다. 그러나 그렇다고 해서 아무 때나 함부로 목숨을 던져서는 안 됩니다.

악한 영들에게 고통을 겪고 있는 사람들의 보호자는 사역자들에게 일방적으로 의지하는 것이 보통입니다. 그들은 자신의 책임이나 의무에 관심이 있는 것보다는 사역자의 능력을 통해서 한순간에 모든 문제가 해결되고 치유와 해방이 일어날 것을 기대합니다.

그러나 대부분의 경우에 그것은 쉽지 않으며 전쟁과 치유에는 많은 시간과 희생이 필요합니다. 그 이유는 대부분 그들이 오랜 기간에 걸쳐서 그러한 증상을 가지고 있으며 그 영들이 그렇게 강해진 이유는 그들의 집안이나 환경이나 마음이나 성격이 그 영들이 거할 수 있는 조건을 형성하고 있었기 때문입니다.

그러므로 그들은 그렇게 마귀의 활동을 허용했던 터전인 자신의 마음이나 잘못된 인간관계를 바꾸어야 합니다. 그러나 부탁을 하는 이들은 자신들의 삶은 전혀 개선하지 않으면서 무조건 마귀만 쫓아달라고 하는 경우가 많이 있습니다.

서로 미워하는 관계를 가지고 있거나 학대가 이루어진 상황이라든지 원망과 분노의 마음 등이 있다면 이것은 마귀가 역사할 수 있는 통로가 됩니다. 악한 영들을 쫓아내고 그들이 다시 오지 않기를 원한다면 그러한 원인들을 고치고 제거해야 합니다. 만약 그러한 잘못된 관계들이나 마음이 변화되고 치유되지 않는다면 그 악한 영을 쫓는 것도 어렵습니다.

악한 영들은 한 순간에 들어와서 그 사람의 인생을 사로잡는 것이 아닙니다. 그들은 오랫동안 형성된 잘못된 인간관계와 잘못된 마음의 상태를 통해서 그 안에 세력을 형성하고 있는 것입니다. 그러므로 한 순간의 능력으로 모든 것을 해결하려는 자세보다 문제점이 무엇인지를 분별하는 시각이 더 필요한 것입니다.

어떤 부인이 자신의 아들에게 붙은 귀신을 쫓아달라고 도움을 요청한 적이 있었습니다. 아들은 어머니와 같이 있으면 어머니를 심하게 구타했으며 혼자 있으면 닥치는 대로 기물을 부쉈습니다.

그녀는 아들이 미쳤거나 귀신이 들렸다고 생각하고 정신병원에 입원을 시키기도 하고 여러 가지 방법을 시도했지만 아들은 회복되지 않았습니다. 약을 먹고 병원에 입원을 해도 퇴원 후에는 비슷한 일이 반복되었습니다.

나는 그들을 잠시 접촉한 후 지나치게 지배적이고 억압적인 부인의 성격이 내성적인 성품의 아들을 너무 심하게 다그치면서 길렀고 그 결과 아들의 마음 상태가 오랫동안 억압되어 있다가 악한 영이 그 틈을 타서 들어온 것임을 알았습니다.

그 아들은 성품이 너무 착하기만 하고 내성적이라 자신의 마음을 밖으로 표현할 줄 몰랐습니다. 그렇게 마음이 억압된 상태가 계속되면 속이 썩어 들어가다가 한계가 오면 그런 식으로 증상이 나타날 수 있는 것입니다.

나는 부인의 반성과 사과가 필요하며 그래야만 아들은 회복될 것이라고 말했습니다. 그러나 부인은 그렇게 생각하지 않았습니다. 자신에게는 아무런 문제가 없으며 그저 나쁜 마귀가 아들을 붙잡고 있으니 강한 능력의 기도로 그 마귀를 쫓아주기만을 원할 뿐이었습니다. 이것이 많은 사람들이 하고 있는 오해들입니다.

악한 영들이 들어와서 집을 짓고 사는 것은 어떤 면에서 하나의 징벌과도 같은 의미가 있습니다. 그렇기 때문에 그 증상을 가지고 있는 이들은 자신의 마음 상태를 반성하며 스스로 적극적으로 악한 영들을 대적하고 물리쳐야 합니다.

그러나 그들이 그러한 의지를 가지고 있지 않을 때 사역자가 혼자서 그들을 도우려 한다면 그 악한 영들은 나가지 않습니다. 나가지 않을 뿐만 아니라 사역자를 공격합니다.

나는 신유 사역자들이나 은사자들의 말로가 비참한 것을 많이 보았습니다. 그것은 그들이 이러한 원리에 대해서 알지 못하기 때문입니다.

어떤 이가 질병이나 악한 영들에게 시달린다면 그것은 그 사람에게 그러한 마음의 파장이 있기 때문입니다. 그러므로 그 사람은 마음과 생각의 패턴을 바꾸어야 합니다. 그것이 회개입니다. 그러나 대체로 고통을 겪는 이들은 회개나 깨달음이 부족합니다. 그저 고통에서 벗어나기만을 원합니다.

이럴 때 분별이 부족한 사역자는 강한 권능으로 질병의 영이나 악한 영들을 억지로 힘으로 쫓아냅니다.

고통을 겪는 사람의 마음과 생각이 변화되지 않았다면 그 사람에게는 악한 영들을 끌어들이는 요소가 있습니다. 하지만 기도를 많이 하는 은사 사역자들은 영적인 능력이 있으므로 영적인 힘으로 그 악령을 그 사람에게서 분리할 수 있습니다.

그러나 이것이 근본적인 치유일까요? 그렇지 않습니다. 그것은 일시적으로 악한 영을 쫓아낸 것뿐입니다. 그들은 다시 돌아옵니다. 그들은 고통을 겪는 사람에게 다시 돌아오기도 하고 사역자에게 돌아와서 복수를 하기도 합니다.

그 사역자가 아직 젊고 영력이 강건할 때에는 그는 충분히 그 싸움을 이겨낼 것입니다. 그러나 그 사역자가 늙고 영력이 약해졌을 때 그가 억지로 쫓아낸 영들은 그에게 와서 공격을 하게 됩니다. 그리하여 그가 젊은 시절에 고쳐주고 쫓아내었던 질병이나 각종 증상들이 그 사역자에게 나타날 수 있습니다.

그래서 그의 말년은 아주 고통스럽게 되는 것입니다. 나는 이러한 상태에 있는 신유 사역자들을 많이 보았습니다.

그들은 영적 법칙에 따라 사역하는 것을 몰랐기 때문에 그러한 대가를 지불할 수밖에 없었습니다.

영의 세계는 아무 것도 억지로 할 수 없습니다. 서로 유사한 것끼리 끌어당기기 때문입니다. 예를 들어서 어떤 사람이 남에게 분노하거나 오랫동안 증오심을 품고 있다면 그에게는 반드시 재앙이 오게 되어 있습니다. 언제 재앙이 오든지 반드시 옵니다. 그의 분노나 미움이 그러한 어두움의 기운을 끌어당기기 때문입니다.

그런데 어떤 사람이 그 재앙의 기운을 막고 있다면 당연히 그 재앙의 기운은 그 사람에게로 가는 것입니다.

파도가 오고 가는 것을 어떻게 사람이 막을 수 있겠습니까. 그것은 자연의 법칙입니다. 우리는 그 자연의 법칙을 따라 살아야 하며 우리의 마음대로 그것을 바꿀 수 없습니다.

영의 사역과 가르침은 바로 이런 것입니다. 영성 사역자는 바로 이러한 영의 법칙과 원리를 가르치고 마음과 생각을 바꾸도록 해야 하는 것입니다. 그것을 억지로 막고 떼어놓는다면 거기에는 반드시 후유증이 있게 됩니다.

이것은 질병의 세계에도 마찬가지입니다. 사람들은 바쁘게 일을 하다가 어떤 병에 걸리면 본능적으로 병원에 갑니다. 그리고 병원에서 약을 먹든지 수술을 하든지 해서 의학의 힘으로 고치려고 합니다. 하지만 더 중요한 것은 반성하는 자세입니다. 이 세상에서는 결코 의미 없는 일이 우리에게 생기지 않습니다. 모든 일들은 영계에서 생기는 것이며 영계의 결재를 받아 이 물질세계에 나타나게 되는 것입니다.

어떤 사람이 어떤 병에 걸렸다면 그것은 하나의 경고와 같은 것입니다. 자신의 삶의 자세에 대해서 다시 한 번 돌아보고 삶의 스타일을 반성하고 바꾸어야 한다는 가르침과 같은 것입니다. 예를 들어서 그가 몸과 영혼의 균형과 조화를 무시하고 지나치게 일만 해왔다면 그러한 삶의 자세를 반성해야 합니다. 또한 질병을 대할 때 사람들에게 분노나 원한을 품은 것은 없는지, 순결한 마음으로 주를 사랑하였는지 자신을 돌아볼 필요가 있습니다.

그러나 그러한 진지한 반성이 없이 그저 의학의 힘으로 병만을 고치려고 한다면 어쩌다 그 병이 회복되었다고 하더라도 나중에 더 심한 것이 오게 됩니다. 이처럼 인생의 모든 문제들은 우리 영혼의 성장을 위하여 영계에서 우리에게 주어지는 것입니다.

이 영계와 자연에는 자연적인 법칙이 있습니다. 우리는 이 법칙을 무시해서는 안 됩니다. 어떤 사람이 고통을 겪을 때 거기에는 이유가 있는 것입니다. 사역자는 그 이유를 발견하거나 발견하는 데에 도움을 주어야 합니다. 결코 억지로 악을 제거하려고 해서는 안 됩니다. 억지로 하는 모든 것에는 반드시 후유증이 생깁니다.

부모들은 자녀들이 어리고 약할 때 함부로 억압하는 경우가 많습니다. 그러나 이 우주 안에서 억압은 반드시 나쁜 결과를 가져온다는 사실을 기억해야 합니다.

싫어하는 것을 억지로 시킬 때 그 영혼은 억압되며 악한 기운들은 그들에게 가까이 오게 됩니다. 그러므로 일시적으로는 좋을지 모르지만 장래의 어두움과 고통이 예비되는 것입니다. 사역자는 영계의 법칙을 이해해야 합니다. 영과 영들은 서로 성질에 따라서 끌어당긴다는 것을 이해해야 합니다.

자신의 힘과 영력으로 성도들에게 붙어 있는 악을 제거해주려고 해서는 안 되며 그들이 밝고 아름다운 마음과 영혼을 추구하는 삶이 되도록 가르쳐야 합니다. 그들의 중심을 변화시키려고 해야 합니다. 그래야만 어둠과 악은 근본적으로 떨어져 나가는 것입니다.

만약 성도들이 그러한 가르침을 받아들이지 않는다면 그러한 상태에서 그들을 치유하고 돕는 것은 그들이 당해야 할 재앙과 고통을 사역자가 고스란히 가지게 되는 것입니다.

결국 이러한 가르침은 그리스도인들이 항상 주 안에서 빛 가운데 살아가는 것이 아주 중요한 것임을 보여주고 있는 것입니다.

사역자들은 영계의 법칙을 잘 이해하고 자연스럽게 이 사역을 감당해야 합니다. 인간적인 열정으로 무리하게 사역을 해서는 안 됩니다. 그러므로 이러한 사역, 축귀 사역에 충분히 지식이나 경험이 없이 함부로 뛰어드는 것을 조심해야 합니다.

먼저 충분히 이 세계를 이해하고 경험해야 하며 영적인 능력과 지혜를 소유해야 하고 자신의 삶 가운에 풍성한 삶과 인격의 변화가 있어야 합니다. 그럴 때에 비로소 자신의 영혼을 안전하게 지킬 수 있습니다.

사람을 자유케 하는 사역은 위험하지만 또한 아름답고 보람찬 일입니다. 사역자가 충분히 준비되고 훈련되어 바른 지식과 바른 가르침의 기초 위에서 주님과 동행하며 주님이 주시는 감동의 분량 안에서 조심스럽게 사역을 해 나간다면 그는 많은 좋은 열매들을 풍성하게 경험할 수 있게 될 것입니다.

26. 대적기도는 스스로 하는 것이 좋습니다

악한 영을 쫓아내는 것을 축귀나 축사라고 말합니다. 그래서 이러한 사역을 축귀 사역이나 축사사역이라고 합니다. 대적하는 기도사역이라고 할 수도 있겠지요.
이러한 사역은 누가 하는 것이 좋을까요?
흔히 성도들은 생각하기를 능력이 충만한 사역자들에게 성도들이 안수를 받고 축귀 사역도 받는 것이 좋다고 생각합니다. 하지만 그것은 그리 바람직한 일이 아닙니다. 오늘날 많은 성도들이 사역자를 구약의 제사장과 같이 생각해서 모든 중요한 행사에 초청하며 사역자의 축복을 받는 것이 좋다고 생각하는 것은 지금이 신약 시대라는 것을 생각할 때 별로 자연스러운 것은 아닙니다.

사역자는 성도를 주님께 중매하는 사람입니다. 성도들이 주님께 가까이 나아갈 수 있도록 안내하는 역할을 하는 것입니다. 그러므로 성도들이 아주 어린 상태가 아니라면 스스로 설 수 있고 스스로 주님과 교통할 수 있도록 이끌어야 합니다.
사역자는 영적 지식을 성도들에게 가르쳐야 합니다. 성도들의 영이 훈련을 통하여 직접 열리도록 지도해야 합니다. 그리하여 사역자를 지나치게 의지하지 않고 스스로 영을 분별하고 대적하고 자신의 영을 관리할 수 있도록 인도해야 합니다.
어떤 이들은 수시로 사역자에게 가서 축귀 사역을 받기도 합니다. 조금만 몸과 마음이 이상해지면 축귀 사역을 받는 이들도 있습니다.
물론 그러한 것은 좋지 않은 것입니다.
그렇게 지나치게 사역자 의존적이 되면 영이 피동적이 되어 잘 자라지 않게 됩니다.
어떤 이들은 몸이 아파지거나 삶에 문제가 생겼을 때 즉시로 사역자에게 달려가 안수기도를 받고 문제가 해결되었다며 특정한 사역자를 많이 높이기도 합니다. 하지만 그러한 패턴의 신앙 스타일은 별로 바람직하지 않습니다.
사역자와 마찬가지로 성도들은 주의 이름을 가지고 있습니다. 주님께 속한 그리스도인으로서의 영적 권세를 가지고 있습니다. 그 권세를 발견해야 하며 사용해야 합니다.
악한 영들은 사역자 자체를 두려워하는 것이 아니라 성령이 충만한 사람을 두려워합니다. 그러므로 그리스도인들은 성령으로 충만하여 영적 권세를 가지고 악한 영들을 대적하여 쫓아내야 합니다.

어떤 이들은 악한 영들을 쫓아내는 것이 사역자만이 할 일이며 그런 일을 하는 것은 겸손하지 않은 것이라고 생각하기도 합니다. 물론 그것은 오해입니다. 초대교회에서 사역하던 스데반이나 빌립과 같은 이들도 집사였으며 평신도였습니다. 모든 그리스도인들은 영적 권능을 받아서 영적 사역을 할 수 있는 것입니다.

성도들은 영의 훈련을 하는 법을 배워야 합니다. 영을 분별하는 원리도 배워야 합니다.

그리하여 자신의 영을 잘 관리할 수 있어야 합니다. 마음과 생각을 지켜서 악한 영들이 틈타지 않도록 조심해야 하며 만약 악한 영들과 부딪히게 된다면 주의 이름으로 대적을 결박하고 쫓아낼 수 있어야 합니다.

급할 때마다 문제가 생길 때마다 사역자를 찾는다면 그것은 별로 좋은 일이 아닙니다.

어떤 이들은 세계적인 사역자에게 기도를 받았다고 좋아하기도 합니다. 아주 유명하고 능력 있는 사역자에게 축귀기도를 받았다고 좋아하는 사람도 있습니다. 그런 것을 자랑하며 긍지를 느끼는 사람들도 있습니다. 하지만 그것은 별로 의미가 없는 일입니다.

왜냐하면 아무리 유명한 사역자가 기도를 해주었다고 하더라도, 그리고 기도를 받고 아주 영적인 상태가 좋아졌다고 하더라도 자신이 변화되지 않으면 아무런 소용이 없기 때문입니다.

자신의 내적인 상태가 여전히 악한 영들이 들어올 수 있는 상태라면 악한 영들은 그 사역자가 간 후에 다시 돌아올 것입니다. 그러니 사역자가 그의 집에서 같이 살 수 있는 것도 아닌 이상 스스로의 힘으로 악한 영을 쫓아내고 승리하지 못한다면 과거에 그러한 도움을 받았다는 것이 무슨 소용이 있겠습니까? 그렇기 때문에 온 세계를 다니며 세계적인 사역자에게 안수를 받고 기도를 받아도 그러한 능력이 자기의 것이 되지 않는 한 그것은 별로 도움이 되는 것이 아닙니다.

성도들이 어느 정도의 영적 지식과 영을 분별하는 법을 배운다면 자기에게 역사하는 영들을 가장 잘 알 수 있는 사람은 자신입니다. 그러므로 그들은 어디서 악한 영들이 왔는지, 어떻게 이들을 처리해야 하는지, 무엇을 반성해야 하는지 알 수 있습니다.

그들은 하나의 원리를 배운 후에 스스로 적용해야 합니다. 예를 들어 함부로 화를 낼 때 악한 영들이 공격하고 침투할 수 있다는 것을 배운 후에는 화를 낸 것을 회개하고 반성해야 합니다.

그렇게 한 가지씩을 배우고 깨닫고 적용하게 될 때 악한 영들이 도망가게 되며 악한 영들이 들어오고 나가는 느낌이 어떤 것인지 알게 됩니다.

그렇게 한 가지씩을 배우면서 점차로 스스로 자신의 삶에 대적하는 기도를 적용해야 하는 것입니다.

그러므로 성도들은 잠시 사역자에게 배우고 의존할 수는 있겠지만 결국 스스로 서기 위해서 애를 써야 합니다. 스스로 권능을 받고 영적 권세를 사용하는 사람이 되어야 합니다.

모든 그리스도인들에게는 권세가 있습니다. 특히 부르짖고 큰 소리로 방언을 말할 때 그의 영은 강하고 충만해집니다. 그리하여 영적인 권능이 나타나게 됩니다. 소리에는 영적인 힘이 있기 때문입니다.

악한 영들은 그러한 사람들을 두려워합니다. 그렇기 때문에 악한 영들은 사람들이 소리를 지르지 못하도록 자꾸 눈치를 보게 하고 영을 눌러서 위축시키는 것입니다.

모든 그리스도인들은 강한 그리스도의 용사가 되어 악한 영들을 분별하고 결박하며 쫓아내야 합니다. 그것은 사역자의 독점적인 업무가 아닙니다. 당신도 강하고 충만한 그리스도인이 되시기를 바랍니다. 그럴 때 악한 영들은 당신을 두려워하게 될 것입니다.

27. 영적 전쟁에 대한 여러 가지 반응들

악한 영들의 움직임이나 공격에 대한 이야기를 할 때 사람들이 느끼는 느낌은 다양합니다. 그것은 각자의 영적 수준이나 상태가 다 다르기 때문입니다.

첫째로 두려움을 느끼는 사람들이 있습니다.

이들은 영이 약한 사람들입니다. 이들은 영력이 약하기 때문에 악한 영들에 대한 이야기를 하면 두려움이 생기며 괜히 영적 전쟁에 대해서 알거나 배울 때 어려운 일을 겪게 되지는 않을까 걱정합니다. 이러한 이들은 평소에 근심이나 염려, 두려움의 영에 눌려있는 경우가 많습니다. 이러한 이들은 강한 영력을 받아야 합니다.

둘째로 아무런 느낌이 없는 이들이 있습니다.

이들은 영의 감각이 거의 없는 이들입니다. 이들은 평소의 삶에 있어서도 영들이 오는지, 가는지에 대해서 영적 감각이 발달하지 않았기 때문에 거의 느끼지 못합니다. 영적 성장에 대한 갈망도 그다지 많다고 할 수 없는 편입니다. 대체로 지적인 그리스도인이나 세상을 사랑하는 그리스도인들이 이러한 경우가 많습니다.

이러한 이들은 세상을 사랑하는 것을 내려놓고 주님을 사모하고 추구해야 하며 구체적으로 실제적인 영성을 발전시키기 위한 기도와 훈련이 필요합니다.

셋째로 분노나 불쾌감, 거부감이 느껴지는 사람이 있습니다.
이들은 이런 비슷한 이야기를 들으면 이상하게 기분이 나빠집니다. 왜 쓸데없이 자꾸 귀신 이야기를 할까 하고 거부감이 생기기도 합니다. 이러한 이들은 악한 영들에게 사로잡혀 있는 경우가 많습니다. 그래서 폭발적인 분노나 통제하기 어려운 미움 등에 의해서 시달리기도 합니다. 물론 이들은 그러한 악성의 감정이 악한 영으로부터 온 것이라는 사실은 전혀 깨닫지 못하고 있습니다.
사실 이들이 느끼고 있는 악한 영의 이야기에 대한 이러한 그들의 반응은 그들의 안에 있는 악한 영들이 일으키는 것이 대부분입니다.
이러한 사람들은 자신의 감정이나 느낌을 주님께 올려드려야 하며 자신이 감정의 주인이 되지 말아야 합니다. 이들도 영혼의 감각이 깨어나고 바른 분별을 할 수 있도록 구체적인 영성의 기도와 훈련을 해야 합니다.

넷째로 시원함을 느끼는 이들이 있습니다.
이러한 사람들은 어느 정도 영감이 있고 영적 사모함이 있으나 영력이 약하여 악한 영들에게 눌리기를 잘 하는 사람들입니다.

그런데 영적 지식을 얻고 메시지를 듣는 가운데 깨닫고 영적 에너지와 힘을 얻게 되기 때문에 그들이 눌려왔던 악한 영들에 대하여 부분적으로 승리하며 해방감을 경험하는 것입니다. 이들은 영적 가르침이나 접촉을 통해서 좀 더 영적으로 강해지며 성장하게 됩니다. 이러한 이들은 영감은 있으나 영력이 약하므로 좀 더 강력한 영을 받기 위해서 발성기도와 방언기도의 훈련이 필요합니다.

다섯째로 무기력하며 졸리거나 해서 이런 메시지를 읽지 못하거나 듣지 못하는 이들이 있습니다. 이들은 악한 영들에게 눌림이 심한 경우입니다. 이러한 사람들은 평소에는 멀쩡하다가 예배나 집회 시간에는 갑자기 졸거나 잠이 들어버리는 일이 흔합니다.

이러한 사람들은 영이 워낙 약하고 눌려 있는 상태이기 때문에 악한 영들이 그들의 마음과 생각을 마음대로 조종할 수 있습니다. 그래서 악한 영들은 자기에게 불리한 것은 일체 듣지 못하게 하며 그러한 집회나 교회에는 아예 가지도 못하게 합니다.

그런 곳에 가려고 하면 갑자기 어디가 아프게 하거나 사고를 일으켜서 방해하기도 합니다. 이러한 이들은 평상시의 일상생활에는 별로 자유함이 없습니다.

이러한 이들은 눈 기도나 배 기도를 통해서 영력을 강화시켜야 합니다. 눈 기도나 배 기도에 대한 방법이나 원리는 나의 저서 〈주님의 임재를 경험하는 길〉이나 〈심령이 약한 자의 승리하는 삶〉에 자세한 설명이 있으니 참고하는 것이 좋을 것입니다.

동일한 이야기와 가르침에 대한 반응이 이처럼 다르다는 것은 흥미로운 일입니다. 그것은 각자의 영적 상태와 성향이 다르기 때문입니다. 그리고 그것은 다 자신이 느끼고 생각하는 것 같지만 그러한 반응의 배후에는 영의 작용이 많이 개입되어 있다는 것을 알아야 합니다.

악한 영이나 영적 전쟁에 대한 반응만이 아닙니다. 우리의 대부분의 느낌이나 생각이나 감정은 영의 작용이 개입되어 있는 것입니다. 애정에 빠지는 것에도 여러 영들의 개입이 있습니다.

대부분의 사람들은 자신의 감정과 느낌을 절대시합니다. 그러므로 철저하게 주관적인 경향이 있습니다. 예를 들어 어떤 집회에 참석했을 때 자신의 느낌이 좋지 않으면 다른 사람들이 은혜를 받아도 그것은 이상한 집회라고 생각합니다.

또한 반대로 자신의 느낌이 좋으면 다른 사람들이 별로 은혜를 받지 못해도 그것은 좋은 집회라고 생각합니다. 이처럼 사람들의 인식은 대부분 주관적이고 개인적입니다.

하지만 자신의 그 느낌도 그 느낌을 주는 배후의 영을 잘 분별할 수 없다면 확실한 것이라고 할 수 없습니다.

예를 들어서 악한 영을 가지고 있는 사람이 어떤 집회에 참석
했을 때 아주 시원함을 느낍니다. 그런데 그 집회장소를 나오
자 곧 다시 답답해집니다.
이것은 그가 은혜를 받고 곧 잃어버린 것일까요?
아닙니다. 그것은 그의 안에 있는 악한 영이 집회 가운데 임하
는 주의 영에 의하여 눌려서 꼭꼭 속으로 들어가 숨어 있다가
집회가 끝나고 밖으로 나오자 '휴, 살았다!' 하고 다시 나타나
는 것입니다.
이런 경우에 악한 영이 숨어버리면 마음에 억압과 눌림이 사
라지므로 일시적으로 시원함을 느끼게 되는 것입니다. 그러나
다시 악한 영이 표면에 나타나면 답답함으로 다시 돌아가게
됩니다.
많은 경우에 축귀 사역이나 대적하는 기도를 통해서 악한 영
이 나갔을 것이라고 생각하지만 사실은 악한 영들이 일시적으
로 속에 숨어버리는 경우가 많습니다. 악한 영들이 완전히 나
가려면 삶과 행동과 의식 자체가 완전히 다른 사람으로 바뀌
어야 합니다. 그렇지 않으면 그 영들이 다시 들어오게 됩니다.

반대의 경우도 있습니다. 어떤 이들은 집회에 오면 너무나 답
답하고 머리가 아픕니다. 그래서 밖으로 나갔더니 아픈 것이
사라지고 아주 시원해집니다. 그래서 이 집회는 이상한 집회
이고 잘못된 집회라고 생각합니다.
그러나 그런 경우는 이럴 수도 있습니다. 그의 안에 있는 악한

영이 집회에 나타나는 빛의 영에 의해서 고통을 느끼고 괴로워하다가 그 빛을 피해서 밖으로 나오자 '아이고, 살았다!' 하면서 기를 펴는 것입니다. 그러한 경우도 흔히 있습니다.

나도 비슷한 경우를 많이 겪었습니다.
어떤 이를 만나는 데 그는 자신의 영적 상태가 아주 맑고 좋은 상태라고 생각합니다. 그러나 나는 그를 보면 그가 어둠을 가지고 있고 어떤 나쁜 기운이 누르고 있다고 느낍니다. 그런데 그는 나를 보자마자 구토를 하거나 머리가 아픈 것을 경험합니다.
그것은 그의 안에 있는 악한 영이 드러났기 때문입니다. 이 경우에 어쩌면 그 사람은 나를 만나기 전까지는 자신의 영적 상태가 계속 좋다고 생각할 것입니다.
이처럼 자신의 주관적 느낌은 바르지 않을 수 있는 것입니다. 주의 영이 임하면 항상 아주 좋고, 악한 영이 들어오면 항상 아주 고통스러울 것이라고 생각하지만 그렇지 않은 경우도 많이 있습니다.
뉴 에이지에 빠진 사람들이나 기공을 하는 사람, 명상이나 단전호흡을 하는 사람들은 그들 자신의 독특한 황홀경에 빠지는 경우가 아주 많습니다. 그러한 것은 그들이 악령들에게 미혹되었으나 그의 안에 빛이 없기 때문에 속고 있어서 즐거움의 감각을 느끼고 있는 것입니다. 그러므로 우리도 자신의 상태가 좋다고 여기지만 좋지 않을 수가 있고 자신이 나쁘다고 느끼지만 의외로 그렇지 않을 수가 있습니다. 그것을 분별하는 것도 영분별의 하나입니다.
우리가 어두움을 버리고 빛에 가까워질수록 우리의 분별력은 증가됩니다. 그것은 영의 성장과도 관련이 있는 것입니다. 영이 어린 사람은 잘 분별하지 못하고 자주 속지만 영이 자라날수록 점점 더 지혜와 분별의 영을 받게 됩니다. 어린아이들은 아무나 과자를 주면 따라가지만 장성한 어른은 쉽게 아무에게나 미혹되지 않습니다.

부디 영의 성장과 바른 분별력의 증가를 사모하시기를 바랍니다. 그리고 자신의 느낌에 너무 빠져들지 말고 객관적으로 그것을 분별하는 습관을 가지시기 바랍니다. 당신의 지금 느낌과 생각은 나중에 바뀔 수 있습니다.
그러므로 오직 주의 영이 당신에게 임하시고 지혜를 주셔서 바른 느낌과 영의 감동을 가질 수 있도록 해달라고 자주, 항상 기도하십시오.
주님은 우리의 기도를 들어주실 것입니다. 할렐루야.

28. 영이 들어올 때와 나갈 때의 느낌

영감이 둔한 사람들은 영들의 존재를 잘 감지하지 못합니다. 영들이 오는지 가는지 아무런 느낌이 없습니다.
그들은 영이나 영성에 대한 이야기를 한다 해도 그것은 이론적인 것이지 실제로 어떤 영들의 움직임들을 감지하는 것은 아닙니다.
그러나 실제적인 영성훈련을 통해서 영의 감각이 어느 정도 생기게 된 사람은 차츰 영의 세계에 대한 감각을 느끼게 됩니다. 하나님의 영을 경험하고 기도와 찬양을 통해서 주님의 구체적인 임재를 경험할수록 사람들의 영은 민감해지게 됩니다.

지적인 사람들은 대체로 깨달음을 통해서만 하나님께서 말씀하신다고 생각합니다. 그들은 주로 머리에 떠오르는 생각을 통해서 하나님을 경험합니다.
그러한 이들의 영감은 거의 닫혀있기 때문에 실제적인 하나님의 임재를 경험하기 어렵습니다. 그리고 악한 영들의 장난이나 공격도 잘 분별하지 못합니다. 그러므로 그들은 혼미한 영들이 주는 그럴듯하고 논리적인 생각에 잘 속습니다.
그러므로 이들은 자신의 이야기가 항상 옳다고 생각하지만 실제의 삶에서는 별로 자유롭지 않습니다. 참 기쁨과 사랑과 만족의 느낌이 이들에게는 별로 없습니다. 그저 무거운 짐을 지고 살아갈 뿐입니다. 영이 눈을 뜨고 영감이 열리는 것은 실제적인 영계를 경험하는 것과 같습니다. 그것은 주를 사모하는 그리스도인들이 천국의 실상을 이 땅에서 조금이나마 맛보는 것과 같습니다.

하지만 그렇게 영감이 열리는 것이 아주 꼭 좋다고만 할 수 있는 것은 아닙니다. 왜냐하면 영들의 세계는 천국만 있는 것이 아니라 지옥도 있기 때문입니다. 그 때문에 영이 예민해져서 천국의 임재와 그 영을 경험할 수 있다는 것은 동시에 지옥의 악한 영들의 영향도 받을 수 있다는 의미입니다.

죄를 짓는 것은 물론 좋은 일이 아닙니다. 그러나 영이 예민한 사람들이 죄를 짓는 것은 보통의 둔감한 사람들이 죄를 짓는 것보다 훨씬 더 두려운 일입니다.

보통의 사람들은 영의 감각이 열려 있지 않기 때문에 그다지 많은 고통을 겪지 않지만 영이 예민한 사람은 그 열려있는 영의 문을 통해서 지옥의 악령들에게 침투를 허용할 수 있으며 시달리게 되기 때문입니다.

그러므로 천국의 임재를 누릴 수 있는 이들은 지옥의 고통을 또한 맛볼 수 있기 때문에 보통 사람들보다 훨씬 더 자신의 마음을 지켜서 조화롭게 해야 합니다.

사랑과 겸손과 온유함과 거룩함과 아름다움으로 항상 자신을 채워야 합니다. 그렇지 않으면 악한 영들의 공격을 받아서 어려움을 겪을 수 있는 것입니다. 은사자들은 어느 정도 영의 세계를 경험한 사람들입니다. 그러나 은사자들 중에 자신은 신령하다고 생각해서 예언을 하고 환상을 보고 다른 사람들에게 조언을 하며 기도를 해주고 하지만 실제로는 각종 악한 영들에게 붙들리고 속고 있는 이들은 아주 많습니다.

그러한 그들의 말로는 아주 비참한 경우가 많습니다. 그렇게 되는 이유는 많은 경우에 그들이 초기에는 은사를 받았지만 자신의 마음을 겸손하고 아름답고 조화롭게 지키는 데에 실패했기 때문에 주의 영은 소멸되고 대신 거짓의 영들로 채워졌기 때문입니다.

이러한 것을 양신 역사라고 할 수 있습니다. 즉 사람은 어느 정도는 주님께 속한 것을 가지고 있으며 어느 정도는 어둠에 속한 영들을 가지고 있는 것입니다.

이론적으로만 생각하는 이들은 양신 역사가 불가능하다고 말합니다. 어떻게 거룩하신 성령님이 악한 영들과 같이 한 사람의 안에서 거할 수 있느냐는 것입니다.

그러한 이야기를 하는 것은 실제적인 영적 경험이 없기 때문입니다. 그것은 얼마든지 가능합니다. 은사경험자가 성적으로 타락하거나 물질로 범죄하는 경우는 흔한 일입니다. 어떤 이가 예배시간에 아름다운 모습으로 찬양을 드려서 많은 이들에게 감동과 은혜를 끼쳤다면 그 사람은 결코 화를 내는 일이 없을 것이라고 믿는 것은 순진한 생각입니다.

사람은 이 땅에 살아있는 동안에는 누구나 다 천국과 지옥의 영향을 받습니다. 천국도 그를 끌어당기고 지옥도 그를 끌어당깁니다.

다만 은혜체험이 깊으면 그 만큼 지옥의 공격도 강해집니다. 좀 더 강한 사람이 되어 지옥의 영들을 깨뜨리는 사람들에게는 좀 더 많은 지옥의 군사들이 파송됩니다. 이것은 어쩔 수 없는 하나의 원리입니다.

영이 열렸다는 것은 하나의 시작에 불과합니다. 그것은 완성이 아니고 영적 성장으로, 주님께로 가까이 가는 한 과정에 불과한 것입니다.

성도들은 반드시 영감이 열려야 합니다. 영이 예민해지고 강해져야 합니다. 그리하여 자신의 영을 분별하고 영의 상태를 점검하며 영을 관리해야 합니다. 어느 곳에 악한 영이 있는지, 자신에게 언제 악한 영들이 들어오는지, 어떻게 하면 나가는지, 그것을 알 수 있어야 합니다.

악한 영이 들어오는 느낌에는 여러 가지가 있습니다.

순간적으로 오싹하는 느낌이 들기도 합니다. 갑자기 몸과 마음이 무거워지기도 합니다. 마음이 밝은 사람들은 그 분별이 좀 더 쉽습니다. 어두운 것이 평소에 익숙하지 않기 때문에 그러한 분위기를 금방 느끼게 됩니다.

TV에서 잔인하거나 폭력적인 내용이 나오면 순수한 영을 가지고 있는 이들은 고통스러움을 느낍니다. 섬뜩한 느낌이 들 때가 있는데 그 순간이 바로 영들이 침입하는 상태라고 할 수 있습니다.

야한 영화나 그러한 악한 프로그램을 볼 때 짜릿하거나 불쾌한 떨림이나 전율이 일어날 때도 있습니다. 그러한 것도 악한 영들이 들어오는 느낌입니다. 아무튼 악한 프로그램을 시청하는 것은 자신의 영혼에 귀신들로 도배하는 것과 같은 것입니다.

컴퓨터 게임을 오래하면 머리가 묵직하고 아픈데 그것도 각종 악한 영들이 머릿속에 들어오기 때문입니다. 눈이 어지러운 것은 눈을 통해서 악한 기운이 들어가는 것입니다.

그런 상태에서 조금 쉬다보면 상태가 조금 나아지게 됩니다. 그러나 그것은 악한 영들이 사라지는 것이 아니라 깊이 속으로 잠수해서 자리를 잡는 과정입니다. 일단 자리를 잡게 되면 중독이 시작되어 주기적으로 같은 행위를 해야 합니다. 계속 동일한 게임을 해야 한다든지, 계속 동일한 드라마를 시청해야 한다든지, 야한 프로그램을 봐야 한다든지.. 그것은 속에서 악한 영들이 밥을 달라고 조르는 것과 같은 것입니다.

영이 둔한 사람들은 그러한 중독의 영들이 자기 안에 들어와서 살고 있어도 별로 고통을 느끼지 못합니다. 그러나 영이 순수하고 예민한 이들은 많은 고통을 느낍니다. 그들은 몸과 마음이 어둡고 눌리며 고통스러운 것을 느끼게 됩니다.

그러므로 예민한 이들은 악한 기운이 나오는 장소를 피하게 됩니다. 비디오 방이나 노래방이나 피씨방 같이 악한 영들이 많이 거하고 있는 장소를 피하게 됩니다.
예민한 이들은 잠깐 더러운 이야기를 입에서 내는 순간에 속에서 '싸-' 하고 악한 기운이 침투하는 것을 느낍니다. 그러므로 그들은 말하는 것도 조심하게 됩니다.

영이 예민해서 그런 기운이 침투하는 것을 느끼는 것은 나쁜 일일까요? 아닙니다. 그것은 독약을 먹고 고통을 느끼는 것과 아무렇지도 않은 것과의 차이입니다. 독약을 먹고 아무렇지도 않은 사람은 자신의 위장이 튼튼하다고 자랑할지 모르지만 그는 죽어갑니다. 다만 자신이 죽어간다는 것을 모를 뿐입니다.
갑자기 소름이 돋을 때, 갑자기 한기가 느껴질 때 조심해야 합니다. 왜냐하면 싸늘한 기운도 악한 영들에게서 나오는 경우가 많기 때문입니다.
그러므로 악한 영들이 느껴지고 들어오는 듯한 느낌이 들 때 그 즉시로 대적해야 합니다. 또한 자신의 행위가 그들이 들어오는 계기가 되었다면 그것을 회개하고 고백하는 기도를 해야 합니다.
지금 이 시간에도 많은 영들이 사람들의 안에 들어가고 있습니다. 그러나 그것을 느끼는 이들은 거의 드뭅니다. 그래서 많은 그리스도인들도 악한 영들의 통로가 되곤 합니다. 그러므로 그리스도인들은 깨어있어야 합니다.
방언을 하고 소리를 높여서 기도하고 찬양하고.. 그렇게 할 때

2부 영적 전쟁의 원리들

영감은 예민하고 강해집니다. 그래서 악한 영에 대한 느낌을 알게 됩니다. 그리고 그들의 공격과 침투를 알게 됩니다. 일단 그들의 존재를 감지하면 대처하고 방어할 수 있게 되는 것입니다.

악한 영들이 나가는 느낌은 어떤 것일까요?
이것은 들어오는 것보다 비교적 느끼기가 쉽습니다. 대체로 거기에는 어떤 선명한 느낌이나 현상이 있습니다. 강한 능력과 주님의 임재가 나타나는 집회에 가서 같이 부르짖고 기도를 하면 여러 가지 현상들이 나타납니다. 몸이 떨리거나 전율이 오거나 구토가 나거나 가래나 침이 나오기도 합니다.
몸이 묵직해지기도 하고 뜨거워지기도 하며 시원해지기도 합니다. 눈물과 통곡이 나기도 하며 웃음이 나기도 합니다. 몸이 무기력해지기도 합니다.
그 모든 것들은 영이 임하고 나가는 현상입니다. 그러한 집회에서 하나님의 영이 임하시는 순간 악한 영은 나가게 됩니다. 그것은 빛이 임하는 곳에서 어둠이 소멸되는 것과 같습니다.
구역질이나 가래나 침이 나오는 것, 전율과 함께 몸이 시원해지는 것 등은 평소에 몸에 숨어있던 악한 영들이 빠져나가는 것입니다. 머리가 아프거나 몸이 묵직해지거나 하는 것은 여러 의미가 있지만 대체로 자신의 영 안에서 빛과 어둠이 싸우고 있는 과정인 경우가 많습니다.
시원하고 심령이 꿀처럼 달콤하고 자유롭고.. 이러한 현상은 악한 영들이 빠져나간 후의 느낌입니다. 보통의 사람들은 대부분 자기 몸 안에 악한 기운과 악한 영을 많이 가지고 있으나 영이 마비되어 있기 때문에 그것을 잘 느끼지 못합니다.
그런데 집회 가운데 임하시는 주님의 임재를 경험하고 평소 자기 몸속에 있었던 악한 기운이 바깥으로 빠져나가게 되면 말할 수 없이 몸이 개운하고 행복하고 즐거운 상태가 됩니다. 이처럼 몸이 쾌적한 상태와 함께 몸이 무기력해지도 하는데 이것도 역시 하나님의 영이 강력하게 임했을 때의 현상입니다. 하나님의 영이 그를 사로잡는 과정에서 그러한 육체의 무기력증상이 오는 것입니다. 주님의 임재 가운데 있을 때의 무기력감은 영이 회복되고 정화되는 과정입니다.

이러한 경험을 한 후에는 일시적으로 세상의 소음이나 악한 분위기가 아주 고통스럽게 됩니다. 예를 들어 전에는 아무 생각 없이 보았던 TV에서 나오는 소음이 너무나 불결하고 고통스럽게 느껴집니다. 하지만 그렇게 정결한 상태를 유지하는 것은 쉽지 않습니다. 대부분 어느 정도 시간이 지나면 다시 영이 불결해지고 둔감해지는 것이 보통입니다. 그러나 지속적으로 악한 영을 대적하여 쫓아내고 마음과 영을 지키는 이들은 좀 더 맑은 영의 상태에서 살 수 있을 것입니다.
영감이 어느 정도 훈련되면 집회에 참석하지 않고 개인적으로 기도할 때도 영이 정화되며 악한 영이 나가는 것을 느끼게 됩니다. 악한 영이 있는 것을 느끼거나 악한 영들에게 속고 있었던 것을 깨닫게 될 때 악한 영을 대적하게 되며 그 때에 몸이 부분적으로 시원해지고 뭔가 나쁜 기운이 빠져나가는 것을 느끼게 됩니다.

특별히 교회나 기도원에 가서 기도하지 않더라도 악한 영의 존재를 깨닫는 순간 그 자리에서 마음속으로 악한 영을 대적하기만 해도 자유함을 얻게 되기도 합니다.

성도들의 영감이 예민해지고 열릴 때 여러 조심해야 할 점이 있기는 하지만 대체로 그것은 영성생활의 발전에 도움을 줍니다. 그들은 악한 영들이 사람의 안에 들어오고 나갈 수 있다는 것을 알며 실제로 악한 기운이 오는 것과 가는 것을 알 수 있습니다. 그러므로 방비할 수 있게 되며 다른 사람에게 붙어있는 기운도 느끼고 분별하며 조심할 수 있습니다.

영들은 실제입니다. 그들은 온 세상에 가득합니다. 그들은 항상 움직이며 사람들의 안에 들어오고 나갑니다.

그리스도인들은 그것에 대해서 알아야 합니다. 영들이 들어오는지 나가는지 압박감이 있는지 공격이 있는지 그러한 것들을 분별할 수 있어야 합니다. 그러한 분별력과 영권이 발전해가야 합니다.

그렇게 영감이 민감하고 풍성할 때 그리스도인들은 더욱 더 맑고 순결한 영을 소유할 수 있으며 주님의 깊은 영광 속에 거할 수 있게 될 수 있을 것입니다.

29. 영 분별에 있어서의 어려움들

영이 예민해지는 것은 좋은 일입니다. 영이 예민해지면 영적 분별력이 생기고 영적 감각이 새로워지면서 오랫동안 신앙생활을 해왔으면서도 알지 못했던 새로운 세계를 느끼게 됩니다. 주님의 임재를 좀 더 현실적으로 느끼고 경험하게 되고 또 악한 영들의 움직임과 공격도 알게 되어 방비할 수 있게 됩니다. 하지만 이에 따르는 부작용도 또한 만만치 않습니다. 그것은 하나의 은총에 포함되는 세금과 같은 것입니다.

나는 아래와 같은 메일이나 상담의 요청을 아주 많이 받았습니다.
어떤 사람의 영적 감각이 둔할 때는 아무런 감각과 느낌이 없이 교회를 다니며 신앙생활을 합니다. 그런데 성령의 권능과 주님의 임재를 경험하고 영적 감각이 깨어나기 시작하면서 교회 안에서 악한 영들의 존재를 느끼게 되는 것입니다.
이들은 예배 시간에 고통을 느끼기 시작합니다. 그전에는 몰랐었는데 이제 알고 나니까 어두움의 기운들이 움직이는 것을 느끼게 되고 그래서 너무 힘들고 고통스럽다는 것입니다.
차라리 영이 둔감하여 몰랐을 때가 나은 것 같다고, 참 힘이 든다고 고백하는 이들을 나는 많이 보았습니다.

나도 청년 시절 비슷한 고민으로 힘들어했던 적이 많이 있었습니다. 그것은 정말 해결책이 보이지 않는 문제입니다.
교회 안에서 어둠의 영들, 기운들이 움직이는 것이 보이고 느껴집니다. 그러나 사역자들은 이에 대해서 전혀 느낌이 없는 이들이 많습니다. 그러므로 그런 이야기를 하면 신앙이 이상한 사람으로 찍히거나 이단 비슷한 사람이라고 욕을 먹기 일쑤입니다. 그러니 아무에게도 이야기할 수도 없고 혼자서 고민할 수밖에 없는 것입니다.

간단한 해결책은 사역자가 영적으로 예민하고 풍성해지는 것입니다. 그래서 사역자가 예배를 인도할 때 주의 영의 실제적인 역사가 흐르고 움직이며 악한 영들이 깨어지고 박살나는 것입니다. 하지만 현실적으로 그러한 사역자, 그런 교회를 만나는 것은 어렵습니다.
이상하게도 성도들은 영이 잘 열리고 발전해 가는데 사역자들은 영이 잘 열리지 않으며 머리만 발전해있고 영적 감각이 잘 발달되지 않는 경향이 있습니다.
그것은 아마 신학교 계통의 훈련이 대체로 이론적인 가르침에 치중하고 있어서 영의 흐름과 역사를 잘 모르기 때문이며 사역자들에게 그러한 영성을 훈련하는 곳이 많지 않기 때문일 것입니다.
최근에 이런 이야기를 들은 적이 있습니다. 어떤 교회의 교역자들이 어딘가에 가서 훈련을 받았는데 종교다원주의에 대해서 배웠다고 합니다. 그런데 모든 교역자들이 얼마나 감동을 받고 은혜를 받았는지 인생과 신앙 전체가 바뀐 것 같다고 감격하는 이들도 있었다고 하였습니다. 구원은 예수와 교회에만 있는 것이 아니라고 사역자들은 감격하고 감동했다는 것입니다.
이것은 귀신의 영들에게 미혹된 것입니다. 사역자들이 영의 실제를 경험하게 되면 그런 악령들에게 속지는 않습니다. 이렇게 사역자들이 미혹의 영에 빠졌을 때 그 교회는 흑암의 영들로 덮이게 됩니다. 만약 이 교회에 영감이 어느 정도 열린 성도가 있다면 어떻게 느끼게 될까요?
그는 교회에 가서 예배에 참석을 하려고 하면 머리가 깨지는 것 같은 고통을 느끼게 될 것입니다. 도대체 문제가 무엇이고 어디에서 잘못되었는지는 모르지만 그의 영은 고통을 느끼며 그는 숨이 막히고 머리가 아파서 견디기가 힘들어지게 되는 것입니다.

사실 오늘날 교회 안에는 그러한 영들뿐만이 아니라 많은 악한 영들이 활동하고 있습니다. 각종 속이는 영들, 세상적인 철학과 가치관 중심의 가르침이나 거짓된 가르침들도 많이 있는데 그것들도 대부분 악한 영들, 미혹의 영들이 장난을 치는 것입니다.
그러한 가르침이 사역자들을 통해서 전해질 때 그 교회 안에는 어두움의 기운들이 가득 차게 됩니다. 그러므로 순결한 영을 가지고 있는 이들은 그 악한 기운이 주는 더럽고 어둡고 칙칙한 느낌 때문에 고통을 받게 되는 것입니다.
물질을 중시하는 것, 세상 중심의 가치관, 거짓과 과장, 사람을 높이는 것.. 이러한 모든 것들은 어두움의 기운들을 증가시킵니다.
그래서 영감이 열린 성도들 가운데 교회 안에서 고통을 느끼는 이들이 상당히 많이 있습니다. 이들은 교회에 가기도 괴롭고 안 갈 수도 없고 해서 고통을 많이 겪습니다. 그러다가 그들은 영적 갈망으로 인하여 방황하고 헤매다가 심지어 이단과 같이 이상한 곳에 빠지기도 합니다.
이러한 문제는 오랫동안 항상 있어왔던 문제입니다. 성도들은 갈망하지만 사역자들은 영이 둔합니다. 성도들은 주님의 임재를 사모하는데 사역자들은 유명해지고 싶어 하고 큰 교회를 짓기 원하며 성공적인 사역자가 되고 싶어 합니다. 그것이 많은 문제의 시작입니다.

가정에서도 이와 비슷한 이야기를 듣곤 합니다. 영의 감각이 생기고 하나님의 임재와 사랑의 실제가 느껴지는 것은 참 좋은데 이상하게 남편이나 아내가 멀리 느껴진다는 이들이 있습니다. 전에는 그렇지 않았는데 영의 감각이 생기기 시작하면서 이상하게 배우자나 가족이 소름이 끼치고 고통스럽다는 것입니다. 이것도 비슷한 현상입니다. 영이 예민해지는 바람에 상대방의 영을 느끼게 되었기 때문인 것입니다.

영감이 깨어나지 않은 이들은 사람을 사랑해도 겉 사람, 육체를 보고 애정에 빠집니다. 하지만 영이 깨어나게 되면 겉 사람의 상태와 상관없이 상대방의 마음을 느끼게 됩니다. 상대방의 영적 지위와 상관없이 그의 영적 수준이나 상태를 느끼게 됩니다. 상대방이 빛에 속한 사람인지 어두움에 속한 사람인지를 느끼게 됩니다.

그래서 적지 않은 경우에 상대방에게 붙어 있는 흑암의 기운을 느끼게 되기 때문에 고통스럽게 되는 것입니다.

가까운 가족에게서 그러한 거리감을 느끼게 될 때 그들은 상대방이 비록 몸은 가깝지만 영은 서로 먼 거리에 있음을 알게 됩니다. 거기에서 갈등이 일어나게 되는 것입니다.

이것은 영적 전쟁의 시작입니다. 영이 틀리다고 모든 인간관계를 다 끊을 수는 없기 때문입니다. 비록 사후에는 서로 사는 곳이 달라서 헤어지게 된다고 하더라도 육체가 살아있는 동안에는 그러한 관계를 다 끊어버릴 수는 없습니다. 비록 그 관계가 고통스러운 것이라고 해도 기도의 전쟁을 하면서 유지해나가야 합니다. 그러므로 영의 감각이 깨어나고 영이 열리기 시작할 때 영적 전쟁이 시작됩니다. 빛의 힘이 강해져서 어두움의 영들, 기운들을 물리칠 때까지 기도의 전쟁이 시작되어야 하는 것입니다.

사람들이 죄를 사랑하며 세상의 쾌락을 즐기고 주님을 경홀히 여기는 것은 어두움의 힘이 강하기 때문입니다. 그러나 영이 열리고 빛의 힘이 강해지면 주님을 사랑하고 예배하고 높이는 것만큼 행복하고 기쁜 것이 다시없음을 알게 됩니다.
어둠에 속한 사람은 세상의 쾌락을 즐거워하고 빛에 속한 사람은 천국의 기쁨을 즐거워합니다.

사람들은 오늘날 가정의 행복을 위해서 많은 심리학의 가르침과 방법을 동원하지만 근본적으로 가정도 교회도 빛과 어두움의 영적 전쟁 가운데 있는 것입니다.
빛과 빛의 영으로 가득하면 가정이든 교회든 천국의 기쁨이 임하고 천국의 사랑과 평화가 임합니다. 그리고 빛이 부족하면 어두움의 기운에게 속아서 세상의 쾌락과 미움과 시기와 각종 악한 영들의 열매를 가지고 살아가게 되므로 지옥적인 삶을 사는 것입니다.

영이 어두울 때 사람들은 심리학이나 의학의 도움을 찾습니다. 그러나 영이 열리게 될 때 사람들은 오직 기도하며 예배하게 됩니다. 그리하여 천국의 영과 그 빛을 더 받기를 사모하게 됩니다. 그리하여 어둠이 드러나고 깨지고 소멸되면 실제적인 천국이 임하는 것입니다.
영의 감각이 깨어난다는 것.. 그것은 끝이 아닙니다. 그것은 시작입니다. 기도의 시작이며 전쟁의 시작입니다. 그리고 그 전쟁에서 승리할 때 진정한 승리의 전리품들을 가지게 될 것입니다.

영의 감각이 깨어나고 열려질 때 악이 드러납니다. 악의 영들을 알게 됩니다. 그것은 피곤하고 고통스러운 일입니다.

그러므로 영적 감각이 열리기 시작할 때 그것은 몹시 아름답고 행복한 삶의 시작이지만 또한 동시에 몹시 피곤하고 힘든 전쟁이 시작되는 것입니다.

교회에서도, 가정에서도, 인간관계에서도 새로운 전쟁이 시작됩니다. 아주 좋던 관계가 이상하게 나빠지기도 합니다. 그것은 가슴 아픈 일이지만 그러한 일이 자주 일어납니다. 우리의 모든 관계가 영적 세계를 중심으로 새로 재편되는 것입니다.

우리가 천국을 경험할수록 우리는 지옥의 기운도 느끼게 되며 지옥에 속한 것들에게서 고통을 느끼고 그에 속한 이들과 거리감이 생기게 됩니다. 이 두 세계의 사이에는 기본적으로 항상 전쟁이 있습니다.

그것은 정말 피곤한 전쟁입니다. 하지만 그 전쟁을 피해서는 안 됩니다. 그것은 우리에게 주어진 일입니다. 우리는 그러한 전쟁을 통해서 좀 더 천국에 가까워지며 지옥의 기운들을 소멸하게 됩니다.

비록 이러한 어려움이 있기는 하지만 그리스도인들은 영의 열림과 발전을 위해서 사모하고 기도해야 합니다. 이 땅의 교회들이 영적 실제가 가득하고 생명의 흐름이 충만하게 될 수 있도록 기도해야 합니다.

개념이 아닌 실제적인 기독교, 실제적인 주님을 경험하고 그분 앞에 가까이 나아가는 것은 이 세상에서 가장 아름답고 놀라운 일입니다. 그러므로 이를 위해서 그 어떠한 대가도 지불해야 하는 것입니다.

영의 깨어남에는 많은 어려움이 있지만 그래도 우리는 깨어나고 분별해야 합니다. 그 때 우리는 실제적인 천국의 확장자가 될 수 있을 것입니다. 할렐루야.

30. 민감한 영의 사람은 영을 잘 관리해야 합니다

어린아이들은 영이 민감하고 약합니다. 그러므로 영의 접촉에 많은 주의가 필요합니다.
영이 민감하고 약하다는 것은 영의 흡수성이 뛰어나다는 의미도 됩니다. 즉 영이 민감한 어린아이들은 그들이 접촉하는 모든 것들을 쉽게 속으로 받아들입니다.
그러므로 어린아이가 좋지 않은 영들이 있는 곳에 가게 된다면 이는 아주 큰 영향을 받을 수 있습니다.
예를 들어 병원의 중환자실이나 장례식장 같은 곳에는 어두움의 영들이 많이 돌아다닙니다. 환자들이 가지고 있는 질병이나 악한 파동을 통해서, 그리고 유족들의 고통이나 절망의 에너지를 통해서 악한 영들이 많이 찾아오게 됩니다.
그러므로 그러한 곳에 영이 예민한 어린이가 있게 되면 악한 영들이 어린이에게 들어올 수 있는 것입니다.

어린아이들이 어릴 때부터 사악한 기운이 나오는 컴퓨터 게임에 몰두하도록 내버려두는 것은 어린아이의 영혼을 마귀에게 넘기는 것이나 마찬가지입니다.
나는 컴퓨터 게임에 대해서 거의 해본 적이 없고 잘 모르는 편입니다. 우연히 널리 알려지고 많은 사람들이 즐기고 있는 유명한 컴퓨터 게임 프로그램을 본 적이 있는데 얼마나 괴기스럽고 악한 기운이 흘러나오는지 깜짝 놀란 적이 있었습니다. 더욱 놀라운 것은 어린이들도 이 게임을 많이 즐기고 있다는 사실이었습니다. 이러한 악한 영의 힘이 흘러나오는 게임을 어린이들이 접한다면 그 어린이들의 영혼이 얼마나 사악하고 비참해질지는 너무나 뻔한 일이었습니다. 그것은 정말 비극적인 일입니다.

할 수 있는 한 어린아이들은 이러한 사악한 기운이 흐르는 것과 분리되어야 합니다. 어린이들은 은혜와 사랑과 기쁨이 넘치는 그러한 영적 공간에서 자라가야 합니다.

그렇지 않고 어린 시절에 악한 영들이 역사할 수 있는 분위기에서 자라면 어두움의 기질이 그 안에 형성되게 됩니다. 그것은 어린이의 평생의 삶을 좌우할 수 있는 것입니다. 이런 면에서 볼 때 지금 이 시대는 어린이들의 영혼을 해롭게 하고 파괴하는 영들이 너무나 많은 시대입니다. 그것은 너무나 안타까운 일입니다.

어린이와 같이 영의 흡수성이 뛰어난 사람들이 있습니다. 대체로 여성이나 노약자들, 병중에 있는 이들은 영이 예민합니다. 누구나 몸이 아프거나 힘이 들 때는 사소한 말에 상처를 받은 경험을 가지고 있을 것입니다. 그렇게 약해있을 때는 영에 대한 흡수성이 뛰어나게 되기 때문입니다.

그러한 때는 상처를 받기도 쉽게 은혜를 받기도 쉽습니다. 상처란 외부에서 악한 기운이 들어오는 것을 받아들이는 것이며 은혜란 하늘에서, 빛의 세계에서 오는 아름다운 기운과 은총을 받아들이는 것입니다.

영이 약하고 민감한 상태에 있을 때는 주위에 악한 사람이 있으면 상처를 받게 되며 주위에 풍성한 영을 가지고 있는 이들이 있을 때나 은혜로운 집회에 참석하게 되면 풍성한 은혜를 흡수하게 됩니다.

그러므로 어린아이가 그 민감성 때문에 영의 접촉을 조심해야 하는 것과 같이 영이 예민한 상태에서는 영의 접촉을 조심해야 합니다.

상대의 영이 좋지 않은 사람이라면 몸이 아프고 좋지 않을 때는 만나서는 안 됩니다. 그때는 상대의 안에 있는 온갖 나쁜 기운을 받아들이게 되기 때문입니다.

대체로 지적인 부분과 영성적인 부분은 서로 상대적인 측면이 있습니다. 어린아이는 지적이고 논리적인 부분이 아직 발달되어 있지 않습니다. 그렇기 때문에 아무 것이나 다 믿고 받아들이며 영의 흡수성이 뛰어난 것입니다.

이와 같이 기질적으로 지적인 면보다 정서적인 측면이 강한 사람은 영적으로도 예민합니다. 영의 세계는 논리의 세계와 반대적인 측면이 있기 때문입니다.

그러므로 어린아이들이 자라면서 머리와 이성이 발달하게 될 때 영의 흡수성이 차츰 떨어지게 됩니다. 그런 면에서 논리적

2부 영적 전쟁의 원리들

인 기질은 그것이 장점이 되기도 하고 단점이 되기도 합니다. 장점이 되는 측면은 논리적인 이들은 대체로 영의 감각이 둔하고 굳어있기 때문에 흡수성이 떨어져서 잘 빠지지 않는다는 것입니다. 그러므로 은혜 받기도 어렵지만 악한 영이나 다른 사람의 이야기에 잘 넘어가지 않고 속지 않습니다.

영을 조화롭게 훈련시킨 사람은 어느 때 영을 열어서 흡수성을 강화시킬지 어느 때 영을 닫아서 흡수성을 약화시킬지를 분별하고 시행할 수 있습니다. 그러므로 아름다운 영이 흐르고 있을 때는 영을 열어서 그 영을 받아들여 은혜의 세계에 동참하며 좋지 않은 영이 움직이고 있는 곳에서는 영을 긴장시키고 영의 문을 닫아서 그 악한 기운이 들어오지 못하도록 방어하게 됩니다.
이러한 영의 운용은 그리스도인들이 성장하는 과정에서 반드시 훈련되고 경험되어져야 합니다. 그래야 거친 사람이든 부드러운 사람이든 어떤 사람이든 상대할 수 있으며 어떠한 영적 분위기에도 적응할 수 있는 것입니다.

어린아이와 같은 사람, 심령이 여리고 약한 사람들은 자신의 영을 잘 관리해야 합니다. 그리고 영을 강하게 훈련해야 합니다. 대체로 이렇게 영이 예민하고 약한 사람들은 가슴에는 영적 에너지가 많지만 머리에나 배에는 영적 에너지가 부족하기 때문에 배 기도와 눈 기도 등을 통해서 영을 강건하게 해야 합니다. 그렇지 않으면 항상 어디를 가서나 나쁜 영의 영향력에 시달리게 되기 때문입니다.

어린이들은 영이 예민하고 약하지만 나이가 들면서 차츰 영이 강해집니다. 하지만 기질적으로 평생 동안 영이 약하고 예민한 사람들이 있습니다. 이들은 영매체질이라고 할 수 있습니다.
이들은 영의 세계를 쉽게 느낍니다. 다른 사람이 아프면 자신도 그 부위가 아픈 것이 느껴집니다. 다른 사람이 화가 나 있으면 마음이 불안해져서 몹시 고통을 느낍니다. 이들은 다른 사람의 아픈 증상이나 마음이 힘든 것이 그들에게 그대로 전달되는 경험을 많이 가지고 있습니다.

이것은 일종의 은사적인 체질이라고도 할 수 있습니다.
하지만 이러한 기질이 꼭 좋다고 할 수 있는 것은 아닙니다. 이러한 체질을 가지고 있는 사람이 주님께 붙들려서 은혜를 받게 되면 그것은 좋은 일이지만 주님의 복음과 접하지 못할 경우에 악한 영들이 붙어서 무당이 되는 수도 있기 때문입니다. 이런 이들은 흔히 신기가 많다고 이야기합니다.
이렇게 체질적으로 영이 예민한 사람과 기도와 영의 훈련을 통해서 영이 예민해지는 것은 다른 것입니다. 그것은 큰 차이가 있습니다.
체질적으로 영이 예민한 사람은 다른 사람의 영적 어두움을 흡수하게 됩니다. 하지만 흡수만 할 뿐이지 그 악하고 어두운 기운을 기도와 능력으로 정화시키지는 못합니다.

그러므로 그들은 남의 고통을 짊어지고 살게 됩니다. 대체로 은사자로 알려진 분들이 이렇게 고생을 하는 이들이 많은데 섣불리 정화의 능력이 없이 많은 이들을 도와주고 기도해주고 하는 이들은 나중에 자기가 받은 어두운 기운의 분량이 차면 중병에 걸릴 수도 있으니 조심해야 합니다.

기도와 훈련을 통해서 영이 밝아지고 예민해진 사람은 다른 이들의 영적 어두움을 발견할 뿐 아니라 그것을 정화시킬 수 있는 힘을 가지고 있습니다.

이들은 주님의 능력과 영광과 임재를 경험하고 알고 있기 때문에 어두움의 기운을 받았을 때에 그 주님의 빛으로 자기 안에 들어온 어두움을 소멸시킵니다. 이것이 체질적으로 영매적인 사람과 기도와 훈련을 통해서 변화된 사람의 차이입니다.

체질적으로 영매적인 사람은 특히 마음과 의식을 밝게 훈련하는 것이 필요합니다. 항상 감사하고 기뻐하며 모든 것을 긍정적으로 생각하며 주님을 예배하는 자세로 살아가야 합니다. 그렇게 체질이 바뀌게 되면 그는 빛의 영계와만 교통하게 됩니다. 그러나 영매적인 사람이 우울한 성품을 가지고 있으면 마귀 밥이 되기에 딱 좋은 것입니다.

영이 민감해지고 분별력과 느낌이 예민한 것은 좋은 것입니다. 그러나 거기에서 머물러 있어서는 안 되며 그 민감성에 영의 강건함과 밝음이 첨가되어야 합니다. 그래야만 나쁜 영의 기운에 노출되지 않을 수 있습니다.
당신이 만약 영이 민감한 체질이라면 당신은 영의 관리를 잘 해야 합니다. 악한 영들이 좋아하는 곳에 가지 말아야 하며 영화나 비디오와 같이 여러 혼란스러운 영들이 나올 수 있는 것을 피해야 합니다.

당신은 영을 강화시키는 훈련을 해야 합니다.
부르짖는 기도와 발성기도, 방언기도, 배기도 등을 통해서 영을 강건하게 해야 합니다.
또한 항상 밝은 마음과 의식을 가지는 훈련을 함으로써 어둠의 영이 아닌 빛의 영, 하나님의 영만이 당신에게 임하도록 해야 합니다.
부디 자신의 체질을 잘 관리하시고 발전시키기를 바랍니다.
관리만 잘 할 수 있다면 민감한 영의 소유자는 다른 이들이 상상하기도 어려운 아름답고 풍성한 천국의 세계를 맛보고 누릴 수 있게 될 것입니다.

31. 악한 영들의 활동과 잠복

악한 영들은 사람들이 알지 못하는 사이에 살며시 사람들의 안에 들어와 거주합니다.
그러나 악한 영들은 사람들의 안에 들어있다고 해서 항상 활동을 하는 것은 아닙니다. 이 자연계에는 모든 것이 각자의 독특한 주기를 가지고 있습니다. 밀물 때가 있고 썰물 때가 있습니다. 낮이 있고 밤이 있습니다. 활동기가 있고 휴식기가 있습니다.

어떤 사람이 분노의 영을 가지고 있다고 해서 항상 화를 내는 것이 아닙니다. 주기적으로 화를 냅니다. 항상 화를 낸다면 그 사람은 살 수 없습니다. 너무나 많은 에너지가 필요하기 때문입니다. 그래서 일주일 주기로 화를 내는 사람도 있고 3일 주기로 화를 내는 사람도 있습니다. 그것은 각자가 다릅니다.
음란한 영을 가지고 있다고 해서 항상 더러운 마음에 사로 잡혀 있는 것은 아닙니다. 주기에 따라서 더러움에 대한 회의가 일시적으로 일어나기도 합니다. 그것은 음란한 영의 잠복기입니다. 하지만 그 때가 조금 지나면 다시 더러운 생각들이 서서히 올라오게 됩니다.
이것은 자연에서 볼 수 있는 모든 주기와 흐름과 비슷한 것입니다. 아침에 해가 뜨고 오전에는 햇볕이 약하다가 정오가 되면 가장 뜨겁고 오후 늦게 서서히 약해지다가 황혼이 되면 해가 뉘엿뉘엿 산 위로 넘어가듯이 영들의 주기도 대부분 이와 같은 형태를 가지고 있습니다.

분노의 영이든 쇼핑의 영이든 처음에는 비교적 약한 힘으로 시작합니다. 그러다가 주기가 서서히 올라가며 나중에는 아주 강한 힘이 됩니다. 이때는 그 영의 활동이 정점에 올라왔기 때문에 그 영의 활동력이 아주 강합니다. 분노의 영일 경우에 그 정점에 이르면 아주 사소한 일에 폭발하게 됩니다.

사소한 일에 분노를 참지 못하며 상대방을 죽이고 싶어 할 정도로 미워하게 되고 복수심에 사로잡힙니다. 음란의 영 같으면 도저히 견디지를 못하고 범죄를 저지르고 싶은 상태까지 됩니다. 쇼핑의 영이든 외로움의 영이든 이때는 아주 극단적으로 충동을 일으키고 고통을 줍니다.

이때는 그 영의 활동이 표면적인 행동으로 나타날 때가 많습니다. 그러다가 그 강한 주기의 시간이 지납니다. 분노하는 자는 화를 터뜨리고 도박의 영에 잡힌 자는 돈을 탕진합니다. 술에 잡힌 자는 이 주기에 고주망태가 됩니다. 외로움의 영에 잡힌 이들은 낙담하며 슬픔의 시를 쓰며 한참 웁니다.

그 주기가 지나면 그 영의 침체기가 옵니다. 분노한 사람은 왜 내가 화를 냈나 생각하며 자책하고 절망합니다. 쇼핑을 한 사람은 왜 내가 필요 없는 물건을 샀는가 하며 후회합니다. 술에 빠졌던 사람은 왜 내가 또 술을 마셨을까 하며 후회를 합니다. 우울한 사람도 내가 지난밤에 왜 그랬지 하고 생각하게 됩니다.

그리고 나면 한 동안은 그러한 행동을 하지 않게 됩니다.

그러므로 사람이 변화를 원할 때에는 그 영의 활동기를 피해야 합니다. 그 힘이 정점에 이르는 활동기에는 그 영의 힘이 아주 강할 때이기 때문에 싸워서 이기기가 힘들고 변화되기가 어렵기 때문입니다.

그러므로 잠복기의 상태가 되어 그 영의 힘이 약해졌을 때 전쟁과 변화를 시도하는 것이 좋습니다. 그 때는 그 영의 힘이 약해져있기 때문에 다른 것을 시도해도 잘 저항하지 못합니다. 그것은 잠자고 있는 사자가 잘 싸우지 못하는 것과 같습니다.

예를 들어 분노하는 영에 잡혀서 강하게 폭발하는 사람에게 그 화를 진정시키려고 하면 안 됩니다. 조금 시간이 지나서 그 화의 기운이 사라지고 잠복기가 되었을 때 조용히 다가가서 분노란 좋지 않은 것임을 차분하게 설명해야 합니다.

강한 폭발이 있은 후에는 한동안 잠복기에 들어가기 때문에 이때는 분노의 영에게 그다지 공격받지 않습니다. 그러므로 이때는 비교적 안전합니다.

이렇게 주기적으로 폭발하는 것은 환경의 문제가 아니고 에너지의 문제이며 그 영의 내적인 특성인 것을 알아야 합니다.

악한 영들은 에너지를 먹고살기 때문에 분노의 영들은 사람들이 분노를 폭발시켜야 만이 그 분노의 에너지를 먹고 살 수 있습니다. 그래서 강한 폭발을 하면 이제 한동안은 먹을 것을 염려하지 않아도 되기 때문에 속으로 숨어 들어가 잠잠해지는 것입니다.

그 원리는 음란한 영이나 우울한 영이나 미워하는 영이나 다 마찬가지입니다. 그들은 배부르게 먹고 나면 한동안 잠복기를 가지고 쉽니다.

그 영들은 사람들이 자신들이 좋아하는 행동을 할 때 에너지를 얻고 만족이 되는 것입니다.

그러므로 분노나 미움이나 험담이나 불평이나.. 이러한 행위들은 그들의 안에 있는 악한 영들을 먹여 살리는 행위입니다. 사람들은 음란하고 더러운 이야기를 하면서 자신이 즐긴다고 생각하지만 사실 자신은 악한 영들을 만족시켜주고 먹여 살리고 있는 것에 불과한 것입니다. 남들에게 짜증을 내는 것도, 원망을 하는 것도, 잘난 척을 하거나 남을 비판하는 것도 사실은 그들의 안에 있는 악한 영들을 즐겁게 하고 에너지를 공급해 주며 먹여 살리고 있는 것입니다.

그러므로 그러한 좋지 않은 습관을 가지고 있는 이들이 다시는 그러한 행동을 하지 않겠다고 결심하고 또 결심해도 하지 못하는 것은 그의 안에 있는 영들이 밥을 달라고 미친 듯이 조르기 때문입니다.

2부 영적 전쟁의 원리들

영적 전쟁을 이해하지 못하는 대다수의 사람들은 이러한 경우 영들의 요구를 분별하지 못하고 그대로 들어줄 것입니다. 그들이 요구하는 악한 행동을 하는 것입니다. 비만의 영인 경우에 필요하지 않은 음식을 달라고 사정을 하는데 한 동안은 그들의 요구를 거절하다가는 결국은 견디지 못하고 그들에게 음식을 주는 것입니다.

그들은 다시는 그러나 음란한 언행이라든지 악에 속한 일을 하지 않겠다고 결심하지만 속에서 그러한 충동이 끝없이 일어나게 될 때 그것을 이기고 감당하기 어렵습니다. 그들은 그러한 충동의 근원이 누구인지 모르기 때문입니다.

이런 식으로 사람들은 자기 안에서 역사하고 있는 영들에게 에너지를 공급해주는데 분명한 사실은 그런 식으로 에너지를 공급해주는 한 악한 영들은 다른 곳으로 나가지 않는다는 사실입니다.

그러므로 영의 정체를 잘 알지 못하고 영의 활동원리를 이해하지 못하는 이들은 많은 결심을 해도 잘 변화되지 않으며 알지 못하는 악한 영들에 속아서 어둡고 노예와 같은 삶을 살게 되는 것입니다.

복음을 전하는 데에도 악한 영들의 활동과 잠복의 원리는 영향을 끼칩니다. 악한 영들이 강력하게 활동해서 복음이 전혀 먹혀 들어가지 않을 때가 있고 악한 영들이 잠복기에 들어가 삶이 허무해지고 뭔가 의지하고 싶은 때가 있습니다.

그러므로 그러한 시기와 영을 잘 분별할 수 있어야 합니다. 그래야 유능한 복음사역자가 될 수 있습니다. 무조건 억지로 때를 가리지 않고 복음을 전하는 것은 좋은 것이 아닙니다. 상대방의 영적 상태와 영적 흡수성의 상태와 때를 잘 감지할 수 있는 사역자가 좋은 열매를 맺을 수 있는 것입니다.

그러한 때와 영의 분별은 어떤 이들에게는 아주 어렵게 보일 것입니다. 그것은 지적인 것이 아니기 때문입니다.

하지만 영의 감각이 열리고 깨어나게 되면 그러한 것을 느끼고 감지하고 그렇게 인도를 받는 것은 그리 어려운 것이 아닙니다. 중요한 것은 영의 감각이 깨어나는 것입니다.

집회에서 은혜를 받고 결단한 사람들은 다시는 옛 행실과 악한 습관으로 돌아가지 않으려고 결심합니다. 그리고 그 때는 정말 그렇게 살 수 있을 것 같은 느낌이 듭니다.

하지만 며칠이 지나면 다시 그 행실로 돌아가게 되는데 그 이유도 같은 것입니다. 그것은 악한 영들이 나간 것이 아니라 속으로 숨어버렸기 때문입니다. 상황이 불리하니까 잠재되어 버린 것이지요.

그렇게 악한 영의 잠복기가 시작된 것입니다.

그들은 상황이 안 좋아지면 바로 나가는 것이 아니라 상황이 좋아질 때까지 숨어버리곤 합니다.

그렇기 때문에 조금 지나서 활동을 할 만 하면 악한 영들은 다시 돌아와서 옛 습관을 자극하게 됩니다.

이때는 집회에서의 흥분도 열기도 없고 감동적인 찬양이나 악기, 인도자의 멘트도 없으며 누가 도와주는 사람도 없기 때문에 그는 다시 옛 생활로 돌아가게 됩니다.

이런 일을 반복하게 되면 사람들은 좌절하게 됩니다. 아무리 결심을 해도 소용이 없다고 생각하게 됩니다. 자신감을 상실하게 되는 것입니다.

하지만 그것은 자신의 대적이 누구인지를 정확하게 알지 못하고 있기 때문입니다. 우리에게 부족한 것은 힘이 아니고 지식입니다. 눈을 감고 싸우는 사람은 아주 작은 어린아이도 이길 수 없습니다. 조그만 어린아이가 뒤에서 돌을 던져도 눈이 보이지 않는 덩치가 큰 어른은 돌에 얻어맞고 울 수밖에 없는 것입니다.

우리는 영들의 정체와 활동에 대해서 분명히 알고 이해해야 합니다. 그들의 움직임과 특성에 대해서 알고 있어야 합니다. 단순히 어떤 증상이 있을 때 그것을 억누르기만 해서는 안 됩니다. 그들의 정체를 분명하게 알고 대적해야 합니다.

또한 그 증상이나 충동이 약해졌다고 해서 안심을 해서는 안 됩니다. 그들이 근본적으로 나간 것인지 아니면 속에 잠재되어서 숨어버린 것인지 분별해야 합니다. 속에 숨어버린 놈들을 끝까지 추적해서 끄집어내어 쫓아내야 하는 것입니다.

오늘날 많은 그리스도인들은 일시적으로 감정적으로 흥분하고 기분이 좋고 즐거울 때만 주님을 좇습니다. 그리고 이러한 수준에서는 악한 영들은 완전히 나가지 않습니다. 주님 자신보다 즐거움을 찾는 사람들에게 악한 영들은 완전히 나가지 않고 살짝 숨어 있다가 나중에 그 사람에게 다시 즐거움을 선사합니다. 그러면 그는 다시 타협을 하고 악한 영에게 굴복하게 됩니다.

진정 목숨보다 주를 더 사랑하며 어떤 즐거움보다도 거룩함과 순결과 아름다움을 추구하고 사랑할 때 악한 영들은 비로소 그 곳이 자기가 있을 곳이 아닌 것을 알게 됩니다.

죄를 증오하고 죄가 가져다주는 쾌락을 거절할 때 악한 영들은 슬피 울며 떠나게 됩니다. 그 곳에 아무리 오래 있으면서 버텨봤자 아무 먹을 것을 주지 않는다는 사실을 알게 될 때 그들은 사라지게 됩니다.

악한 영들은 주기를 따라 움직입니다. 우리는 그 흐름을 이해해야 합니다. 우리의 영성도 주기가 있습니다. 성령으로 충만할 때도 있고 영적 에너지가 떨어져 있을 때도 있습니다.

그러나 진정 주를 사랑하며 주님께 속한 그리스도인들은 이 주기를 초월해야 합니다. 기쁠 때나 슬플 때나 즐거울 때나 힘들 때나 아플 때나 건강할 때나 외로울 때나 행복할 때나 언제 어떤 상황에서든지 주를 사랑하고 사모해야 합니다.

그렇게 온전하게 주기를 초월하여 주를 사랑할 수 있을 때 우리는 악한 영들의 주기적인 공격에서도 벗어나고 승리할 수 있게 될 것입니다. 할렐루야.

32. 악한 영을 쫓아내는 것과 결박하는 것은 다릅니다

악한 영들을 쫓아내는 것과 결박하는 것은 다른 것입니다. 축귀 사역은 악한 영을 쫓아내는 사역이고 결박하는 것은 쫓아내는 것이 아니라 일시적으로 그들의 힘을 묶어놓는 것입니다.

악한 영들은 인격적인 존재입니다. 그들이 어떤 사람의 속에 들어와서 활동하고 있는 것은 비록 속아서이기는 하지만 그 사람이 그 악한 영이 활동할 수 있도록 문을 열어놓고 초청했기 때문입니다.

그렇기 때문에 악한 영을 쫓아내기 위해서는 그 사람의 동의가 필요합니다. 즉 본인이 악한 영을 자기 안에서 몰아내기를 간절하게 원해야만 하는 것입니다.

아무리 강한 능력자가 와서 그 사람의 안에 있는 악한 영들을 쫓아낸다고 하여도 본인이 다른 마음을 가지고 있으면 아무 소용이 없습니다. 본인이 죄를 좋아하며 악한 영들이 가져다 주는 즐거움을 사랑하고 있으면 악한 영들은 곧 다시 들어오며 그것은 누구도 대신 쫓아줄 수 없는 것입니다.

영적 세계를 이해하는 그리스도인들은 그러한 악한 영들의 존재를 알고 있으며 그들을 쫓아내고 자유롭고 거룩한 삶을 살기 원합니다. 그러나 불신자들, 그러한 악한 영들이 존재하는 것을 알지도 못하는 이들은 악한 영을 대적하거나 쫓아낼 생각을 할 리가 만무합니다. 그러므로 그들은 악한 영들로부터 벗어날 수가 없는 것입니다.

그런데 우리 주변에 그러한 사람이 있을 때 그것은 참 문제입니다. 그 사람이 가지고 있는 악한 영들의 기운 때문에 우리는 참으로 피곤해집니다. 우리는 업무상이나 다른 여러 이유 때문에 그들을 만나고 접해야 합니다. 그들은 악한 기운을 가지고 있으며 그것은 우리의 영혼을 답답하게 합니다.

자, 이럴 때 우리는 어떻게 해야 할까요? 상대방은 악한 영이 무엇인지 모르며 그러한 기운이 자기의 안에 있다는 것을 알지 못하니 그것을 쫓아낼 생각을 하지 않을 것입니다. 그렇다고 우리가 그들에게 가서 '자, 당신의 안에 있는 귀신을 쫓아내어도 되겠습니까?' 하고 물어볼 수도 없는 것입니다. 그래서는 미친 사람 취급을 받겠지요.

바로 그럴 때에 할 수 있는 것이 악한 영을 결박하는 기도입니다. 결박은 그 사람의 안에 있는 악한 영을 쫓아내는 것이 아닙니다. 그것은 본인이 원하지 않기 때문에 근본적으로 불가능합니다.

결박은 일시적으로 그 사람의 속에 있는 악한 영의 세력을 묶어놓는 것입니다. 그렇게 하면 일시적으로 그 영들은 움직일 수 없습니다. 왜냐하면 우리는 예수 이름의 권세를 가지고 있으며 그 권세를 사용할 수 있기 때문입니다. 어떤 직장에서 근무하는 여직원이 있었습니다. 그녀는 마음이 아주 약한 사람이었는데 날마다 일정한 시간에 오는 단골손님으로 인하여 항상 마음이 조마조마하였습니다.

그 손님은 항상 입이 거칠고 사납고 욕을 담고 살았기 때문입니다. 하지만 그 손님은 비중이 있는 단골손님이라 함부로 대할 수도 없었습니다. 그래서 이 여직원은 그 손님이 오는 시간이 되면 등에 식은땀을 흘리곤 하였습니다.

어느 날 이 여직원은 결박하는 기도에 대해서 배우게 되었습니다. 그 기도가 일시적으로 악한 영들의 활동을 잠잠하게 한다는 것을 그녀는 알게 되었습니다. 그래서 그녀는 이 거친 손님에게 이 기도를 사용해보기로 마음을 먹었습니다.

드디어 그 시간이 되어 단골손님이 왔습니다. 이 손님은 들어오는 순간부터 욕설과 불평을 퍼부으며 들어왔습니다.

여직원은 순간 가슴이 두근거렸지만 잠시 화장실에 가는 척하고 조용히 자리에서 일어났습니다.

그녀는 사람이 안 보이는 구석에 가서 조용하게 결박하는 기도를 하였습니다.

"저 사람의 입에서 지금 역사하고 있는 악한 영들아. 욕설과 험담과 불평의 귀신아. 내가 예수 이름으로 너를 결박한다. 지금 당장 잠잠할 지어다."

그녀는 조그마한 목소리로 이것을 두세 번 반복했습니다. 그녀의 목소리는 아주 작았기 때문에 이 소리는 아무에게도 들리지 않았습니다. 하지만 그것은 악령에게는 영향을 주었습니다. 그들은 영적인 존재이기 때문입니다.

갑자기 그 사나이는 말을 멈추었습니다. 그리고는 주위를 두리번거렸습니다. 그는 당황한 듯 말을 멈추었습니다. 그리고 풀이 죽은 상태가 되어버렸습니다. 그는 순한 양이 되어서 조용히 업무를 보고는 사라져갔습니다.

여직원은 놀랐습니다. 그녀는 그냥 실험적으로 한번 해본 것이었지만 이렇게 즉시로 효과가 있을 줄은 몰랐던 것입니다.

확실히 결박하는 기도는 효과가 있습니다. 물론 성령의 역사를 어느 정도 경험하고 발성기도를 훈련한 이들에게는 더욱 더 확실한 역사를 경험할 수 있을 것입니다.

지금은 하늘나라에 가셨지만, 나의 아버지는 성격이 몹시 강한 분이셨습니다. 그는 세상사의 여러 가지 일이나 가족의 문제로 분노를 폭발할 때가 많았습니다.

결혼 전에도 그러한 아버지의 분노를 자주 접하곤 했지만 결혼 후에는 명절에 온 가족이 모이게 되면 그러한 그의 성품 때문에 나는 걱정이 되곤 하였습니다.

나는 가족 모임이 있기 전에 그에게 역사하는 분노와 폭발하는 영을 결박하곤 하였습니다. 그리고 나서 모이게 되면 그 날은 아주 편안하고 좋은 분위기가 되는 것을 많이 경험하였습니다. 그러나 어쩌다 미리 결박하는 기도를 드리는 것을 잊어버리곤 했는데 그러한 날은 어김없이 분위기가 아주 살벌해지는 것이었습니다. 이러한 경험이 반복되면서 나는 결박하는 기도가 아주 실제적인 기도인 것을 확인할 수 있었습니다.

나의 집회에서 이러한 부분에 대해서 듣고 감동을 받은 전도사가 있었습니다. 그는 길에서 우연히 어떤 두 여인이 싸우는 것을 발견하였습니다.

두 여인이 서로 소리를 지르면서 싸우는 것을 보고 전도사는 한 번 결박하는 기도를 사용해보고 싶은 마음이 들었습니다. 그래서 그는 그 여인들이 싸우는 곳에서 조금 떨어진 곳에서 조용히 중얼거렸습니다.

"저 여인들에게서 역사하는 혈기와 분노의 영들아. 내가 예수의 이름으로 너희를 결박한다. 예수의 이름으로 잠잠해지거라!"

그는 별 다른 일이 생기리라고는 생각하지 않았습니다. 그런데 그만 깜짝 놀랄 일이 생겼습니다. 그만 한 여인이 그 자리에서 쓰러져버린 것입니다. 그는 너무 놀라서 나에게 이 이야기를 해주었습니다.

모든 결박기도가 그 즉시로 이루어지는 것은 아닙니다. 그것은 기도하는 사람의 영력이나 믿음, 지식의 수준, 또한 그 대상의 영적 상태 등 여러 요인이 작용할 것입니다. 그러나 이 기도는 분명한 힘을 발휘합니다. 나는 이 기도를 사용한 후에 그 결과에 대해서 놀랐던 이들의 고백을 여러 번 들었습니다.

우리가 가지고 있는 그리스도의 이름과 권세를 바르게 사용하게 된다면 아마 우리는 날마다 놀라야 할 것입니다.
이 결박하는 기도는 일시적이기는 하지만 마귀의 세력을 무력화시킵니다. 이 기도는 특히 어떤 대상의 구원을 위하여 중보기도를 할 때나 믿지 않는 어떤 이를 위해서 기도할 때에도 효과를 발휘합니다.
뒤의 9부에서 다루겠지만, 사람들이 복음을 잘 받아들이지 않는 것도 악한 영이 그 마음을 닫게 해서 방해하는 경우가 많습니다.
그러므로 결박하는 기도를 통해서 그들의 방해를 제압해버리면 상대방이 마음을 열고 복음을 받아들이는 경우가 많이 있는 것입니다.
또한 여러 가지의 이유로 우리를 괴롭히는 사람들의 배후에는 악한 영들의 장난이 있는 경우가 많이 있습니다. 그러한 경우에 우리가 기도로써 그들의 배후에 있는 영들을 결박할 때 우리는 그러한 괴롭힘이나 억압에서 벗어날 수 있게 됩니다.

이러한 것이 결박기도의 효과입니다.
우리는 마귀를 쫓아낼 수 있으며 또한 그의 세력을 결박할 수 있습니다. 우리는 그 권세를 가지고 있습니다.
예수를 모르는 이들은 이 땅에서 많은 악한 일들을 합니다. 우리는 그들의 배후에 있는 악한 영들을 주의 이름으로 결박하여 무력하게 만들 수 있습니다. 그것은 우리의 의무이며 사역입니다. 우리가 이 놀라운 이름의 권세를 사용하게 될 때 우리는 좀 더 승리하는 삶을 살 수 있게 될 것입니다. 그리고 마귀의 세력을 좀 더 약화시킬 수 있을 것입니다.

오늘날 악한 영들은 정치, 경제, 교육, 문화.. 등의 모든 면에서 움직이고 역사합니다. 만약 깨어있는 그리스도인들이 그들의 세력을 결박하기 시작한다면 우리는 세상의 변화를 보게 될 것입니다.

마귀의 힘은 약해지며 마귀에게 속한 자들은 연약해지며 주님께 속한 사람들은 강건해지고 더 많이 일어나게 될 것입니다.

결박하는 기도는 아주 강력한 기도입니다. 당신도 이 기도를 사용해보시기를 바랍니다. 그렇게 할 때 당신도 강한 주의 용사가 될 수 있을 것입니다. 할렐루야.

33. 악한 영들은 시간이 지날수록 강해집니다

사람들은 흔히 생각하기를 강한 귀신과 약한 귀신이 있다고 여깁니다. 나는 어떤 분이 '저 사람에게 엄청 센 귀신이 붙었어'라고 말하는 것을 들었습니다.

하지만 그러한 인식은 정확한 것이 아닙니다. 악한 영들은 처음부터 강한 것이 아닙니다. 강하다, 약하다 하는 것은 상대적인 것입니다. 예를 들어서 바둑을 잘 두는 사람은 하수와 바둑을 둘 때 아주 잘 두는 것 같이 보이지만 자기보다 더 강한 사람을 만나면 아주 못 두는 것 같이 보입니다.

그와 같이 악한 영들도 상대에 따라서 강할 수도 있고 약할 수도 있습니다. 악한 영들은 어떤 사람 앞에서는 당당하며 어떤 사람 앞에서는 꼼짝도 하지 못합니다.

또한 자신이 살고 있는 사람의 성향과 상태에 따라 그들은 강해지기도 하고 약해지기도 하는 것입니다.

시간적인 면에서 언급하자면, 악한 영들은 어떤 사람에게 침입한 시간이 길어질수록 힘이 강해지며 그 사람에 대하여 강력한 지배력을 가지게 됩니다.

악한 영들이 사람의 안에 처음 들어왔을 때 그들은 그리 강한 존재가 아닙니다. 예를 들어서 설명하자면 처음부터 도박이나

2부 영적 전쟁의 원리들

술에 완전히 사로잡히는 경우는 드뭅니다. 어떤 사람이 처음부터 아주 강력한 도박의 영에 사로잡혔다고 할 수는 없습니다.

대체로 그러한 영들이 들어오는 것은 마음이 상하고 약하며 허전한 상태에 있었을 때입니다. 그러한 영들은 이렇게 사람의 마음이 상하고 위로가 필요한 상태에서 들어옵니다. 허전하고 비워진 마음은 악한 영들을 불러들이게 됩니다.

그래서 그러한 사람들은 술이나 도박과 같은 것으로 위안을 받습니다. 그러다가 조금 시간이 지나고 또 비슷하게 힘든 상황이 옵니다. 그러면 다시 그들은 술이나 도박으로 도피합니다.

이러한 과정이 오랫동안 반복되면서 그들의 안에 들어온 영들은 점점 강한 힘을 가지고 그 사람을 사로잡게 되는 것입니다. 그러므로 그 영들은 처음부터 아주 강력한 영이었던 것이 아니라 시간이 흐르면서 차츰 더 강해지고 그 사람을 사로잡게 되는 것입니다.

사실 남녀 간의 애정에도 이러한 어두움의 영들의 개입이 적지 않습니다. 그들은 처음에는 상대방에게 약간의 호감을 가집니다. 그것은 상대의 기운이 들어온 것입니다.

그러다가 시간이 지날수록 점점 더 상대방에게 빠지게 되고 그리워하게 됩니다. 이것은 그의 안에 들어온 그 영, 그 기운이 아주 강해진 것입니다.

그러한 상대방의 기운이 아주 강하게 어떤 사람을 붙잡고 있을 때 이 사람은 상사병에 걸릴 수도 있습니다. 그렇게 되면 이 사람은 자기의 힘으로 그러한 애정을 다스릴 수 없게 됩니다. 그것은 이미 그 애정의 영에게 잡혀있는 것입니다.

이러한 경우에 분명한 사실은 그 애정이 주님으로부터 오는 것이 아니라는 사실입니다. 청소년들이 쉽게 빠지는 스타들에 대한 애정이나 숭배도 그 안에 어두움의 영들이 많이 개입되어 있는 것이 보통입니다.

영이 어둡고 자존감이 부족하며 무기력한 사람일수록 이러한 상사병이나 짝사랑의 영에 쉽게 사로잡히게 됩니다. 그러한 이들은 영의 충만함과 강건함을 경험하게 될 때 비로소 상사병이나 짝사랑의 증상에서 벗어날 수 있습니다.

영들은 처음에는 항상 약한 존재로 다가오는 것입니다. 그들은 살며시 옵니다. 당당하게 입성하는 것이 아닙니다. 그것은 사람이 처음 만났을 때는 서로에 대해서 예의를 지키며 조심하는 것과 같습니다.

하지만 이 사람이 그 영에 대해서 마음을 열고 받아들일 때, 그리고 그 영이 주는 위안과 즐거움을 좋아할 때 그 영들은 점점 더 강력한 힘을 가지고 이 사람을 지배하게 됩니다.

어떤 살인의 영이나 분노의 영의 경우에 처음부터 그러한 강력한 존재로 자리를 잡는 것이 아닙니다. 처음에는 비교적 사소한 것에 대한 분노와 억울함이 있었을 것입니다. 그러나 그가 그러한 느낌을 회개하지 않고 내버려두며 점점 더 키워가고 있다면 나중에는 그 힘은 걷잡을 수 없이 강해지며 그는 그 영들에게 사로잡히게 됩니다.

가롯 유다의 경우에 그가 처음부터 예수님을 팔려는 생각을 하지는 않았을 것입니다. 그의 그러한 엄청난 행위를 할 수 있었던 마음은 그의 안에서 아마 오랫동안 형성이 되어왔을 것입니다.

전해오는 이야기에 따르면 가롯 유다는 항상 꾀를 부리고 주님의 말씀을 그대로 순종하지 않았다고 합니다. 나는 어릴 적 주일학교에 다닐 때 선생님으로부터 이런 이야기를 들은 적이 있습니다.

하루는 예수님께서 제자들에게 말씀을 듣기 전에 돌을 가져오라고 숙제를 내주었다고 합니다. 제자들은 각자 마음에 드는 돌을 하나씩 가지고 왔습니다. 베드로는 아주 큰 돌을 낑낑거리고 들고 왔다고 합니다.

그러나 평소에 약은 행동을 하던 가롯 유다는 무거운 돌을 가지고 오면 힘이 드니까 조그만 자갈을 가지고 주머니에 넣어 왔다고 합니다.

제자들이 다 모이자 예수님은 그 모든 돌들을 떡이 되도록 해서 그것을 먹게 했다고 합니다. 그러자 충직한 베드로는 큰 빵을 먹게 되어 아주 신이 났고 가롯 유다는 조그만 빵을 먹을 수밖에 없어서 화가 잔뜩 났는데 이런 일들이 자꾸 쌓여지면서 유다는 화가 나서 나중에는 예수님을 배반하게 되었다는 것입니다.

이 이야기가 실제로 전승에 기록이 되어있는 이야기인지, 지어낸 우화에 불과한지는 나는 모릅니다. 하지만 일단 재미있는 이야기입니다. 이 이야기가 사실인지 아닌지는 모르지만 이 이야기는 우리에게 교훈을 줍니다. 지금 작은 악의 씨앗을 그대로 방치하고 있을 때 그것은 하룻밤 자고 나면 점점 더 커지게 된다는 것입니다.

처음에 악은 아주 작은 서운함으로 시작되지만 나중에 그것은 점점 더 커져서 심한 증오감으로 발전할 수 있습니다. 가벼운 마음으로 시작한 약간의 탐닉이 나중에는 자신의 영혼을 사로잡는 무서운 중독으로까지 될 수 있습니다. 무엇이든 시작이 중요합니다.

악한 영들은 생명을 가지고 있으며 인격을 가지고 있습니다. 그 영들은 그들의 존재를 내버려두고 그들의 활동을 받아들이는 자들 안에서 날마다 점점 더 커지고 강해집니다.

나는 순종과 겸손을 가르치지 않아서 강력한 거스름의 영을 가지고 제멋대로 하며 통제가 되지 않는 아이들을 아주 많이 보았습니다. 그것은 부모가 영의 분별을 하지 못해서 자녀들의 안에 수많은 악령들이 자리 잡고 있어도 그대로 내버려두었기 때문입니다. 그 악한 영들은 이미 오랫동안 그 곳에서 살고 있었던 것입니다.

아이들이 어릴 적부터 순복을 배우지 않으면 고집과 반항의 영 뿐만 아니라 불안의 영, 공격성의 영 등 많은 악한 영들이 따라서 들어오게 됩니다.

어떤 보고에 의하면 하나의 암 덩어리가 발견되기 전에 이미 10년 전부터 최초의 암세포가 활동하기 시작한다고 합니다.

그것은 눈에 보이지 않지만 이미 오래 전부터 그 안에서 활동하고 있었으며 아주 강한 세력이 되었을 때 비로소 감지되었던 것입니다.

이와 마찬가지로 한번 들어온 악한 기운은 그것을 쫓아내지 않을 때 점점 더 강해집니다. 그것은 암세포와 같이 점점 더 커지고 자라 가는 것입니다.

그렇기 때문에 그리스도인들은 작은 악에 대해서도 조심하여 깨어있어야 합니다. 지금 사소한 악을 행하고 그것을 가벼이 넘기는 이들은 점점 더 악에 대하여 자라갈 것입니다.

남에게 잘못을 저지르고도 사과도 하지 않으며 반성도 하지 않는 이들은 악한 영의 세력으로부터 결코 안전하지 않습니다. 자신의 잘못을 인정하기 싫어하며 반성하기 싫어하는 사람들은 그의 안에서 점점 더 악한 영들의 세력이 커지는 것을 경험하게 될 것입니다.

우리는 악을 미워해야 합니다. 잘못을 했더라도 잠시 화를 냈더라도 밤에 잠자리에 들기 전에 그것을 처리해야 합니다. 반성을 하고 회개를 하고 사과를 하고 마음과 심령이 개운한 상태에서 잠자리에 들어야 합니다. 잠이 들기 전에 해결하지 않으면 그가 잠을 자는 동안 악한 기운의 힘은 증가될 것입니다.
영적 성장은 하루아침의 열심으로 이루어지는 것이 아닙니다. 한 두 번의 영적 체험으로 이루어지는 것이 아닙니다. 그것은 서서히 이루어집니다. 악한 영들의 힘도 하루아침에 커지는 것이 아닙니다. 그들도 매일의 악과 사소한 죄들을 용납하는 데서 서서히 강력해집니다.

우리는 날마다 주님께 가까이 나아가며 날마다 우리 안에 있는 악한 세력들을 정화시키고 소멸시켜야 합니다.
날마다 빛을 받아들이고 어두움을 버려야 합니다.
부디 당신의 안에 어두움이 있는 것을 내버려두지 마십시오.
당신의 안에 악이 있는 것을 알면서도 방치해두지 마십시오.
그것들은 언젠가 강력한 힘으로 당신에게 공격을 가할 것입니다.
꾸준히, 꾸준히 날마다 이 영적인 전쟁과 정화를 이루어 가십시오. 그렇게 계속적으로 사모하고 추구하며 나아갈 때 당신은 어느덧 해방과 자유함의 세계에 가까이 갈 수 있게 될 것입니다.

34. 영들의 자리잡음

영들은 처음에 들어와서 시간이 지날수록 그 사람의 안에 자리를 잡습니다. 영들이 들어와서 그 사람의 안에 잘 자리를 잡을 수 있느냐 없느냐 하는 것은 그 사람이 들어온 영들과 같은 성질을 가지고 있는가 아닌가에 달려 있습니다.

맨 처음에 그들은 주로 생각을 통해서 들어옵니다. 이 때 그 사람의 원래의 생각과 악한 영들이 가지고 있는 생각이 다르다면 그 사람은 고통을 느끼게 됩니다. 머리가 많이 무겁고 아프다든지 하는 여러 불편함을 느끼게 됩니다.

만약 그 사람의 안에 들어온 악한 영이 가지고 있는 생각이 더럽고 악한 것이라고 하더라도 그것이 원래의 그 사람의 성질과 비슷하다면 그 사람은 고통을 느끼지 않습니다. 오히려 즐거워할 수도 있습니다.

그러나 그 사람의 성질과 영의 성격이 서로 맞지 않아서 그 사람이 고통을 심하게 느낀다면 그 악한 영은 그 사람의 안에서 자리를 잡기 힘듭니다.

하지만 고통을 느낀다고 해서 그 영들이 자동적으로 빠져나가는 것은 아닙니다. 어느 정도 시간이 지나게 되면 사람은 그 고통에 익숙해집니다. 그래서 고통을 잊게 됩니다.

그러면 그 머리에 들어온 생각은 가슴으로 내려가게 됩니다. 그래서 심령에 영향을 주게 됩니다.

처음에 악한 영들의 생각이 머리에 들어오게 되면 머리가 많이 무겁고 아픕니다. 그러나 그것이 어느 정도 시간이 지난 후에 가슴까지 내려오게 되면 가슴이 답답해집니다.

처음에 머리에 악한 영들이 있을 때 대적하는 기도를 하면 머리가 일시적으로 시원해집니다. 통증이 사라지며 머리에 시원한 바람이 부는 것 같이 느껴집니다. 하지만 대적기도를 통해서 악한 영을 쫓아내지 않아서 가슴까지 내려가게 되면 이때는 대적기도를 하면 가슴에서 트림이 나오기도 합니다.

이것은 악한 영들이 좀 더 깊이 침투한 상태라고 할 수 있습니다. 이때는 머리가 아픈 것이 아니라 구역질이나 가래가 나오기도 합니다. 그래서 그러한 것들을 토하고 나면 가슴이 좀 더 시원해집니다.

하지만 가슴이 답답한 상태에서도 대적을 하지 않고 내버려두었을 때 나중에는 배속에 집을 짓게 됩니다. 그리하여 직접적으로 신체에 영향을 주게 됩니다. 질병을 만들기도 하고 몸을 아주 약하게 만들기도 합니다.

또 머리에서 가슴을 거쳐 배에까지 내려와 집을 짓게 되면 이제는 그 사람의 성품을 형성하게 됩니다. 사람이 화가 나게 되면 배속에서 무엇인가가 확 하고 치밀어 오르는 데 그것이 바로 악한 영이 올라오는 것입니다. 그것은 그 이전에 머리에서 가슴으로 그리고 배에서 자리를 잡은 영들입니다. 이제 배까지 내려오게 되면 그 영들은 그 사람을 사로잡게 됩니다.
그러므로 처음에 생각으로 들어왔을 때에 대적하여 내보내는 것이 중요합니다. 생각의 상태에 있었을 때 그것을 처리하지 않으면 그것이 가슴까지 내려가 감동이 됩니다. 나중에는 그 사람의 중심까지 흘러 들어가 그 사람의 중요한 욕구가 되며 본능이 됩니다.
사랑도 마찬가지입니다. 영화나 소설에는 첫 눈에 반했다는 이야기가 많지만 처음에는 대부분 머리에 하나의 생각, 인상으로 남는 것입니다. 상대방에 대해서 그저 좋은 인상을 가집니다.
그런데 그 기운이 가슴까지 내려오면 감정이 됩니다. 그리고 배까지 내려오면 욕망과 충동이 됩니다. 그런 식으로 생각과 영은 사람의 깊은 곳에 자리를 잡는 것입니다.

그러므로 악한 영들이 악한 생각을 통해서 처음 들어올 때 그것을 가만히 내버려두어서는 안 됩니다.
많은 이들이 그냥 지나쳐 버리지만 머리가 이유 없이 아플 때 악한 영들이 침투하는 경우일 때가 많이 있습니다. 이때에 사람들은 별 생각 없이 머리가 아프기 때문에 두통약을 먹거나 진통제를 먹습니다.
그것은 효과적이라고 할 수 없습니다. 진통제는 고통을 없애는 것이 아니라 고통을 느끼지 못하게 하는 것이기 때문입니다. 그러므로 그 두통이 자연적인 것이면 상관이 없겠지만 악한 영이 침입한 결과로 아픈 것이라면 약을 먹어서 본인이 그 통증을 느끼지 못한다고 해도 그러는 동안에 악한 영들은 그 사람의 안에 깊이 자리를 잡아버리게 됩니다.

그렇기 때문에 그리스도인들은 머리가 아프고 갑자기 통증이 왔을 때 약을 먹기 이전에 먼저 기도해야 합니다. 머리에 주님께서 빛을 비추어 주시기를 구해야 하며 일단 악한 영을 대적할 필요가 있습니다.

그렇게 대적을 해서 아무런 느낌이 없다면 그 때는 약을 먹어도 좋습니다. 그러나 대적하는 순간 시원한 느낌이 들거나 한다면 그것은 악한 영들의 장난이기 때문에 계속 대적해서 확실하게 물리쳐야 합니다.

또한 머리가 아플 때 함부로 잠을 자는 것도 좋지 않습니다.
그것은 경우에 따라 위험할 수 있습니다.
단순히 피곤하고 지쳤을 때는 잠을 자고 안식을 취함으로써 몸을 회복시키는 것이 좋을 것입니다.
하지만 악한 기운이 들어왔을 때는 안식을 취해서는 안 됩니다. 그가 쉬면서 잠을 자고 있을 때 악한 기운이 깊이 들어오기 때문입니다.
그러므로 악한 영이 침입한 것 같은 느낌이 있을 때에는 눈을 크게 뜨고 악한 영을 대적해야 합니다. 눈을 크게 뜨고 힘을 주고 긴장하고 있을 때는 악한 영들이 함부로 깊이 침투할 수 없습니다. 악한 영들은 우리가 긴장을 풀고 주의를 기울이지 않을 때만 살며시 움직일 수 있습니다.

우리는 휴식과 안식은 오직 주님 안에서만 아름답고 좋은 것이라는 사실을 기억해야 합니다. 우리가 전쟁 중에 있을 때 우리는 함부로 안식을 취해서는 안 됩니다.

나쁜 기운이 침투했다면 우리는 깨어 있어야 합니다. 그래서 정신을 차리고 악한 영을 대적해서 충분히 회복되고 맑아진 상태에서 잠을 자고 휴식을 취해야 합니다.

나는 사람을 보면 어떤 부분에 나쁜 기운이 들어와 있는지 아닌지를 어느 정도 감지할 수 있었습니다.

나는 어떤 자매가 머리에 어두움을 가득 가지고 있는 것을 보았습니다. 그런데 조금 후에 보니까 그녀가 머리가 어지럽고 힘이 들다고 자리에 누워있는 것을 보았습니다.

나는 그녀에게 주의를 주며 일으켜 세웠습니다. 지금 그 상태에서는 긴장을 하고 있어야 하며 결코 누워서 안식을 해서는 안 된다고 주의를 주었습니다.

그녀를 일어나게 하고 눈에 힘을 주고 바깥의 경치를 보면서 나쁜 기운이 바깥으로 나가도록 했습니다. 잠시 후에 그녀의 머리가 맑아졌기에 나는 이제 누워서 쉬어도 좋다고 말했습니다.

머리가 어지럽고 힘든 것이 다 악한 영의 침투라고 할 수는 없습니다. 어떤 경우에는 주의 영이 머리에 임해서 그의 생각을 치유하시고 정화하시는 과정에서 어지럽고 힘이 빠지는 경우도 있습니다.

그 때에는 조용히 누워서 쉬는 것이 좋습니다. 그 상태에서는 잠을 자더라도 영적으로 유익이 있습니다. 잠을 자고 안식을 마치고 일어나면 몸과 마음이 개운하며 이미 주님께서 많은 치유를 이루셨기 때문입니다.

그러면 어떻게 그 두 가지의 차이를 분별할 수 있을까요? 어떤 것이 주님이 주시는 어지러움이고 만지심인지 어떤 것이 악한 영이 주는 어지러움이며 침입인지 어떻게 분별할 수 있을까요?

그것은 영적 전쟁의 경험이 증가될수록 영적인 감각이 발전하게 되어 점점 더 선명하게 분별할 수 있게 될 것입니다.

일반적으로 주님께로부터 오는 것에는 날카로운 통증이 없습니다. 거기에는 비록 어지럽고 힘이 빠지는 일이 있더라도 마음은 아주 부드럽고 편안하고 자유롭게 됩니다.

아무튼 이러한 악한 영들의 침입과 자리 잡는 일들이 보편적으로 어디에서나 일어나는 일이라는 것을 이해할 필요가 있습니다.

사람들은 태어날 때부터 남을 미워하고 화를 내고 상처를 받고 불안에 잠기는 것이 아닙니다. 그 모든 것들이 이와 같이 악한 영들이 침입하고 자리를 잡은 결과로 나타나는 현상인 것입니다.

영적 전쟁에 익숙해질수록 그리스도인들은 악한 영들의 움직임에 대해서 이해하고 느끼게 될 것입니다. 그리하여 함부로 그들의 침입을 허용하지도 않을뿐더러 설사 방심으로 인하여 그들의 침투를 허용했다고 하더라도 곧 그들을 대적하여 쫓아낼 것입니다.

그러므로 그들이 침입하지 않도록 틈을 주지 마십시오.

항상 깨어있으십시오.

머리가 아프거나 이상한 느낌이 있을 때 그들을 대적하십시오.

가슴이 답답할 때도 그들을 대적하십시오.

항상 깨어서 대처하고 있을 때 그들은 당신에게 함부로 공격할 수 없을 것입니다.

깨어있으며 우리의 지식과 경험이 증가될수록 우리는 더 많은 자유와 승리를 경험할 수 있게 될 것입니다. 할렐루야.

35. 선포는 악한 영의 힘을 약화시킵니다

어떤 이가 나에게 이런 질문을 한 적이 있었습니다. 목사님은 어떤 때는 마귀는 아무 것도 아니며 아무런 힘이 없는 존재라고 말씀하시고 어떤 때는 그들의 능력이 아주 강한 것 같이 말씀하시니 어떤 것이 맞느냐는 것입니다.
나는 이렇게 대답합니다.
우리가 깨어있다면 마귀는 우리를 이길 수 없습니다. 그러나 우리가 영적으로 잠들어있고 세상에 취하여 살아간다면 우리는 속으며 패배하게 됩니다. 또한 마귀는 영적 존재이며 타락한 천사이므로 실제적인 능력을 가지고 있습니다.

그러나 우리는 그들이 아무 것도 아니라고 선포해야 합니다. 그럴 때 그들은 힘을 잃어버립니다. 우리의 선포가 그들의 능력을 깨뜨려 버리는 것입니다. 그 이유는 우리가 그들의 능력보다 강한 권세를 받았기 때문입니다.

권세란 능력보다 강한 것입니다. 주님께서는 우리에게 '원수의 모든 능력을 제어할 권세'를 주셨다고 말씀하셨습니다. (눅 10:19)
능력이란 힘입니다. 그러나 권세는 그 힘을 제어합니다.
큰 트럭이 있습니다. 이 트럭이 강한 힘을 가지고 돌진합니다.

힘으로 그 트럭을 막을 사람은 없습니다. 아무리 힘이 강해도 몸으로 그것을 막으려 했다가는 깔리고 말 것입니다.

그러나 교통경찰의 제복을 입은 사람이 손을 들어서 정지 신호를 하면 그 트럭은 멈추어야 합니다. 그것은 제복을 입은 교통경찰에게 권세가 있기 때문입니다. 그러므로 그 트럭의 힘은 권세자인 경찰에 의해서 무력해지는 것입니다.

어떤 무술 유단자가 있습니다. 그는 힘이 셉니다. 그러나 그가 대통령을 해할 수는 없을 것입니다. 힘보다 우위에 있는 것은 권세이기 때문입니다.

이와 같이 마귀는 힘을 가지고 있습니다. 그러나 우리는 그 위에 있는 권세를 가지고 있습니다. 그것은 주님께서 우리에게 허락하신 권세입니다. 주님은 교회에게, 믿는 자들에게 지옥의 세력을 이길 수 있는 권세와 힘을 주셨습니다.

"또 내가 네게 이르노니 너는 베드로라 내가 이 반석 위에 내 교회를 세우리니 음부의 권세가 이기지 못하리라" (마16:18)

이것은 베드로 개인에게 주신 약속의 말씀이 아닙니다. 예수님을 구주로 고백하는 모든 그리스도인들에게 주신 말씀인 것입니다.

그러므로 우리는 권세를 주장하며 강력한 마귀의 능력을 무력화시킬 수 있습니다.

우리가 마귀에게 패배할 때는 속고 있을 때입니다.

이것이 마귀 공격인 줄도 모르고 정신을 다른 데 팔고 있을 때입니다. 그 때 우리는 무기력해지며 넘어집니다. 그러나 정신을 차리고 깨닫고 우리에게 주어진 영적 권세를 선포할 때 그들은 놀라서 달아나게 됩니다.
우리에게 있는 권세의 선포는 악한 영의 세력을 약화시킵니다. 그들은 그러한 선포를 두려워합니다. 우리가 악한 영을 꾸짖을 때 그들은 그것을 두려워합니다.

오래 전 목회 사역을 하고 있었을 때 어떤 자매에게 붙은 귀신을 쫓아내는 중에 이런 일이 있었습니다.
귀신을 쫓아낸다니까 이 자매가 정신이 이상한 사람이라고 생각하지 마시기를 바랍니다. 이 자매는 아름답고 지혜로우며 주님께 헌신된 자매입니다. 신학대학도 졸업한 자매입니다.
다만 영성인의 앞에 가면 자기의 속에 숨어있는 영들이 정체를 드러내는 경우가 많이 있는 것입니다.
어떤 때는 울면서 '싫어. 싫어. 안 나갈 거야!' 하고 소리치는 이들도 있었습니다. 나는 그의 속에 뭐가 있는 지도 모르는데 말입니다.
내가 귀신을 쫓아내려고 그녀의 눈을 응시하자 그녀는 나를 노려보았습니다. 나는 그녀에게 '이 더러운 귀신아.. 너는 아무 것도 아니다..' 하고 말했습니다.
기도를 마친 후에 나중에 그녀가 나에게 이런 말을 했습니다. 나를 보았을 때 그녀는 내가 만만하게 보였다고 했습니다. '한번 해보자. 싸울 만하다.' 그렇게 느꼈다고 합니다.

2부 영적 전쟁의 원리들

물론 그것은 그녀의 느낌이 아니고 그 속의 악한 영이 그런 느낌을 준 것입니다. 그런데 내가 그렇게 악한 영을 꾸짖고 선포하는 말을 하자 그녀는 속에서 맥이 탁 풀리면서 낙담이 되고 눈물이 나는 것을 느꼈다고 합니다. 악한 영들은 그들을 쫓아내는 사역자 앞에서 도저히 나갈 수밖에 없다고 느끼면 우는 경우가 많습니다.

그들은 패배하여 낙심했을 때 울게 되며 그러한 눈물을 통해서 악한 영들이 나가게 됩니다. 이 자매의 경우도 그녀의 속에 있는 악한 영들은 꾸짖음과 선포를 통해서 낙담하고 좌절하여 힘을 잃어버렸던 것입니다.

악한 영들은 영적으로 약해 보이는 사람에게는 살기등등한 눈으로 쳐다보며 위협을 하지만 강한 상대에게는 울면서 하소연을 합니다. 그래서 꾸짖고 호통을 치면 나가게 되는 것입니다. 그들은 마귀에게 분노하는 사람들을 두려워합니다.

나는 이러한 경험을 통해서 시인과 선포가 악한 영들의 힘을 아주 약화시킨다는 것을 알았습니다. 그들을 꾸짖으며 주님의 승리를 선포하고 시인할 때 아주 낙담하며 힘을 잃어버리게 되는 것을 알게 되었습니다.

시인과 선포는 아주 놀라운 힘을 가지고 있는 것입니다.

"주님이 나와 함께 하신다!"

"악한 영들아. 너희는 아무 것도 아니다!"

"너희들은 파괴되었다!"

"주님이 완전하게 승리하셨다! 할렐루야!"
이러한 고백들은 마귀에게 고통을 줍니다. 그러므로 그들은 고통을 느끼며 울면서 떠나가는 것입니다.
진리는 빛과 같으며 진리를 선포하는 것은 빛이 어두움에 비취는 것과 같습니다. 그것은 지렁이에게 소금을 뿌리는 것과 같습니다.
그러므로 그들은 빛을 접하고 진리를 접할 때 고통을 느끼게 되는 것입니다.
실질적인 승리의 원리와 방법에 대해서 우리는 4부에서 좀 더 살펴볼 것입니다. 다만 이 선포의 원리가 악한 영들을 제압하는 데에 있어서 아주 중요하다는 것을 기억해두시기를 바랍니다.

악한 영들은 분명히 어떤 힘을 가지고 있습니다.
그러므로 우리가 깨어있지 않을 때 우리는 그들의 공격을 받고 상처를 입을 수 있습니다.
그러나 우리가 깨어서 그들을 대적하며 우리에게 주어진 권세와 주님이 이루신 승리를 분명하게 인식하고 선포한다면 우리는 반드시 승리할 수 있을 것입니다. 그들의 힘을 무력화시킬 수 있게 될 것입니다.
승리의 선포는 악한 영들의 세력을 초토화시킵니다.
우리가 그것을 계속 적용해갈 때 우리는 마귀에게 잃어버린 많은 영역을 찾아올 수 있게 될 것입니다. 할렐루야!

36. 악한 영의 세계를 통과할 때
하나님의 깊은 임재에 들어갑니다

오늘날 기도를 드리는 사람들은 많지만 하나님의 깊은 임재하심을 경험하는 이들은 많지 않습니다.
많은 이들이 산에서 기도하며 오랜 시간을 금식하며 기도하고 여러 가지 은사들을 경험하지만 그들의 인상은 사납고 날카로우며 거친 사람들이 많습니다.
그것은 그들이 깊고 아름답고 풍성한 영계에 아직 도달하지 못했음을 보여주는 것입니다. 사람이 가지고 있는 분위기는 그가 접촉하고 있는 영계의 수준을 보여주기 때문입니다.

왜 많은 영혼들이 하나님의 깊은 사랑과 임재와 평안을 경험하지 못할까요? 많은 이들이 사모하면서도 깊은 은총의 세계에 들어가지 못하는 것은 무엇 때문일까요?
그것은 깊고 아름다운 영적 세계에 들어가기 전에 먼저 어두움의 영역을 통과해야하기 때문입니다.
이스라엘 백성은 가나안 땅에 들어가기 전에 먼저 애굽에서 나와야 했으며 광야를 통과하여야했습니다.
그와 같이 빛의 세계, 깊고 충만한 아름다움이 흐르는 영광의 세계에 들어가기 전에 먼저 악한 영들이 거주하는 영계를 통과하여야 합니다. 공중권세를 잡고 있는 악한 영들의 경계를 통과해야만 더 높고 풍성한 영계에서 살아 계신 주님의 임재를 깊이 경험하고 누릴 수 있는 것입니다.

오늘날의 그리스도인들이 하나님의 깊은 사랑의 체험과 은총의 체험이 부족한 것은 이 공중권세를 깨뜨려야 하는 싸움에 대해서 잘 모르고 있기 때문입니다.

그들은 자신들을 둘러싸고 있는 어두움의 영들과 그러한 영계에 대해서 잘 감지하지 못합니다. 그러므로 그들의 영은 낮고 어두운 차원에 머물러 있으며 육신적이고 정욕적인 삶을 살게 되는 것입니다.

어떤 사람이 주님의 거룩하신 임재를 경험하고 천국의 실상을 맛보게 된다면 그에게는 주님을 추구하라고, 거룩한 삶을 사모하라고 가르칠 필요가 없습니다.

그는 자연적으로 주님을 더 깊이 알고 사모하고 아름다운 영혼으로 발전해 가는 것이 삶의 가장 깊은 의미이며 목표가 되기 때문입니다. 그에게는 세상의 모든 즐거움과 명예와 영광이 한낱 쓰레기와 같이 느껴지기 때문에 그러한 욕망을 끊으라고 가르칠 필요가 없습니다. 오늘날 사람들이 낮은 영역의 삶을 벗어나지 못하고 있는 것은 살아 계신 하나님의 존전에 들어가지 못하고 있기 때문입니다.

각 사람을 둘러싸고 있는 악한 영들, 그들의 방해, 그리고 그러한 영계를 이기고 통과해야만 아름답고 놀라운 영계에서 주님의 빛을 경험할 수 있기 때문에 많은 이들에게 그러한 세계의

2부 영적 전쟁의 원리들

아름다움은 다만 이야기로써 전해질뿐입니다. 하지만 이러한 원리를 이해하고 깨닫고 주님의 깊은 곳으로 나아가기 원하는 이들은 그들의 간절히 사모하는 것을 얻을 수 있게 됩니다. 주의 이름으로 우리는 공중의 권세 잡은 자들을 깨뜨릴 수 있으며 그들의 세계를 통과하여 더 깊고 높고 아름다운 세계를 접할 수 있게 되는 것입니다.

이 사실을 다시 한 번 기억해두십시오.
우리는 악한 영들이 거주하는 세계를 이기고 통과할 때 영광의 빛 가운데 거하는 영계를 경험하게 됩니다. 그리고 그 분량만큼 자유와 풍성한 삶을 경험하게 됩니다.
오늘날 많은 그리스도인들이 그들을 둘러싸고 있는 어두움의 영들과 영계에 대해서 알지 못합니다. 그러나 깨어나서 주의 이름의 권세와 능력으로 악한 영들을 깨뜨리고 그들의 진을 초토화시키는 이들은 그 세계를 넘어설 수 있을 것이며 세상의 사람들에게 감추어져 있는 영광의 세계를 맛보게 될 것입니다.
부디 어두움의 영계를 깨뜨리십시오.
그 곳을 통과하십시오.
어두움의 영계를 벗어난 곳에는 놀라운 하나님의 영광과 임재가 있습니다. 간절하게 사모하여 나아가는 자들은 모두 다 그 곳에 이를 수 있게 될 것입니다. 할렐루야.

37. 땅의 영들과 공중의 영들

주님의 제자들이 복음을 전하고 사역을 하고 나서 돌아와 신이 나서 주님께 보고를 드렸습니다.
"**칠십 인이 기뻐 돌아와 가로되 주여 주의 이름으로 귀신들도 우리에게 항복하더이다**" (눅10:17)
주님은 그들의 성공을 축복해주셨습니다.
"**예수께서 이르시되 사단이 하늘로서 번개 같이 떨어지는 것을 내가 보았노라 내가 너희에게 뱀과 전갈을 밟으며 원수의 모든 능력을 제어할 권세를 주었으니 너희를 해할 자가 결단고 없으리라**" (눅10:18,19)

제자들은 이 땅에서 귀신을 쫓아냈는데 주님은 그 순간에 하늘에서 사단이 떨어지는 것을 보았습니다. 이는 무슨 의미일까요? 이 땅에서 활동하는 귀신들과 하늘에 있는 악한 영들은 어떤 관계일까요?
성경은 공중에 있는 악한 영들의 존재에 대해서 언급하고 있습니다.
"**종말로 너희가 주 안에서와 그 힘의 능력으로 강건하여지고 마귀의 궤계를 능히 대적하기 위하여 하나님의 전신갑주를 입으라 우리의 씨름은 혈과 육에 대한 것이 아니요 정사와 권세와 이 어**

두움의 세상 주관자들과 하늘에 있는 악의 영들에게 대함이라"
(엡6:10-12)

우리가 살고 있는 이 땅에는 땅에 속한 귀신, 악령들이 돌아다니며 사람들의 안에 들어가고 나옵니다. 그리고 하늘, 공중에는 공중의 권세를 잡은 악한 영들이 있습니다.

하늘에 있는 공중 권세를 잡은 악령들은 직접 사람들에게 들어가고 나가고 하지는 않습니다. 그들은 배후 조종자입니다. 사람들에게 직접 공격을 하고 들어가서 괴롭히는 존재는 귀신들입니다.

하늘의 영들은 땅의 귀신들이 활동할 수 있는 분위기를 조성하며 공중에서 그들의 활동을 지원해줍니다. 그들은 좀 더 높은 존재들입니다. 땅의 귀신들은 그들의 지원을 받아서 사람들을 괴롭힙니다.

이것은 전쟁에서의 전략과 같습니다. 공중에서 비행기로 폭격하는 부대가 있고 땅에서 그러한 공군의 지원을 받아 직접 적의 지대에 침투해서 점령하는 보병이 있습니다. 공중의 영들은 비행기로 지원하는 존재들이며 땅의 귀신들은 보병과 같은 존재들입니다.

다니엘서에도 공중 권세를 잡은 영들에 대한 언급이 나옵니다.

"그가 내게 이르되 다니엘아 두려워하지 말라 네가 깨달으려 하여 네 하나님 앞에 스스로 겸비케 하기로 결심하던 첫날부터 네 말이 들으신 바 되었으므로 내가 네 말로 인하여 왔느니라 그런데 바사 국군이 이십 일일동안 나를 막았으므로 내가 거기 바사 국왕들과 함께 머물러 있더니 군장 중 하나 미가엘이 와서 나를 도와주므로 이제 내가 말일에 네 백성의 당할 일을 네게 깨닫게 하러 왔노라" (단10:12-14)

이 말은 천사 가브리엘의 말입니다. 가브리엘이 다니엘의 기도하는 중에 환상 가운데 말하고 있는 것입니다.

다니엘이 기도를 시작하던 첫날에 하나님께서 그의 기도를 들으시고 응답하는 천사인 가브리엘을 보냈습니다. 그런데 가브리엘 천사가 응답을 가지고 오는데 바사 국군이 방해하는 바람에 늦어졌다는 것입니다.

여기서 바사 국군은 마귀의 군대를 말하는 것입니다. 그러므로 가브리엘의 이야기는 하늘에서 벌어지고 있는 영적 전쟁을 묘사하고 있는 것입니다.

가브리엘 천사는 주로 계시를 주는 천사입니다. 주로 말씀을 전달하며 지혜를 주고 깨닫게 하는 역할을 하고 있습니다.

그는 주로 그러한 깨달음과 계시를 주는 천사이므로 전투에는 그리 강력하지 않은 것 같습니다. 그래서 마귀가 방해할 때 가만히 머물러 있다가 전투 전문 천사인 미가엘이 와서 도와주자 다니엘에게 도착하게 된 것입니다.

당시 땅에는 바사 국이 강력한 국가로 존재하고 있었습니다. 그런데 영계의 하늘에는 이 바사 국을 지배하는 영적인 존재들이 있었던 것입니다. 이것이 공중의 권세를 잡고 있는 영들입니다. 이 땅에 있는 모든 물질적인 존재의 배후에는 영적인 존재들이 있습니다. 사람도 눈에 보이는 것은 육체뿐이지만 그 안에 그 육체를 다스리고 지배하는 영혼이 있습니다. 이것은 하나의 건물이 존재하기 전에 그 건물을 짓는 설계도가 있는 것과 같습니다.

마찬가지로 한국이 있으면 한국을 지배하고 다스리는 영적 세력이 있는 것입니다. 어느 지방이 있으면 그 지방을 다스리는 영들이 있습니다.

그렇기 때문에 어떤 지역에는 그 지역 특유의 어떤 기질과 악이 있습니다. 민족성이나 지역적인 특성들은 그 지역을 지배하고 있는 악령들과 관련이 있는 것입니다.

이 공중에 있는 영들은 세상의 주권자들입니다. 그들은 정치, 경제, 교육, 문화 등을 지배하며 영향력을 행사합니다. 이것이 바로 세상의 영이며 세상의 주관자인 것입니다.

하늘에 있는 공중권세를 잡은 영들은 나라와 민족과 문화와 모든 것들을 사로잡아 사단이 지배하는 세상을 만들기 원합니다. 그들은 이 세상을 악과 더러움과 죄가 가득한 곳으로 만들고 싶어 합니다.

그들은 지옥의 권세를 가지고 있으며 그 지옥의 능력으로 이 세상을 지배하려고 합니다.

공중의 영들은 직접 사람들에게 들어오지 않습니다. 그러나 그들은 분위기를 조성합니다. 그들은 땅에서 활동하는 귀신들이 잘 움직일 수 있도록 분위기를 조성하고 배후에서 지원합니다.

우리는 이런 구도를 이해할 수 있습니다.

지옥의 정점에는 사단, 마귀가 있습니다. 그는 단수입니다.

그리고 그 밑에 하늘과 공중의 권세를 잡고 있는 악한 영들이 있습니다. 그들은 지역을 다스리며 영향력을 행사합니다.

그리고 맨 밑에 일선에서 직접 활동하는 땅의 악령들, 귀신들이 있습니다. 그들은 사람들에게 들어와 사고를 일으키고 질병을 일으키며 억압과 고통을 줍니다. 물론 모든 병을 다 귀신들이 주는 것이라고 할 수는 없습니다.

한 나라가 강력해져서 세계를 제패하는 나라가 되는 것은 그 나라를 지배하고 있는 영들의 세력에 의한 것입니다.

"이제 내가 돌아가서 바사 군과 싸우려니와 내가 나간 후에는 헬라 군이 이를 것이라 오직 내가 먼저 진리의 글에 기록된 것으로 네게 보이리라 나를 도와서 그들을 대적하는 자는 너희 군 미가엘 뿐이니라" (단10:20, 21)

당시 아직 세계는 바사국이 지배하고 있었습니다. 그러나 하늘에서 바사국군은 곧 사라지고 헬라군이 온다고 하였습니다. 그와 같이 이 땅에서도 바사국의 세력은 약해지고 알렉산더의 헬라가 등장했던 것입니다. 그처럼 이 땅에서 어느 나라가 나타나고 강성해지고 쇠약해져서 역사 속으로 사라지는 이 모든

2부 영적 전쟁의 원리들

일들이 배후의 영계에서 일어나고 있는 것입니다. 모세가 애굽에서 노예 생활을 하고 있던 이스라엘 백성을 구출하기 위해서 애굽과 싸울 때 그가 싸운 것은 눈에 보이는 바로와 바로의 군대가 아니었습니다. 그것은 그들의 배후에 있는 애굽의 영들, 애굽의 신들이었습니다.

그들은 영적인 세력이었기 때문에 군사의 힘으로 이길 수 있는 것이 아니었습니다. 모세가 하나님의 임재와 영광을 경험하고 영적 권세를 받게 되었을 때 비로소 애굽에 속한 공중권세를 초토화시킬 수 있는 힘을 얻었던 것입니다.

모세를 통해서 이루어졌던 기적들은 바로 애굽의 신들을 깨뜨리는 과정이었습니다. 흑암이 온 것은 애굽이 숭배하는 태양신의 영을 무력화시킨 것이었고 강을 피로 변하게 한 것도 역시 애굽인들이 경배하고 예배했던 나일강의 신을 깨뜨린 것이었습니다.

애굽 인들은 나일강의 신이 그들을 풍요케 한다고 믿어서 그에게 제사를 드리고 예배했던 것입니다.

개구리와 이의 재앙들도 다 애굽인들이 섬기는 신들을 깨뜨린 것이었습니다. 결국 공중에서 애굽을 지키는 모든 신들의 능력은 파괴되고 그 영들이 깨어지자 애굽은 더 이상 이스라엘을 억압할 수 없었던 것입니다.

오늘날에도 이 원리는 비슷하게 작용하고 있습니다. 지금 이 땅에서 풍요로운 삶을 사는 것 같이 보이는 개인이나 나라의 배후에는 그들을 돕는 어떤 영의 세력이 있습니다. 그 배후에 있는 영들이 강하고 세력이 있을 때 그 나라나 개인도 외적으로 흥왕하게 됩니다.

하나님만이 사람들에게 복을 주는 것이 아니며 귀신들도 일시적으로 복을 주고 흥왕케 할 수 있습니다. 그러나 그러한 사람이나 나라들은 강력한 하나님의 임재와 영광과 능력이 임할 때 그 귀신의 왕국이 무너지므로 망하게 되는 것입니다.

우상이나 불교를 믿는 이들이 흔히 하는 이야기가 있습니다. 예수 믿는 며느리를 얻으면 집안이 망한다는 것입니다.

그 말은 사실입니다. 그들은 귀신에게 속하고 귀신에게 자기 영혼을 팔았기 때문에 악령들이 일시적으로 복을 줄 수도 있습니다. 그래서 그들은 세상적으로 부요하고 형통합니다.

그런데 예수를 믿는 며느리가 그 집에 들어옵니다. 만약 그 며느리가 이론적인 신앙을 가지고 있는 사람이 아니고 실제로 성령의 권능을 경험한 사람이라면 그 집안에 있는 귀신들은 충격을 받으며 쫓겨나기 시작합니다. 그렇기 때문에 귀신들이 사라지면서 귀신들이 준 복도 다 소멸되는 것입니다. 물론 신실하게 예수를 믿는 자매라면 그러한 집에 시집갈 리는 없겠지만 말입니다.

그러한 일이 생긴다면 이는 그 집안으로서는 복된 일입니다. 왜냐하면 마귀에게 복을 받은 이들은 영원토록 그 대가를 지불해야 하며 자기 영혼을 되찾을 수 없기 때문입니다. 그러므로 그런 복을 다 토해내고 주님이 주시는 은총과 복을 얻을 수 있다면 이처럼 놀라운 복은 없는 것입니다.

공중에는 공중의 주권자들이 있습니다. 우리는 이들을 결박해야 합니다. 땅에는 사람들을 직접 괴롭히는 귀신들이 있습니다. 우리는 이들을 쫓아내야 합니다.

공중에 속한 영들은 땅에 있는 귀신들을 독려하며 일하게 합니다. 땅에 있는 귀신들은 열심히 충성하며 사람들을 괴롭힙니다.

그들의 움직임은 무질서한 것이 아닙니다. 그들은 아주 질서있게 체계적으로 일사분란하게 움직입니다. 그들이 일하는 방식에는 어떤 원리가 있으며 체계가 있습니다.

바울은 우리가 그의 궤계를 모르는 바가 아니라고 말하고 있습니다. 영적으로 열려있고 깨어있는 사역자들은 마귀의 그러한 공격과 전략에 대해서 잘 알고 있는 것입니다.

그렇기 때문에 마귀는 이렇게 그들의 전략이 드러나는 것을 싫어하며 그들의 작전과 비밀을 드러내는 사역자들을 치열하게 공격하는 것입니다.

7,8년쯤 전에 사역을 하고 있을 때 이러한 선명한 꿈을 꾼 적이 있었습니다. 그 때 우리 교회에서 성령의 역사가 많이 일어나고 있었는데 어느 순간부터 여기 저기 사고나 어려움을 겪는 성도들이 생기기 시작했습니다. 나는 그 영적 원인이 무엇일까 기도하다가 깜박 잠이 들었는데 이런 꿈을 꾸었습니다. 꿈

에서 보니 한없이 넓은 광장이 있었습니다. 그리고 그 광장의 중앙에 황금빛의 여우 두 마리가 앉아 있었습니다.

그 여우의 덩치가 얼마나 큰지 거대한 빌딩과 같았습니다. 아마 크기가 몇 십 미터는 될 것 같았습니다.

그들은 마귀들의 대장인 것 같았습니다. 그 여우 밑에 수많은 동물들, 기괴한 형상을 가지고 있는 귀신들이 경배하는 자세로 엎드려 있었습니다. 황금빛 여우 한 마리가 말했습니다.

그는 말하기를 '우리가 담당하고 있는 지역에서 저 교회가 참으로 우리를 괴롭히고 있다. 누가 저 교회를 파괴할 자가 없느냐..' 그런 요지로 이야기를 하는 것이었습니다.

그러자 여러 귀신들이 하나는 이렇게 하겠다, 하나는 저렇게 하겠다고 제안을 하고 있었습니다.

여우는 한참을 듣고 나더니 고개를 끄덕이며 절대로 그 교회 안으로는 들어가지 말라고. 거기에는 강한 능력이 있으니 중상을 입을 것이라고 바깥을 포위하라고 하는 것이었습니다.

그러면서 교회의 바깥으로 나오면 공격을 개시하라고 명령하면서 한 사람, 한 사람을 집에까지 따라가서 하나 하나씩 공격을 하라고 하였습니다.

나는 그 장면에서 깨어났는데 나중에 알고 보니 그것도 깨어난 것이 아니었고 여전히 꿈이 계속되고 있었습니다.

나는 성도들에게 말했습니다. 방금 이런 꿈을 꾸었으니 조심하라고. 깨어있으라고.. 그리고 지금 바깥으로 나가지 말라고.. 바깥이 포위되어 있으니 지금 무장을 하고 가라고.. 그런데 평소에 말을 잘 듣지 않고 고집을 잘 부리는 여집사님이 지금 집으로 간다는 것이었습니다.
그래서 나는 말렸습니다. 지금은 안 된다고.. 조금 있다가 가라고.. 지금 위험하다고.. 그러나 집사님은 듣지 않고 밖으로 나갔는데 그녀가 바깥에 나가는 순간 어디선가 꽝! 하는 총소리와도 같고 무엇이 무너지는 것과도 같은 소리가 났습니다.
그러자 그녀가 악! 하고 비명을 지르며 쓰러지는 것이었습니다.

나는 그 순간 전화벨소리에 잠에서 깨어났습니다. 꿈속에서의 총소리가 현실에서는 전화 벨소리였습니다.
나는 꿈이 하도 선명하여 이것이 꿈인지 현실인지 구분이 잘 가지 않았습니다. 얼떨떨한 상태에서 전화를 받으니 꿈에서 총에 맞은 그 여집사님의 남편이 전화를 한 것이었습니다.
그곳은 병원의 응급실이었습니다.
갑자기 멀쩡하던 그녀가 '으악..' 하고 비명을 지르더니 아파서 죽겠다고 해서 응급실로 왔다는 것이었습니다.
나는 꿈으로 경고를 받았기 때문에 별로 걱정하지 않았습니다.
그녀는 아프다고 온갖 난리를 꾸몄지만 나는 마귀가 장난치고 있는 것을 알았기 때문에 그녀를 안심시키고 기도를 해주었습니다. 그러자 그녀는 곧 회복되었습니다.

나는 이 사건을 통해 영적 세계는 눈에 보이지 않지만 정말 실제적이며 그들은 치밀한 조직과 계획 속에 움직여지고 있다는 것을 다시 한 번 확인할 수 있었습니다.

한 동안 꿈속의 선명한 장면이 뇌리에서 잘 사라지지 않았습니다.

넓은 광장에서 우두머리 마귀를 중심으로 회의를 하며 작전 계획을 짜고 있던 모습.. 그것은 단지 꿈이 아니라 그들이 실제적으로 활동하고 있는 모습을 내가 잠시 보고 온 것으로 느껴졌습니다.

우리는 영적 전쟁에 대해서 그다지 신경을 쓰지 않고 신앙생활을 하고 있습니다. 우리가 전쟁 중에 있다는 것을 의식하는 그리스도인들은 아주 소수입니다.

그러나 악한 영들은 어떻게 하든지 우리를 깨뜨리고 타락시키고 넘어뜨리기 위해서, 교회를 파괴하기 위해서 동분서주하고 있는 것입니다. 이것이 우리가 월등한 화력과 무기와 권세를 가지고 있으면서도 수없이 그들에게 패하고 있는 이유입니다.

미국에서 살고 있는 어떤 목회자가 어떤 일이 있어서 비행기를 타게 되었습니다. 그런데 그의 옆 좌석에 앉아있는 사람은 매우 경건한 그리스도인으로 보였습니다. 그는 좌석에 앉자마자 고개를 숙이고 무엇인가를 중얼거리며 열심히 기도에 몰두하고 있었습니다.

목사님은 이 승객에게 말을 걸었습니다.

"당신은 그리스도인이군요?"

그러자 상대방은 놀란 듯이 대답했습니다.
"아닙니다. 저는 그 반대입니다."
의아해진 목사님은 물었습니다.
"하지만 당신은 지금까지 기도하고 있었던 것 아닙니까?"
그러자 그는 미소를 지으며 대답했습니다.
"저는 기도를 하고 있었던 것이 아닙니다. 저는 뉴 에이지를 신봉하는 사람입니다. 저는 제가 살고 있는 지역의 모든 교회와 목회자들이 타락하고 넘어지도록 그들을 저주하고 있었습니다."
목사님은 벌어진 입을 다물 수 없었습니다.
뉴에이지는 사단의 세력입니다. 그들은 인간이 모두 신이며 초자연적인 능력을 발휘할 수 있다고 가르칩니다. 그들의 최대의 적은 기독교이며 그들은 기독교를 타락시키고 쓰러뜨리기 위해서 많은 노력을 합니다.
하지만 대다수의 그리스도인들은 각 자의 개인적인 욕망들과 기도제목 때문에 몹시 바쁩니다. 주님의 몸 되신 교회의 부흥과 회복에는 그다지 관심을 가지고 있지 않습니다.

오늘날 교회 안에는 각종 세상의 영들과 혼미한 영들이 침투하고 있지만 이러한 것들은 대다수의 그리스도인들에게 별 관심사가 아닙니다.
오늘날의 사역자들은 건물을 크게 짓고 많은 사람들이 교회에 모이면 그것을 성공으로 생각합니다.

그리하여 좀 더 많은 사람들을 얻기 위해 온갖 방법들을 동원합니다.

오늘날의 교회는 영적으로 너무 어둡습니다. 교회에서는 살아 계신 하나님의 영광을 경험하기가 어렵습니다. 성도들에게 있어서 교회에 가는 것은 거룩한 영광의 하나님을 체험하기 위한 가슴 떨리는 사건이 아니라 너무나 평범하고 일상적인 일이 되어버렸습니다.

그러한 교회의 무기력함의 배후에는 영적 전쟁의 패배, 어두움에 속한 영들을 깨뜨리지 못한 영적 무지가 있는 것입니다. 오늘날 교회는 교회를 깨뜨리려고 하는 악령들, 세상의 영들의 공격에 제대로 대처하지 못하고 있습니다.

우리들은 눈을 떠서 어두움의 세력을 발견하고 쫓아내야 합니다. 사단의 왕국을 초토화시켜야 합니다. 교회 안에 들어온 어두움의 사상과 영들을 쫓아내야 합니다. 그 때에 그리스도인들의 삶은 기쁨과 행복으로 충만하게 되며 교회는 살아 계신 하나님의 영광과 거룩함으로 가득하게 될 것입니다.

이 땅에는 사람 안에 들락거리며 장난을 치고 괴롭히는 귀신들이 있습니다. 우리는 그들을 쫓아내야 합니다.

하늘에는 이 땅을 지배하고 영향력을 행사하는 공중의 권세 잡은 악령들이 있습니다. 우리는 그들을 결박해야 합니다.

그렇게 할 때 이 나라와 세상의 분위기는 바뀌게 될 것입니다. 소수, 몇 사람만 깨어있다고 하더라도 도시들의 분위기는 바뀌게 될 것입니다. 기도와 결박과 선포는 그처럼 놀라운 힘을 가지고 있기 때문입니다.

악한 영들을 결박하고 깨뜨리는 것은 그리스도인들의 중요한 임무이자 권리입니다. 이 권리와 의무를 바르게 이행할 때 우리는 하나님의 왕국이 이 땅에 임하는 것을 볼 수 있을 것입니다.

충만하고 강건한 그리스도인이 되어 자유와 행복을 누릴 수 있는 사람이 될 것입니다. 할렐루야.

3부

악한 영들의 활동, 원리, 특성

악한 영들은 구체적으로 우리의 삶에서
주로 어떤 식으로 우리를 공격하고 있는 것일까요?
우리는 어떻게 그것들을 분별할 수 있을까요?
우리가 그들의 움직임과 전략에 대해서 알게 된다면
우리는 좀 더 쉽게 전쟁에서 승리할 수 있게 될 것입니다.

1. 서운함

사람들은 악한 영들이 공격한다는 이야기를 들으면 전설의 고향에 나오는 귀신이 소복을 입고 입가에 피를 흘리며 따라와서 괴롭히는 것을 연상합니다. 아니면 공중에서 물건들이 마구 달려들거나 갑자기 사고가 일어나서 크게 다치든지 하는 것을 떠올립니다.

그러한 생각은 영적인 무지에서 기인하는 것입니다. 그러한 이야기들은 현실과 거리가 멉니다. 물론 본인의 의식이 어둡고 부정적이거나 두려움에 가득 차 있을 경우 좋지 않은 사고들이 일어날 수도 있습니다. 그러나 대체로 악한 영들의 공격은 아주 사소한 것들을 통해서 옵니다. 그들은 우리 일상의 삶의 사소한 것에 개입하고 있으며 소설 속에서 등장하는 존재가 아닙니다.

그들은 사람의 마음속에 부정적이고 좋지 않은 마음을 일으킵니다. 그리고 그 생각과 마음을 통하여 사람을 지배하고 괴롭힙니다.

그러한 대표적인 마음 중의 하나가 서운한 마음입니다. 마음속에 서운한 마음이 일어나는 것입니다.

가까운 사람에 대해서 갑자기 서운한 생각이 올라옵니다. 나에 대해서 상대방이 너무나 소홀하게 대접하고 있다는 마음이 올라옵니다. 그 순간 서러운 마음이 올라오며 불쾌감이 일어납니다. 그러한 것이 악한 영들이 우리를 괴롭히는 방식입니다.
마귀가 사람들에게 들어오며 역사하는 것이 이처럼 간단하고 사소한 일을 통해서 인가.. 하는 생각이 드십니까? 바로 그렇습니다. 마귀는 이처럼 사소한 생각을 통해서 그의 일을 시작합니다.
만일 그가 갑자기 어떤 사람에게 들어가서 난데없이 '어떤 사람을 죽여라' 라고 말한다면 그 이야기에 속거나 넘어가는 사람은 없을 것입니다. 마귀는 아주 작은 일에서 조그맣게 살며시 그의 일을 시작합니다.

가룟 유다도 나중에는 예수님을 팔았지만 처음에는 아주 작은 일에서 서운한 마음을 품은 것을 통해서 그의 분노가 시작되었을 것입니다.
베드로는 예수님께 나름대로 위로와 조언을 한답시고 하다가 예수님께로부터 심한 질책을 받았습니다. 보통의 질책이 아니고 마귀 취급을 받을 정도의 질책이었습니다.
그것도 개인적으로 조용히 당한 것이 아니라 모든 제자들이 있는 데에서 공개적으로 야단을 맞았습니다. 자신이 주님의 수제자라고 생각하고 있던 베드로로서는 자존심이 크게 상했을 수도 있었습니다.

3부 악한 영들의 활동, 원리, 특성

만약 그가 그의 마음속에 서운한 마음을 품었다면 어떻게 되었을까요?

'예수님도 너무하신다. 그래도 내 체면이 있지, 어떻게 그렇게 심한 말씀을 공개적으로 하실 수가 있단 말인가.. 그런 말씀은 개인적으로 불러서 조용히 조언을 하셔도 될 텐데.. 이건 너무 심하시네..'

만약 그랬다면 그의 운명도 가룟 유다와 같이 되었을지도 모릅니다. 그러나 베드로는 그러한 생각을 그의 마음속에 받아들이지 않았습니다. 그는 단순한 사람이었으며 자기의 잘못을 반성하고 주님께 대해서 조금 치의 서운한 마음도 품지 않았습니다.

사단은 아주 작은 것을 통해서 살며시 들어와 당신의 마음을 정복하기 시작한다는 것을 부디 기억해두십시오. 오늘날 쉽게 서운한 마음을 품고 그것을 키우는 이들은 너무나 많습니다. 그들은 그러한 마음을 받아들이는 것이 그들의 안에 악한 영들을 먹이고 키우는 것이라고는 전혀 생각지도 않고 있습니다. 그들은 그것을 당연시하며 자기를 서운하게 한 사람에 대한 적개심을 버리지 않습니다. 그것은 자기 무덤을 파고 있는 것입니다.

처음에는 아주 살짝 서운한 생각이 올라옵니다. '왜 그 사람은 자기 생각만 할까?', '내가 여태까지 그를 위해서 수고한 결과가 이런 것이란 말인가?', '그는 왜 나를 무시하는 것일까? 하지만 이런 생각들은 점점 더 커지며 생각이 꼬리에 꼬리를 물고 올라오게 됩니다. 그리고 그 생각을 받아들이는 사람의 마음은 조금 전까지 괜찮았지만 점점 더 불쾌해지기 시작합니다. 이런 식으로 서운함의 영들은 사람의 안에 자리를 잡아가게 되는 것입니다.

처음에 속일 수 있다면 그 후에도 계속 악한 영들은 그 사람을 자기의 사람으로 만들고 사용할 수 있습니다.

당신은 그 어떠한 이유에서건 당신의 마음속에서 일어나는 아주 작은 서운함의 소리를 대적해야합니다.

그것은 당연한 생각 같지만 당신을 악한 영들의 노예로 만드는 시작이기 때문입니다.

부디 그 생각을 당신의 마음속에 받아들이지 마십시오. 그 시작은 아주 작지만 그것은 나중에 큰 힘이 되어 당신을 지배하게 될 것입니다. 당신의 영혼을 점점 더 지옥에 가깝게 만들 것입니다.

서운한 마음이 올라올 때 반드시 그 마음을 대적하십시오.

그러한 마음을 악한 영이 일으키는 것이라는 사실을 당신은 분명하게 깨달아야 합니다. 그래야만 당신은 자유와 승리를 누릴 수 있습니다.

이것은 아주 간단한 것이지만 이 간단한 사실을 알지 못해서 평생을 마귀에게 묶여서 지옥같이 사는 이들이 너무나 많다는 것을 기억하십시오.

당신의 마음을 지키십시오.
당신의 마음에 마귀가 침투하지 못하게 하십시오.
그렇게 할 때 당신은 삶에서 쓸데없이 고통과 아픔을 겪지 않게 될 것입니다.
자신의 마음을 악한 영들이 심어주는 생각과 상념으로부터 지킬 수 있을 때 당신은 지옥의 재앙으로부터 벗어날 수 있게 될 것입니다.

2. 흠을 잡는 영

오늘날 많은 교회와 가정이 깨어지고 있습니다. 거기에 아주 중요한 역할을 하는 것이 흠을 잡는 영들의 활동입니다.
이 영들의 활동은 아주 보편적입니다. 그러므로 우리는 어디서나 이 흠잡는 영에 의해서 활동하는 이들을 발견할 수 있습니다.
물론 다른 영들의 활동과 마찬가지로 이 영에 잡힌 사람은 조금치도 자기를 통해서 악한 영들이 역사한다고는 생각하지 않습니다. 자신이 마귀에 의해서 쓰임 받고 있다고 생각하는 사람은 거의 없습니다. 그들은 항상 자기는 옳다고 생각합니다. 흠잡는 영에 잡힌 이들도 마찬가지입니다.
이들은 교회를 파괴하고 가정을 파괴하지만 자기는 의로우며 억울한 사람이라고 굳게 믿으면서 살고 있습니다. 자기는 옳으며 자기의 의견도 옳으며 다른 사람들이 잘못되었다고 생각합니다.
이러한 이들은 진정한 회개가 없이는 그 영에서 벗어날 수 없습니다. 그들은 주님의 심판대에서야 비로소 깨닫게 될 것입니다. 하지만 그것은 이미 너무 늦은 것입니다.
이들은 항상 남의 약점을 잘 발견합니다. 다른 이들의 잘못된 부분을 아주 예민하게 인식합니다. 스스로도 놀랄 정도의 날카로운 통찰력으로 다른 사람의 잘못을 발견하고 지적합니다. 이들은 자신의 그러한 통찰력이 지혜라고 생각하지만 그러한 통찰력은 악한 영들이 가져다주는 것입니다. 악한 영들이 남의 잘못을 보게 만드는 것입니다.

이들은 항상 남의 잘못이 보입니다. 눈에 보이기 때문에 그것을 지적하지 않으면 견딜 수가 없습니다. 이들은 항상 자기는 옳고 상대방은 잘못되어 있습니다. 그렇기 때문에 이들은 항상 억울하다고 생각합니다.

교회에서 이들은 사역자의 잘못을 세세하게 발견합니다. 설교의 잘못과 행동의 실수, 사람됨에 대해서 이것저것이 틀렸다고 생각합니다.

이들은 자신들이 발견한 사역자의 문제점과 잘못에 대해서 사람들에게 퍼뜨립니다. 따라서 이러한 영을 가지고 있는 사람이 있는 한 그 교회는 반드시 깨어지게 됩니다.

사역자가 교회 안에서 성령님이 충만하게 임하실 수 있도록 사역의 방향을 잡으려고 할 때 거기에 대적을 하고 반기를 드는 이들도 이러한 흠잡는 영에 잡혀 있는 사람들입니다. 이들은 그러한 사역이 이런 면에서 틀렸고 저런 면에서 틀렸다고 말합니다. 그냥 모든 것이 다 싫고 마음에 반발심이 생깁니다. 그러나 그들은 그러한 못마땅하게 느끼는 마음의 근원이 어디에서부터 오는지 인식하지 못합니다.

이들의 눈에는 긍휼함이 없습니다. 사랑의 시선과 관점이 없습니다. 오직 자기와 같은 견해를 가지고 자기편을 들어주는 사람만을 좋아할 뿐입니다. 그러므로 이러한 흠잡는 영을 가지고 있는 이들은 행복한 인간관계를 가질 수 없습니다. 하나의 분파를 만들뿐입니다.

이러한 영에 의해서 가정도 깨어지게 됩니다. 많은 경우 며느리를 보는 시어머니의 눈이 이렇습니다. 그들은 며느리의 이러한 부분이 마음에 들지 않고 저러한 부분이 마음에 들지 않습니다. 잔소리를 하지 않고 참고 살자니 속이 뒤집어집니다. 그러한 시선, 모든 것이 못마땅한 관점은 바로 악한 영이 준 것입니다.

이 영이 들어가게 되면 부부생활도 깨어지거나 나빠지게 됩니다. 처음에 서로 만나서 사랑을 할 때는 은혜의 관점으로 서로 보아주었습니다. 그러나 시간이 지나고 서서히 흠잡는 영이 들어오기 시작합니다. 그리고 그 다음부터는 모든 것을 은혜의 관점이 아니라 율법의 관점으로 보게 되어 상대방을 지적하고 요구하고 비난합니다. 그러니 그러한 가정은 깨어지거나 아니면 서로 포기한 상태에서 상대방에 대한 적개심을 간직하고 있거나 무관심한 상태에서 간신히 형식적인 부부관계만을 유지하게 됩니다.

상대방의 잘못에 대한 이들의 지적이나 비난은 아주 정확합니다. 별로 지혜롭지 않은 이들도 그러한 판단에 있어서는 놀랄 만큼 정확할 때가 많습니다. 그것은 그러한 깨달음이 악한 영들로부터 오기 때문입니다. 이들은 웅변적으로 상대방을 굴복시키기도 하는데 그것은 악한 영으로부터 나오는 힘과 감동입니다. 이러한 영에 잡힌 이들은 행복할까요? 물론 당연히 행복하지 않습니다.

이들은 어떤 사람을 만나도 그 사람의 단점이 보이기 때문에 고통스럽습니다. 그러니 입만 벌리면 다른 사람의 잘못된 부분에 대해서 이야기를 하게 됩니다. 그러한 입은 악한 영들의 통로가 되기 때문에 이들이 있는 곳에는 항상 어두움의 기운이 있습니다. 그래서 본인도 괴롭고 이들과 함께 있는 사람들도 괴롭습니다.

이들은 항상 외롭습니다. 세상은 다 악하고 세상 사람은 다 잘못되었고 자기만 옳은데 그것을 알아주는 사람들은 거의 없기 때문입니다. 그러므로 이들은 외로워하면서 분노하면서 살아가게 됩니다.

흠잡는 영을 가지고 있는 사람이 있는 곳에는 항상 분쟁이 있습니다. 이들은 교회를 갈라놓고 사람들의 사이를 갈라놓습니다.

이들의 이야기는 교리적으로 옳아 보이며 성경적으로 옳아 보이고 논리적으로 옳아 보이고 진실해 보입니다. 그래서 많은 이들이 그들의 이야기를 듣게 되고 수긍하게 되며 교회는 깨어집니다.

하지만 그들의 안에는 은혜와 긍휼과 사랑이 없습니다. 거기에는 천국의 기운이 없습니다. 그렇기 때문에 그들은 약점을 잡는 악한 영을 받아들이게 되고 평생을 파괴하는 사람으로 살아가게 되는 것입니다. 이들의 말은 많은 부분이 옳아 보이지만 그 안에 항상 비난의 영이 포함되어 있기 때문에 사람의 영혼을 죽입니다. 자신의 영혼도 죽고 듣는 사람의 영혼도 같이 죽게 됩니다.

사역자가 이러한 영을 가지고 있을 경우에 그는 항상 공격하고 치는 설교를 하게 됩니다. 세상은 이래서 잘못되었고 은사 사역은 무엇이 문제이고 제자훈련은 무엇이 문제이고 이 사역은 이래서 틀리고, 저 교회는 이래서 좋지 않고.. 이런 식으로 그는 모든 것을 치며 성도의 영혼을 어둡게 만듭니다.

그는 자신이 이 혼탁한 세상 속에서 보기 드문 진리를 가르치고 있다고 생각하지만 사실은 많은 영혼을 죽이게 됩니다. 듣는 자의 영혼에 생기와 기쁨을 공급하는 것이 아니라 듣는 자들을 창백하고 비참한 영혼으로 만들게 되는 것입니다. 그는 혼자만이 옳다고 생각하지만 사실은 속고 있는 것입니다.

흠을 잡고 약점을 잡는 악령은 비난의 영과 같이 일을 하는 것이 보통입니다. 그래서 이들이 있는 곳에는 어두움이 있고 비난과 정죄가 있으며 사랑과 기쁨과 행복을 찾아볼 수 없습니다. 대체로 신앙생활을 오래 모범적으로 해온 이들이 이러한 영에 잡혀있는 경우가 많습니다. 그들은 자신이 정통이라고 믿습니다. 다른 이들은 다 잘못되었다고 생각하는 경향이 많습니다. 그러한 마음은 주님으로부터 오는 것이 아닙니다.
흠잡는 영이 있을 때 은혜는 사라지고 기쁨은 사라집니다. 분위기는 어두워지며 사람들은 서로 미워하게 됩니다. 천국이 사라지고 지옥이 시작되는 것입니다. 교회와 신앙이 사랑과 긍휼을 잃어버리면 이미 천국과 거리가 생기게 되는 것입니다.
이 영들이 들어오지 않도록 정말 조심해야 합니다. 다른 영들과 마찬가지로 이 영들은 하루아침에 갑자기 충만하게 임하는 것이 아닙니다. 그 영은 오랜 세월동안 아주 조금씩 들어옵니다. 조금씩 남들의 잘못과 약점을 보여주며 그 사람의 중심에 자리를 잡게 됩니다.
입만 열면 남의 잘못을 이야기하는 사람은 이미 이 영에 깊이 중독되어 있어서 아무런 감각을 느끼지 못하는 것입니다.
그러한 이들은 아직 생명을 가지고 있을 때에 얼른 회개해야 합니다. 그러한 사람은 결코 천국에 들어갈 수 없습니다. 천국은 그러한 분위기와는 전혀 다른 장소이며 은혜와 사랑과 긍휼과 기쁨이 가득한 곳이기 때문입니다.

만약 당신에게 다른 사람들의 잘못이 자꾸 보인다면 당신은 자신을 점검해보아야 합니다. 당신의 안에 있는 영이 사랑과 은혜의 영인지, 정죄와 비난과 흠잡는 영인지 분별해보아야 합니다. 이것을 가벼이 여기고 지나쳐서는 안 됩니다.
당신의 안에 사랑의 시선, 긍휼의 시선, 따뜻한 시선이 가득하게 해달라고 주님께 구하십시오. 그것이 바로 천국의 관점이기 때문입니다. 천국의 영을 받은 이들은 항상 사랑하게 되며 행복한 삶을 살게 됩니다. 그 영을 가지고 있는 이들은 본인뿐만 아니라 주위 사람들까지 행복해지게 됩니다. 천국에서 오는 말은 항상 아름답고 사랑스러우며 듣는 이들에게 기쁨과 행복을 줍니다. 거기에는 천국의 기운이 넘치기 때문입니다. 부디 기억하십시오.
흠잡는 영들은 교회와 가정과 사회와 나라를 파괴합니다. 그들은 항상 서로를 욕합니다. 그 영들의 활동이 이 시대에 얼마나 많은지 모릅니다.
그것들의 배후에는 악한 영들이 있습니다. 그것은 사람이 하는 것이 아닙니다. 그 배후에 악한 영들의 활동과 장난이 있습니다. 그 영들을 분별하고 대적하고 쫓아내십시오.

예수를 이론으로 믿지 않고 영으로 알고 경험하고 믿을 때 우리의 인격과 삶은 달라집니다. 우리가 그 예수의 영을 경험하고 맛볼 때 우리는 그 반대의 영이 어떤 것인지 실제적으로 인식하고 알게 됩니다. 그러므로 악한 영들의 기운과 움직임을 느낄 수 있으며 분별하고 쫓아낼 수 있습니다.
오직 지옥의 영들을 분별하고 쫓아내며 천국의 영으로 살기를 힘쓰십시오.
그렇게 할 때 우리는 실제적인 천국의 삶이 어떤 것인지 알고 누리고 맛보게 될 것입니다.

3. 이간질

어떤 사역자가 한 교회에 초청을 받고 집회를 하게 되었습니다. 이 사역자는 이번 집회에서 어떤 말씀을 전해야 할까 생각하다가 잠이 들었는데 한 꿈을 꾸게 되었습니다.
그 꿈속에서 두 무리가 서로 돌을 던지며 싸우고 있었습니다. 그런데 두 무리에서 조금 떨어진 곳에서 어떤 흉악하게 생긴 존재가 배를 잡고 웃고 있는 것이었습니다. 그 흉악한 존재는 이렇게 말하면서 웃고 있었습니다.
"내가 했는데.. 내가 한 짓인데.. 이 바보 같은 놈들.."

이 사역자는 그 교회의 사정에 대해서 아무 것도 몰랐기 때문에 그 꿈의 의미가 무엇인지 알 수 없었습니다. 그러나 그는 첫 집회에서 그가 꾼 꿈의 이야기를 했습니다.
그런데 그 순간에 교회의 문제가 그것으로 해결이 되어 버렸습니다. 이 사역자는 알지 못했지만 그 교회는 사소한 문제로 두 무리로 갈라져서 서로 치열하게 싸우고 비난하며 정죄하고 있었기 때문입니다.
그러나 그들은 이 사역자의 꿈을 통해서 그 싸움의 배후에 마귀가 이간질을 하고 있다는 것을 깨닫고 그 싸움을 중지하고 화해하게 되었던 것입니다.

이러한 일은 아주 드문 일일까요? 어떤 한 특별한 교회에서 있었던 아주 특별한 사건일까요?

그렇지 않습니다. 대부분의 이러한 분파에는 이간질을 하는 영들이 개입되어 있습니다. 물론 악령들은 그들에게 속한 사람들을 사용합니다.

한 두 사람이 여기저기에 전화기를 돌려서 자기가 얼마나 억울한지 어떤 사람이 어떤 악한 말과 행동을 했는지 그것이 얼마나 말도 안 되는 행동인지에 대해서 열심히 전파합니다. 그런 식으로 이간질과 분파의 영은 확장되어 가게 됩니다.

그러한 분파의 배후에는 거의 다 귀신의 역사가 있습니다. 악한 영들은 항상 이간질을 통하여 관계를 파괴하고 멀어지게 합니다. 아주 사이가 좋은 관계라고 하더라도 악한 영들이 꾸준하게 움직이면 언젠가 그 관계는 파괴됩니다.

그리스도인들 간에는 관계의 파괴가 더 심하게 이루어집니다. 한 때는 아주 친밀하게 지내고 같은 교회에서 오랫동안 교제를 한 사이라고 하더라도 교회를 옮긴다든지 어떤 사소한 마찰이 생기면 그 관계는 끝납니다. 그들은 길에서 만나도 서로 쳐다보지 못하며 불편하고 어색한 상태로 헤어지게 됩니다.

그리스도인들에게 이런 일이 많은 이유는 개 교회 중심적인 신앙의 형태에도 문제가 있지만 그 배후에 있는 악한 영들의 개입에도 원인이 있는 것입니다.

악한 영들은 항상 이간질을 시키고 관계를 파괴하는 존재입니다. 에덴동산에서 사단이 역사하자 하나님과 사람의 관계가 파괴되었습니다. 그리고 남편인 아담과 아내인 하와의 관계가 파괴되었습니다. 서로 핑계를 대며 미워하고 벽이 생기게 되었습니다. 이것도 악한 영이 이간질을 하며 속였기 때문입니다.

악한 영은 사람에게 하나님의 사랑을 의심하게 만들었습니다. 하지만 그 거짓말을 사람이 받아들였기 때문에 결과적으로 사람은 하나님에게서 떨어지게 되었습니다.

오늘날에도 있지도 않은 말을 지어서 전달함으로 관계를 파괴하는 이들은 많이 있습니다. 그들은 항상 말을 약간이나 많이 과장합니다. 아니면 문장의 한 부분만을 꺼내서 문맥을 무시하고 전달합니다. 이러한 이들은 사악한 영을 받은 것입니다. 이는 파괴와 이간질의 영입니다. 이러한 이들이 있는 곳에는 항상 관계의 파괴와 깨어짐이 있습니다.

마귀는 하나님과 사람 사이를 깨뜨리고 이간질합니다. 마귀는 또한 사람과 사람 사이를 깨뜨리고 이간질합니다. 마귀는 또한 한 사람의 안에서도 이간질과 분열을 일으킵니다. 그래서 스스로 자기 정죄와 열등감 속에서 방황하게 합니다.

마귀는 항상 중간에 끼어있습니다. 하나님과 사람 사이에 끼어 있습니다. 하늘과 땅 사이에 끼어서 공중 권세를 잡고 있습니다.

사람과 사람 사이에 끼어있습니다. 사람의 안에서 마음과 영 사이에 끼어서 방해합니다. 그들은 서로 분리시키고 갈등하게 만드는 존재입니다.

악한 영들이 이렇게 항상 가운데에 끼어있을 때 나타나는 느낌에는 어색함이 있습니다.

어떤 이들은 다른 사람과 같이 있을 때 아주 어색해 합니다. 혼자 있는 것이 편하며 다른 사람과 같이 있을 때 아주 불편하고 부자연스러운 것을 느낍니다. 그것은 그 관계 사이에 악한 영들이 개입되어 있기 때문입니다.

그러므로 그 영을 부술 수 있는 능력이 없는 내성적이고 연약한 사람은 다른 사람들과 같이 있을 때 더 어색하고 더 묶여있고 불편하게 됩니다.

그러한 사람이 영의 권능을 경험하게 되고 영혼의 충만함을 맛보게 되면 그러한 어색함이나 부자연스러움에서 벗어나게 됩니다.

악한 영의 개입이나 묶임이 있는 곳에는 항상 부자연스러움과 어색한 분위기가 있습니다. 악한 영이 없고 영의 자유가 있는 곳에는 항상 편안함이 있습니다.

오늘날 여러 사람들이 모이는 곳에 어색하고 자연스럽지 않은 분위기가 많이 있는데 그것은 그 가운데에 악한 영들의 기운을 어느 정도 가지고 있는 이들이 있기 때문입니다.

이간질의 원리는 이런 것입니다.

두 연인이 같이 극장에 가서 영화를 보고 있습니다. 그런데 어떤 사람이 뒤에서 숨어 있다가 한 사람의 머리를 주먹으로 쥐어박습니다. 그러면 한 사람이 연인에게 말합니다.
"왜 장난치는 거예요?"
다른 쪽은 대답합니다.
"내가 언제 장난쳤다고 그래요?"
"지금 방금 내 머리를 때렸잖아요!"
"내가 언제요?"
그리고 조금 있다가 이번에는 다른 사람의 머리를 툭하고 때립니다.
그러면 한 쪽에서 말합니다.
"나보고 머리를 때렸다고 하더니 자기가 장난을 치는 군요."
물론 상대방은 반발할 것입니다.
그리고 조금 있다가 이번에는 두 사람의 머리를 동시에 때립니다. 그러면 두 사람은 싸우게 됩니다. 바로 이것이 악한 영들이 하고 있는 짓입니다.

악한 영들은 항상 이와 같이 서로에 대해서 불평을 말하고 욕을 하며 비난을 하도록 사람을 충동합니다.
그리고 영을 분별할 수 없는 어리석은 사람들은 충실하게 이간질의 영이 시키는 대로 그 말들을 전파합니다. 이렇게 악령들이 있는 곳에는 항상 관계의 파괴가 있는 것입니다.
영의 움직임을 분별하고 관리할 수 있는 이들은 그들이 교제하는 믿음의 형제들과 서로 갈등하거나 분열하지 않고 오랫동안 아름다운 관계를 통해서 서로 협력하고 사랑하며 발전하여 갈 수 있습니다.

그것은 그들이 얼마나 아름답고 덕스러운 성품을 가지고 있느냐의 문제가 아니라 영의 성숙과 영의 분별력에 달려 있는 것입니다.

분별력을 가지고 있는 이들은 분열과 파괴의 영, 이간질의 영을 분별하고 대처할 수 있는 것입니다. 그러나 비록 선량한 그리스도인이라고 할지라도 그러한 영들의 움직임을 분별하지 못하는 사람이라면 적지 않은 경우 나중에는 서로 갈라져서 미워하고 정죄하게 됩니다.

그렇기 때문에 한 동안 친밀하게 지냈던 그리스도인들이 서로 미워하고 벽이 생기며 상처를 주고받고 헤어지게 되는 일이 비일비재한 것입니다.

그들은 그렇게 서로 정죄하고 헤어지면서 성경의 구절이나 교리, 꼭 들어맞아 보이는 명분이나 논리를 제시하기도 합니다. 하지만 그러한 말들은 아무리 그럴 듯하게 보여도 사실은 악한 영들에게 속고 있는 것에 불과합니다.

일단의 그리스도인들이 있는 곳에는 거의 반드시 라고 할 정도로 이간질의 영들이 찾아옵니다. 그들은 어떻게든 그 모임과 관계를 파괴하려고 장난을 칩니다.

마귀는 어떻게든 그리스도인들의 만남과 모임을 파괴해야 한다는 것을 잘 알고 있습니다. 그렇게 해야 교회를 파괴하고 가정을 파괴하며 그리스도인들을 무기력하게 만들고 불행하게 만들 수 있다는 것을 그들은 잘 알고 있습니다.

그들의 공격을 통해서 오늘날 깨어진 교회와 깨어진 교제는 너무나도 많이 있습니다. 참 좋았던 만남과 관계들이 상처만을 남기고 끝나버린 예들은 너무나 많이 있습니다. 그것은 다 마귀들의 장난 때문입니다.

그리스도인들은 반드시 영적으로 깨어서 이러한 마귀의 장난을 분별해야 합니다.

그리스도인들이 성숙한 사람이 되고 영적 지혜에도 장성한 사람이 되어서 이를 분별할 수 있을 때 그리스도인들의 모임은 아름다운 관계와 교제의 풍성함을 유지할 수 있을 것입니다. 교회는 성도의 아름다운 교제로 가득하며 그리스도인들의 만남 가운데는 항상 주님의 임재와 기쁨으로 가득하게 될 것입니다.

그리스도인들이 깨어날수록, 영적 지식과 분별에서 자라갈수록, 알면 알수록 그리스도인들의 열매와 풍성함은 증가될 것입니다.

4. 분노

분노는 지옥의 중요한 특성입니다. 천국의 중심적인 분위기는 따뜻한 사랑의 분위기이며 지옥의 중심적인 특성은 분노입니다. 누군가 화를 낼 때 그 공간의 분위기는 사악하고 살벌해집니다. 그 공간에는 지옥의 어두움들이 자리를 잡게 됩니다.
에베소서 4장 26절은 분을 내어도 죄를 짓지 말라고 합니다. 분노가 다 죄는 아닙니다. 거룩하며 의로운 분노도 있습니다. 그러나 분노는 그 성질이 죄에 가깝습니다. 사랑하여도 죄를 짓지 말라는 말씀은 없습니다. 그처럼 분노는 죄와 가깝습니다.

사랑은 창조의 영이며 세워주는 에너지입니다. 그러나 분노와 혈기는 파괴하는 영입니다. 작은 분노는 조금만 파괴하는 것이며 큰 분노는 죽이는 것, 완전히 상대를 소멸하는 것입니다. 그러므로 분노는 기본적인 성질이 파괴이며 살인과 같은 것입니다. 마태복음 5장 21,22절은 형제에게 분노하는 것이 살인죄와 같으며 심판을 피할 수 없다고 가르칩니다.
천국에 속한 사람은 기본 성질이 사랑의 영이며 항상 사람을 세워주고 축복합니다. 그러한 이들은 언어나 행동으로 다른 사람들을 기쁘게 해줌으로 그의 주변에는 사람들이 모이게 됩니다. 그러나 지옥에 속한 사람은 기본성질이 파괴의 영이므로 쉽게 화를 내고 쉽게 미워하며 쉽게 남에게 상처를 줍니다. 어떤 사람의 성품이 다른 이들에게 까다롭다는 평가를 받으며 다른 사람들을 불편하게 하는 사람이라면 그는 천국보다는 지옥에 가까운 사람입니다.

대체로 이러한 사람들은 자기 자신의 성격이나 행동을 반성하기보다는 다른 사람들이 이유 없이 자신을 미워하고 왕따를 시킨다고 원망하는 것이 보통입니다. 지옥에는 반성이라는 것이 없습니다.

모든 분노가 다 악한 영들로부터 오는 것은 아닙니다. 그러나 분노는 많은 경우에 악한 영들과 관련을 맺고 있으며 악한 영을 통해서 옵니다.

처음에는 자신이 분노했을지라도 어느 정도가 지나면 나중에는 그 분노에 사로잡혀서 그것을 통제하지 못합니다. 그것은 분노의 영에게 잡히는 과정입니다.

분노하는 것, 화를 내는 것은 많은 재앙을 일으킵니다. 그것은 대부분의 질병과 관련이 있습니다. 아마 사람들이 겉으로나 속으로나 화를 내지 않는다면 많은 병들이 그대로 사라져버릴 것입니다.

분노는 다른 사람만을 파괴하는 것이 아니라 가장 먼저 자기 자신을 파괴합니다. 하지만 분노를 다스릴 수 있는 이들은 그리 많지 않습니다. 영적으로 충분히 성숙한 사람만이 분노를 다스릴 수 있습니다. 악한 영들은 사람들에게 분노가 일어나도록 자극합니다.

사람이 남자와 여자로 만들어져서 서로 결혼하여 자녀를 낳듯이 영들도 +적인 영들이 있으며 -적인 영들이 있습니다.

음란의 경우 음란을 즐기는 영이 있으며 음란을 뿌리는 영들이 있습니다. 이렇게 두 영이 만나게 되면 음란의 열매를 맺게 됩니다. 음란을 즐기는 영이 음란의 +적인 영이라면 음란의 충동을 일으키고 유혹하는 음란의 -적인 영들이 있습니다. 이렇게 두 영들은 서로 끌어당겨서 실제적인 죄의 행동을 일으키게 됩니다.

그와 같이 분노의 경우에도 화를 내는 영이 있고 화를 내게 만드는 영이 있습니다. 분노를 촉발시키는 사람이 있습니다. 그들은 다른 사람들을 분노하게 만듭니다.

예를 들어 성질이 급한 부모가 있고 그 부모를 격노케 하는 자식이 있습니다. 그런 자녀들은 일종의 천덕꾸러기와 같아서 분노를 일으킵니다. 그렇게 분노를 촉발시키는 영들은 미련함의 특성을 가지고 있습니다.

분노를 촉발시키는 영도, 분노하는 영도 다 마귀에게 속한 것입니다. 그들은 일단 사람이 분노를 일으키면 거기에서 에너지를 얻으며 힘을 얻게 됩니다. 그들이 활동할 수 있는 힘을 가지게 되는 것입니다.

사소한 문제를 가지고도 아주 소란스럽게 싸우는 사람들이 있습니다. 나는 주차 문제나 쓰레기를 버리는 등의 사소한 문제로 정말 살벌하게 싸우는 이들을 많이 보았습니다.

그런 경우에 그들의 눈을 보면 그 사람이 아닌 것을 알 수 있습니다. 그들은 제 정신이 아닙니다. 악한 영들에게 입과 몸을 빌려주고 있는 것입니다. 그들은 악한 영들에게 사로잡혀 있는 사람들입니다.

그들은 분노를 다스릴 수 없습니다. 그들은 그 상황이 지나가고 나면 후회를 하기도 하지만 다시 비슷한 상황이 될 때 다시 악한 영들에게 사로잡힙니다.

그것을 합리화하는 사람도 있고 자책하는 사람도 있지만 중요한 것은 그러한 분노의 배후에 있는 영들의 정체를 알지 못할 때 그들은 해방될 수 없다는 사실입니다.

이러한 분노는 그 사람의 안에 있는 화가 표출되는 것입니다. 그것은 그들이 과거에 경험했던 억울한 일들에 대해서 용서하지 않고 있을 때 더욱 힘이 강해집니다.

하지만 용서하는 것도 쉬운 일은 아닙니다. 인격적으로 어느 정도 수준이 있고 신앙이 깊은 이들도 잘 용서하지 못하는 경우가 많이 있습니다.

그것은 악한 영들이 용서하는 것을 방해하기 때문입니다.

악령들은 이 사람이 용서하는 순간에 자기들은 그 사람을 떠나야 하는 것을 압니다. 사람에게서 나가는 것은 그들에게 있어서 집을 잃어버리는 것과 같기 때문에 그것은 그들에게 아주 비극적인 일입니다. 그렇기 때문에 그들은 지속적으로 억울하다는 마음을 넣어줍니다.

절대로, 죽어도 용서할 수 없다는 마음을 넣어줍니다. 그렇게 함으로써 악령들은 할 수 있는 한 사람들의 안에서 계속 살아가려고 하는 것입니다.

이러한 것을 이해하고 경험하기 위해서는 영적 각성과 영의 감각이 필요합니다. 그러므로 영적으로 무지해서 영적 전쟁에 대해서 알지 못한다면 악한 영들의 속임에서 벗어나서 변화된 삶을 살기가 어려운 것입니다.

분노는 사람이 있는 곳이면 어디서나 발견할 수 있습니다. 아주 여리게 보이는 사람이라도 용기가 없어서 표출하지 못할 뿐이지 그 마음속에 분노를 가지고 있습니다.

이렇게 보편적인 현상이기 때문에 그 분노가 악한 영으로부터 나오는 경우가 많다는 것을 이해하는 이들은 별로 없습니다. 사람들은 어떤 사람이 화를 낼 때 그 사람의 성질이 못되었다고 생각할 뿐입니다.

분노가 나타날 때 그 분노의 영을 대적하는 이들은 거의 찾기 어렵습니다. 그것이 분노의 영인 줄 모르기 때문입니다.

분노가 악한 영으로부터 오는 것이라는 것을 충분히 이해했다면 중요한 것은 그것을 직접 적용해보는 것입니다. 일단 한번 분노의 영을 대적해본다면 그는 새로운 것을 경험하게 됩니다.

조금 전까지 일어났던 분노의 마음이 갑자기 사라져버리는 것을 느끼게 되는 것입니다. 분노의 영을 대적하는 순간 온 몸에 소름이 돋으며 전율이 일어나면서 무엇인가가 밖으로 빠져나가는 것을 느끼게 됩니다.

아마 처음에 이러한 경험을 하게 되면 놀랄 것입니다.

그리고 여태까지 정말 악한 영들에게 속아서 살아왔다는 것을 깨닫게 될 것입니다. 이러한 깨달음의 순간이 곧 자유함을 얻는 순간인 것입니다. 이런 경험을 반복해서 하다보면 이러한 이야기가 단순히 이론이 아닌 것을 알게 됩니다. 정말로 분노를 일으키는 악한 영들이 존재하고 활동하고 있으며 그것은 지옥의 영들이 나를 사로잡기 위한 방법이라는 것을 선명하게 깨닫게 되는 것입니다.

각 나라마다 역사하는 영들의 특성이 있습니다. 그것은 국민성과도 관련이 있는 것입니다.

분노는 특히 한국 사람들의 안에서 많이 역사하고 있는 영입니다. 한국 사람들은 사소한 일에도 잘 참지 못하고 폭발하는 경향을 많이 가지고 있습니다.

그것은 아마 과거에 5천 년간 겪어왔던 외세의 침략과 민족의 수난에 대한 고통들을 용서하지 않고 마음속에 담고 있었던 것이 잠재되어서 나타나는 것일 것입니다. 조상의 마음 안에 있던 것들은 후손들의 마음에도 영향을 미치기 때문입니다. 그것은 부모의 성격이나 기질이 자녀들에게 영향을 주는 것과 마찬가지입니다. 이것을 한국 고유의 '한'이라는 말로 표현하기도 합니다. 그것은 용서하지 않고 표출되지 않은 분노라고 할 수 있습니다. 이러한 특징을 가지고 있을 때 악한 영들은 이를 통해서 역사할 수 있는 것입니다.

분노의 영으로부터 좀 더 근원적으로 벗어나기 위해서는 우리는 용서의 마음과 사랑의 마음을 가져야 합니다. 하지만 먼저 분노와 관련된 영이 마귀라는 것을 이해해야 합니다.

당신의 가슴에 사랑을 채우지 않고 무조건 마귀만 쫓는다면 당신은 충분히 성공할 수 없을지도 모릅니다. 그것은 마음과 영이 비슷한 성질을 가지고 있으면 서로 끌어당기기 때문입니다. 그러므로 당신은 악한 영들을 끌어들일 수 있는 요소를 마음속에서 하나하나 제거해야 합니다.

하지만 이 기초를 부디 기억하시기를 바랍니다.
대부분의 경우에 분노는 지옥으로부터 옵니다.
분노는 당신에게서 오는 것이 아닙니다.
그것은 마귀로부터 옵니다.
부디 그 영을 받아들이지 마십시오.
그 분노의 기운을 대적하십시오.
당신이 그 영을 대적할 때 당신은 자유롭게 될 것입니다.
당신은 예전에 알지 못했던 변화를 경험하게 될 것입니다.
그리고 그 결과에 대해서 놀라게 될 것입니다.

5. 미움

미움은 분노의 근원입니다. 분노가 바깥에 표출된 행동이라면 미움은 분노를 일으키게 하는 원인입니다.
사랑이 천국의 영이며 천국에서 오는 것처럼 미움은 지옥의 영이며 지옥으로부터 옵니다. 그것은 악한 영들이 가져다주는 것을 사람이 받아들여서 사람의 안에 자리를 잡는 것입니다. 악한 영들은 미움을 가져다줍니다.
미워하는 마음은 악한 영들에게 에너지를 공급해주고 활동영역을 넓혀줍니다.

악한 영들은 사랑의 분위기 속에서 잘 움직일 수 없습니다. 그것은 햇살이 잘 드는 곳에 곰팡이가 낄 수 없는 것과 같습니다. 그들은 사랑의 분위기, 그리움, 보고 싶어 하는 것, 서로 축복하고 격려하는 분위기 속에서 아주 약해집니다.
그러나 그들은 미움의 분위기 속에서 활력을 얻습니다. 그것은 낮에는 힘이 없는 고양이의 눈이 밤에 어두운 곳에서 빛이 나는 것과 같습니다. 그와 같이 악한 영들은 어두움의 분위기 속에서 힘을 얻는 것입니다.
그러므로 미움으로 인한 시기와 질투, 험담, 그러한 분위기는 악한 영들에게 힘을 줍니다. 그렇기 때문에 악한 영들은 지옥의 기본적인 에너지인 미움과 미워하는 마음을 사람들의 안에 심어주기를 원합니다.

미움이 항상 분노로 표출되는 것은 아닙니다. 마음이 약한 사람들은 속에는 미움을 가지고 있지만 그것을 잘 표현하지 못합니다.

하지만 표출되지 않을 때 그 미움은 속에 있어서 속을 썩게 하기 때문에 그들은 몹시 고통을 느끼게 됩니다. 그래서 그들은 자기보다 약한 사람이나 만만한 사람을 만나면 그 미움을 표현하게 됩니다.

미움의 영을 많이 가지고 있는 사람은 모든 것을 미워합니다. 자기를 알아주지 않는 사람들을 미워하고 자기와 견해가 다른 사람들을 미워합니다. 자기의 이야기를 들어주지 않는 사람을 미워하고 자기를 위로해주지 않는 사람을 미워하며 자기와 삶의 스타일이 다른 사람들을 미워합니다.

그는 세상이 싫고 사람들이 싫습니다. 그렇기 때문에 그들은 사람들에게서 멀리 떠나 혼자서 사는 것을 좋아하게 됩니다. 그들은 바깥 어두운 데에서 혼자 삽니다. 이것이 그들의 영적 상태입니다.

사람들을 피하며 혼자서 오직 기도에만 힘쓰고 혼자 고독하게 지내는 것을 영적이라고 생각하는 사람도 있습니다.

예외적으로 그런 사명이 있을지는 모르지만 일단 그것은 천국의 특성은 아닙니다. 천국의 특성은 사랑이며 사랑은 서로 끌어당깁니다. 서로 그리워하고 같이 있을 때 행복해집니다. 그것이 사랑이며 천국의 분위기입니다.

혼자 있기를 좋아하는 것은 지옥의 특성이며 미움의 영을 가지고 있는 사람들의 한 특성입니다. 모든 것이 자기의 마음에 들지 않고 다 귀찮고 싫은 사람은 혼자 있고 싶어 합니다.

아무의 간섭도 받지 않고 싶어 합니다. 모두가 꼴 보기가 싫습니다. 하나도 마음에 드는 것이 없습니다.

그것은 다른 사람이 잘못되거나 세상이 잘못된 것이 아니라 그의 마음 안에 미움이 있기 때문입니다.

미움이 있는 마음은 지옥 그 자체입니다. 사람들은 정도의 차이는 있지만 어느 정도 다 마음속에 미움을 가지고 있는데 이것은 모든 사람들이 어느 정도는 다 흑암의 영들을 가지고 있기 때문입니다.

그 미움의 영에서 벗어나는 만큼 사람은 자유함과 행복과 천국을 누리게 됩니다. 아직 이 땅에 살아있는 동안에는 사람은 천국의 요소와 지옥의 요소를 같이 가지고 있습니다.

악한 영들은 항상 사람의 마음속에 이 미움의 기운을 집어넣는다는 것을 반드시 기억하여야 합니다. 이 미움의 영을 가지고 있는 이들은 항상 모든 것을 비판하며 판단하며 욕합니다. 그러한 사람들은 자신의 마음을 분별하고 영을 분별해서 그 영으로부터 벗어나야 합니다. 그렇게 하지 않는다면 그들의 삶은 이 땅에서도 비참하지만 영원한 곳에서는 더 비참해지게 됩니다. 그곳에서는 다시는 변화와 회개의 기회가 없기 때문입니다.

사람이 아무리 교회에 다니고 예수의 이름을 불러도 미움의 영을 가득하게 가지고 있다면 그는 천국에 속한 사람이 아닙니다. 그의 믿음은 명목상의 믿음에 불과한 것입니다.

나는 자신의 신앙이 좋은 줄로 생각하면서 항상 남을 비난하고 판단하고 잔소리를 해대고 미워하는 사람들을 많이 보았습니다.

세상의 악한 성향에 대해서, 믿지 않는 자들의 행동들에 대해서 비난하고 정죄하는 이들을 많이 보았습니다. 하지만 그들의 모습은 그리 아름다워 보이지 않았습니다. 그러한 판단과 정죄는 지옥에서 온 영이며 결코 주님으로부터 온 것이 아니기 때문입니다.

그러한 신앙은 실제적으로 주를 알고 있는 것이 아닙니다. 진정한 신앙은 실제적인 주님과의 교류를 가지고 있으며 천국의 영으로 사는 것입니다. 천국의 영으로 사는 것은 사랑의 영, 기쁨의 영, 감사의 영, 찬미와 예배의 영이며 미워하는 것, 원망하는 것, 판단하는 것과 같은 영은 지옥에서 오는 영들입니다.

당신의 안에 미움의 영이 있는지 없는지, 꼭 조심스럽게 살펴보십시오.

당신이 미운 사람을 많이 가지고 있다면 당신의 영혼은 그리 안전한 상태라고 할 수 없습니다. 사람들이 사랑스럽게 보이지 않는다면 당신의 영혼은 천국에 가까운 것이 아닙니다. 당신은 아직 기회가 있을 때 자신의 마음과 영을 바꾸어야 합니다.

이것은 체면의 문제가 아닙니다. 우리는 실제적인 자유함을 얻어야 하며 실제적인 천국의 삶을 살아야 합니다.

냉정하게 객관적으로 자신의 마음을 관찰하십시오.

변호하지 마십시오.

자신을 합리화하지 마십시오.

깊은 속에서 들리는 양심의 소리에 귀를 기울이십시오.

기회는 항상 있는 것이 아닙니다.

미움의 영을 가지고 있는 이들은 결코 행복한 삶을 살 수 없습니다. 그들은 항상 남과 싸우거나 마음속으로 거리감을 가지게 됩니다.

그들은 오직 자기들을 좋아하는 사람들만을 미워하지 않을 뿐입니다.

이것을 기억하십시오.

악한 영들은 항상 사람의 안에 미움의 기운을 심습니다.

부디 조심하여 그 악한 음식을 먹지 않도록 하십시오. 악한 영이 넣어주는 미움을 거절해야 합니다.

부디 그 영을 분별하고 대적하여 당신에게서 내보내십시오.

당신은 그 영과 싸움을 시작해야 합니다. 미움의 영이 당신에게서 완전히 사라질 때까지 전쟁을 해야 합니다.
부디 이 전쟁에서 승리하십시오.
충분히 깨닫고 충분히 분별하고 충분히 싸워서 승리를 경험하게 될 때 당신은 자신의 안에서 천국이 시작된 것을 느낄 수 있을 것입니다.
미움을 대적하여 버리고 사랑의 영을 받아들이십시오.
거기에서 지옥은 사라지고 천국의 기쁨이 시작하게 될 것입니다.
할렐루야.

6. 우울함과 어두움

마귀는 사람들에게 우울하고 어두운 마음을 넣어줍니다. 악한 영들이 넣어주는 마음 중에 밝고 행복한 마음은 없습니다. 그들이 넣어주는 마음의 특징은 항상 어둡고 침침한 것입니다.
그들은 삶의 모든 것이 허무하다고 속삭입니다. 모든 것이 다 귀찮을 뿐이라고 속삭입니다. 그들은 지독한 절망감이나 좌절감을 집어넣습니다.
외롭다는 마음을 넣어줍니다. 한 사람이라도 좋으니 마음이 통하고 말이 통하는 사람이 있었으면 좋겠다는 생각을 넣어줍니다. 그는 자신이 이 세상 속에서 혼자라고 느낍니다.
사실이 그런 것이 아니라 그런 느낌이 들게 됩니다.

하지만 그것이 사실인지 아닌지는 중요하지 않습니다. 중요한 것은 그가 그러한 상념 속에 사로잡혀 있다는 것입니다.
악한 영들의 존재를 알지 못하고 그들이 집어넣는 생각의 근원에 대해서 무지한 이들은 악한 영들의 밥이나 마찬가지입니다. 마귀는 그들에게 얼마든지 원하는 생각을 집어넣고 그들을 요리할 수 있습니다.
이 시대에 우울하고 어둡고 외로운 사람은 어디서든지 찾아볼 수 있습니다. 그것은 악한 영들이 열심히 활동한 결과입니다.

마음속에 외로움이나 슬픔이 올라오기 시작할 때 그것을 대적하는 이들은 별로 없습니다. 단순히 마음을 바꾸려고 하는 이들은 있을지 모릅니다. 하지만 그 배후에 악한 영들이 존재하며 그러한 감정들이 자기를 파괴하기 위해서 악한 영들이 심어주는 것임을 깨닫고 주의 이름으로 그 느낌과 감정을 대적하는 이들은 찾기 어렵습니다. 이러한 지식은 유감스럽게도 일반화된 것이 아닙니다.

부디 기억하시기 바랍니다. 이러한 마음들은 결코 주님으로부터 빛으로부터 오지 않습니다. 그것들은 악한 영들이 뿌려놓는 가라지들입니다.
문학적인 기질을 가지고 있는 이들은 어둡고 습기 찬 생각이 떠오를 때 그것을 시로써, 글로써 표현합니다. 그들은 삶의 허무함과 비참함을 이야기하며 죽음, 낙엽, 소녀, 이별.. 등에 관한 글을 씁니다.
그러한 것들은 고고한 정신세계인 것 같지만 사실은 귀신들이 넣어주고 있는 어두운 에너지를 세상에 전파하고 나누어주는 것입니다.
그러한 글들은 쓰는 자나 읽는 자들의 영혼을 억압하고 무기력하게 만듭니다. 그것은 이 세상에 더 많은 어두움이 가득하게 만듭니다.
빛의 영계를 알지 못해서 어두움의 영들에게 사로잡혀서 어둡고 음습한 생각에 빠져 있는 이들은 어두움의 전파자가 될 수

밖에 없는 것입니다. 어둡고 비참한 표정으로 처절하게 노래를 부르는 가수들도 있습니다. 그들의 음색에서는 절망적이고 어두운 기운이 흘러나옵니다.
그러한 사람들도 역시 어두움의 전파자입니다. 그들은 그러한 노래를 부를수록 더 깊은 어두움의 영계에 잡히며 그러한 노래를 듣는 이들을 같이 어둠 속으로 끌고 들어갑니다.

어둡고 우울하고 슬프고 염세적인 의식과 마음은 어두움의 영계에서 오는 상념들입니다.
그리 대단한 고난을 겪은 것도 아니면서도 자신이 엄청난 희생자이며 모든 비극의 주인공인 것처럼 여기는 이들이 많이 있습니다. 이들은 악한 영들을 그들이 스스로 받아들인 것에 불과합니다. 그것은 그들 스스로 지옥을 끌어들이고 있는 것입니다.
주님께 속하고 천국에 속한 사람들은 기가 막힌 환란을 겪으면서도 마음속에 소망과 감사함으로 가득합니다. 그것은 그들이 자신의 영혼을 어두움의 공격으로부터 지켜서 항상 주님과 천국의 빛 가운데 거하고 있기 때문입니다.

천국은 밝은 것입니다. 믿음은 밝은 것입니다.
그러므로 어둠과 우울함이 올 때 그것을 결박하고 대적해야 합니다. 그 기운이 우리의 심령에 스며드는 것을 그대로 내버려두어서는 안 됩니다.

믿음을 가지고 어두움의 영들을 대적하면 악령들은 물러가고 마음에 행복감이 생기게 됩니다.

우울하고 어둡고 슬픈 감정은 마귀들이 심어놓는 대표적인 마음들입니다. 우리가 이것들을 발견하고 대적할 때 점점 우리의 의식은 밝아지게 될 것입니다.

부디 우울함을 버리고 감사함과 기쁨으로 주님 안에 거하시기를 바랍니다. 주님을 기뻐하는 것이 우리의 힘이며 그렇게 살아갈 때 우리는 천국의 영광과 기쁨을 결코 빼앗기지 않게 될 것입니다. 할렐루야.

7. 불안과 두려움

마귀는 하나님을 대적하고 배반한 존재이며 그들에게는 최후의 심판이 기다리고 있습니다. 그러므로 그들의 의식 속에는 항상 기본적으로 불안과 두려움이 있습니다. 마귀가 있는 곳에는 두려움이 있습니다.

어떤 자매가 산에서 기도에 몰두했습니다. 그녀는 신령한 은혜를 경험하고 싶었습니다.

기도 중에 갑자기 어떤 힘이 임하더니 진동이 오고 알 수 없는 소리가 나왔습니다. 주위에서 기도하던 사람들이 다 은혜를 받았다고 부러워했습니다.

하지만 그녀는 그 순간부터 마음이 불안해져서 견딜 수가 없었습니다. 무섭고, 무섭고 또 무서웠습니다. 그래서 그녀는 기도원의 원장님인 목사님을 찾았습니다. 그녀가 너무 무섭다고 하자 목사님은 악한 영이 온 것이라고 하며 악한 영을 쫓아내는 기도를 해주었습니다.

그녀의 가슴에서 무엇인가가 쑥 빠져나갔습니다. 그러자 그녀는 마음이 시원해지면서 무서운 마음이 사라진 것을 느끼게 되었습니다.

이와 같이 두려운 것은 악한 영들이 심어주는 대표적인 느낌입니다. 현대인들에게 두려움과 불안이란 아주 익숙한 개념입니다. 대부분의 사람들은 이 불안과 두려움을 경험하고 있습니다. 그렇기 때문에 그것이 마귀에게서 왔다고는 전혀 생각지 않습니다. 심리학자들이나 정신의학자들은 이러한 이야기를 어처구니없다고 여길 것입니다.

그러나 두려움과 불안은 근본적으로 지옥에서 오는 것입니다. 그것은 하나님을 떠나서 제멋대로 사는 사람들에게 필연적으로 올 수밖에 없는 증상입니다.

아래의 성경 말씀은 하나님의 말씀을 순종하지 않고 그를 떠나는 이들에 대한 경고의 메시지입니다. 이 말씀은 현대인들이 겪는 불안과 두려움의 증상을 잘 보여주고 있습니다.

"네 생명이 의심나는 곳에 달린 것 같아서 주야로 두려워하며 네 생명을 확신할 수 없을 것이라 네 마음의 두려움과 눈의 보는 것으로 인하여 아침에는 이르기를 아하 저녁이 되었으면 좋겠다 할 것이요 저녁에는 이르기를 아하 아침이 되었으면 좋겠다 하리라" (신28:66,67)

이렇게 지독한 두려움에 시달리는 사람들이 점점 더 많아지고 있습니다. 정도의 차이는 있지만 오늘날 많은 사람들이 가벼운 불안에서부터 일상생활이 어려울 정도로 심각한 두려움에 이르기까지 다양한 불안 증상에 시달리고 있습니다.

어떤 이들은 미래에 나쁜 사고가 생기지 않을까 두려워합니다. 어떤 이들은 자신이 치명적인 질병에 걸리지 않을까 두려워합니다.

일상의 사소한 일에 부딪쳐도 두려워서 어쩔 줄 모르는 이들이 점점 더 많아집니다. 학생들은 시험과 성적을 두려워하며 직장인들은 일이나 상사에 대해서, 부모들은 자녀들로 인하여 걱정하고 염려하며 두려워합니다.

오늘날 성적 부진이나 시험에 대한 공포심으로 자살하는 학생들이 적지 않습니다. 어른들은 이것을 보고 요즘 젊은이들이 너무 유약하다고 말하지만 어른들도 마찬가지입니다. 사업의 실패로 인하여 자살을 시도하거나 취업이 되지 않아서 자살을 시도하는 젊은이들도 많습니다. 그러한 비극의 시작은 두려움에서 오는 것입니다.

대인관계로 인하여 두려워하고 경제 문제로 인하여 두려워하며 하루 종일 마음속에 근심과 염려가 끊이지 않는 이들이 오늘날 많이 있습니다. 문제 자체보다도 그 문제로 인한 두려움과 염려로 인하여 마음이 고통을 겪게 되는데 이것이 바로 지옥의 고통인 것입니다.

오늘날 너무나 많은 이들이 그런 식으로 시달리며 살고 있습니다. 그들의 마음은 항상 바쁘고 쫓깁니다. 항상 마음이 불안한 상태에 있습니다. 그러므로 그들의 마음은 지치고 피곤하여 스트레스를 받고 어디선가 다른 데에서 위로와 힘을 얻고 싶어 합니다. 그런 식으로 도피하기 위해서 중독과 탐닉에 빠지게 되는 것입니다. TV시청으로 도망가든, 쇼핑으로 도망가든, 공상의 세계로 도피하든 두려움을 피하여 그들의 마음이 다른 곳으로 숨기를 원하는 것입니다.

하지만 의식이 잠시 다른 곳으로 도망간다고 해서 문제가 해결되지는 않습니다. 그러한 도피는 그들의 의식과 영혼을 마비시키기 때문에 그렇게 숨고 있는 동안 증상은 더 깊어지기 마련입니다.

이러한 불안과 두려움은 마귀에게서 옵니다. 지옥에서 옵니다. 그것은 사람이 하나님을 떠나 자기가 주인이 되어서 살기 때문에 지옥의 영들이 통치하러 온 것입니다. 주님과 천국의 지배를 받지 않는 사람은 마귀와 지옥의 통치를 받게 됩니다.

교회에 가고 오랫동안 신앙생활을 한다고 해서 다 주님의 통치를 받고 있는 것은 아닙니다.

현실적으로 적지 않은 그리스도인들의 삶이 불신자보다 나을 것이 없습니다. 그들은 주님의 통치를 받고 있는 것이 아니기 때문입니다.

어떤 이들은 영적 사역을 하며 다른 이들을 가르치며 지도하는 입장에 있지만 똑같이 마음이 불안하고 쫓깁니다.

그것은 그들이 아직 진정한 천국에 대해서 알지 못하는 것을 보여주는 것입니다. 마음에서 일어나는 열매는 곧 그의 영적인 실체와 위치를 보여줍니다.

천국에는 항상 기본적으로 평화와 기쁨이 있습니다. 그러므로 마음속에 항상 불안과 긴장이 있는 이들은 신앙의 기본적인 부분들, 자신이 과연 주님의 지배 가운데 있는지, 진정 주님을 사랑하며 그 발 앞에서 굴복하는 삶을 살고 있는지 돌아볼 필요가 있습니다.

주님이 왕으로서 좌정하실 때 거기에는 놀라운 기쁨과 평강이 임하게 되며 그 기쁨과 평강은 눈앞에 칼이 온다고 해도 사라지지 않기 때문입니다.

불안과 두려움에 자주 사로잡히는 이들은 그들의 문제가 환경에 있다고 생각합니다. 환경이나 다른 사람들 때문에 불안과 두려움이 생긴다고 생각합니다.

그러나 그것은 오해입니다. 그것은 그의 영혼의 문제입니다. 그의 영혼이 어두운 곳에 소속되어 있으며 어두움의 영들과 관련을 맺고 있기 때문에 그러한 증상이 생기는 것입니다.

악한 영들은 이미 그들의 마음대로 이러한 사람들의 마음과 생각 속에 들어갔다 나왔다 하면서 그들의 삶을 지배하고 있는 것입니다.

그러므로 이러한 사람들은 환경이 바뀌어도 여전히 불안합니다. 그들을 괴롭히며 그들에게 두려움을 주는 사람이 사라져도 그들은 여전히 불안합니다. 그들은 혼자 있어도 아무런 일이 없어서 계속 불안하고 또 불안합니다. 그것은 그 사람의 영혼의 문제인 것입니다.

불안과 염려, 근심, 두려움.. 이와 같은 것은 다 악한 영들이 우리의 마음속에 뿌려놓는 작품들이며 재앙인 것입니다. 그것들은 그들의 활동결과입니다.

그러한 두려움과 불안 증상이 악한 영들로부터, 지옥으로부터 온다는 사실을 알지 못하는 이들은 그것을 이길 수 없습니다. 그들은 병을 가지고 있고 병의 증상으로 인하여 고통을 겪고 있으나 병의 원인과 치유책을 알지 못해서 고통을 겪고 있는 환자와 같습니다.

그러나 그 영들의 근원을 알고 우리에게 주어진 권세와 능력을 안다면 우리는 그 영들을 제거할 수 있습니다. 그리하여 자유한 삶의 세계로 나아갈 수 있습니다.

바른 이해와 바른 깨달음을 가지고 충분히 이를 적용할 때 우리는 자유와 해방의 삶이 그리 멀지 않은 것을 알게 될 것입니다.

8. 혼자 있게 함

악한 영들은 사람의 마음속에 혼자 있고 싶어 하는 마음을 자주 집어 넣어줍니다. 그것은 혼자 있을 때 악한 영들이 마음대로 그를 공격할 수 있기 때문입니다.

마음이 상했을 때 사람들은 흔히 말합니다. '나를 좀 내버려둬요. 나 혼자 있고 싶어요. 나를 혼자 있게 해 주세요.'

하지만 그것은 별로 좋은 일이 아닙니다. 혼자 있을 때 그의 마음속에는 각종 어둡고 비참하고 악한 상념들이 떠오릅니다. 다른 사람이 옆에 있다면 지금 그가 좋지 않은 생각을 하고 있다는 것을 알 수 있을 것입니다. 그가 엉뚱한 이야기를 할 때 주위에서 그것은 옳지 않다고 말을 해줄 수도 있을 것입니다. 하지만 그는 지금 혼자이기 때문에 자신의 마음속에서 일어나는 생각들을 객관적으로 볼 수 없습니다. 그는 쉽게 그러한 생각 속에 사로잡히게 됩니다.

영이 맑고 분별할 수 있을 때 혼자 있는 것은 그리 나쁘지 않습니다. 그러나 영이 좋지 않을 때 혼자 있는 것은 좋지 않습니다. 악한 영들은 그러한 기회를 노립니다.

혼자 있을수록 사람은 비참해집니다. 무리에서 떨어져 혼자 있는 양들은 맹수의 밥이 됩니다. 어두운 숲 속에서 양 한 마리가 목자의 품과 다른 양들의 사이에서 떠나 방황한다면 그가 위험한 상황에 부딪칠 것은 뻔한 일입니다.

이것은 주님과의 깊고 친밀한 교제의 기쁨을 위해서 혼자 있기를 원하는 상태와는 다른 것입니다. 자신의 영성을 깨우고 발전시키기 위하여 혼자 있는 것과는 다른 것입니다.

그러한 혼자 있음은 사실 혼자 있음이 아니라 주님과 깊은 친밀감 속에서 같이 있는 것입니다. 거기에는 영광이 있으며 거룩함이 있으며 놀라운 행복감이 있습니다.

그러나 기도와 주님과의 교류가 아닌 혼자 있기를 좋아하는 성향은 많은 경우에 악한 영들에게 공격할 수 있는 기회를 주는 것입니다. 악한 영들은 그가 혼자 있는 동안 많은 악한 생각과 악한 기운들을 그의 안에 불어넣습니다.

자살하는 사람은 대체로 혼자 있는 사람입니다. 무리 가운데서 교제를 나누며 즐거워하는 가운데 자살을 하는 사람은 없습니다. 그는 혼자 있기 때문에 어서 삶을 마치라는 악령의 음성에 사로잡히게 됩니다.

나는 오래 전에 어떤 어머니의 간청으로 악한 영에게 시달리고 있던 그녀의 아들을 도와주려고 한 적이 있었습니다. 하지만 그에게 접근하는 것이 쉽지 않았습니다. 그는 문을 굳게 잠그고 아무도 자기에게 오는 것을 허용하지 않았습니다.

어쩌다 마음이 열리면 대화를 할 수 있었고 그렇게 되면 그의 어두운 얼굴은 환하게 밝아졌습니다. 정신이 맑은 상태에서 그는 이런 이야기를 했습니다. "하루 종일 혼자 있다 보면 마음이 이상해지는 것 같아요."

그것은 사실입니다. 하루 종일 혼자서 어두운 공간에서 가만히 있다 보면 온갖 이상한 생각이 떠오르게 될 것입니다.

사람은 동물이기 때문에 식물처럼 가만히 있으면 온갖 병에 접하게 됩니다. 그러므로 사람은 밝은 세상으로 나가서 활발하게 움직이고 다른 이들과 교제해야 합니다. 그렇지 않고 하루 종일 혼자의 세계에서 헤매는 사람은 영적 공격을 받을 수 있는 것입니다.

많은 이들이 지독한 외로움에 시달리고 있으면서도 한편으로는 혼자 있고 싶어 합니다. 혼자를 편하게 느끼며 다른 사람들과 같이 있는 것을 힘들어합니다. 이것은 이 시대의 중대한 증상중의 하나입니다.

하루 종일 외출도 하지 않고 TV나 컴퓨터에 몰두하며 자기만의 세계에 빠져있는 사람들이 점점 더 늘어갑니다. 스스로 '폐인'이라고 부르는 자조적인 언어도 생겨났습니다. 긍정적인 면에서, 하나의 독특한 문화적인 특성으로써 '폐인'이라는 용어를 사용하기도 하지만 그것은 이미 하나의 병적 증상입니다.

이러한 고독의 배후에는 불안감과 두려움이 내재되어 있습니다. 자기 혼자만의 세계에 갇혀서 바깥 세계에 나가는 것을 두려워하는 것입니다. 이것은 문자 그대로 감옥에 갇혀 있는 것입니다. 그들은 스스로의 감옥에 갇혀서 나올 생각을 하지 않고 있습니다. 그들은 다른 사람들을 두려워하며 바깥세상을 두려워합니다.

오늘날 이 시대의 영혼들은 고독합니다. 그리스도인이나 비그리스도인이나 할 것 없이 많은 영혼들은 고독합니다. 그들은 이 세상에서 자신이 혼자라고 느낍니다.
하지만 만남에는 두려움이 있고 불편함이 있고 상처가 있기 때문에 사람들은 점점 더 만남을 두려워합니다. 그리고 외로움 속에 있으면서도 또한 혼자 있고 싶어 합니다.
혼자 있기를 원하는 것, 그것은 악한 영들이 심어준 성향이라는 것을 우리는 이해해야 합니다. 우리는 그러한 증상에서 나와야 합니다. 사람이란 교제를 통해서, 사랑함을 통해서 진정한 행복과 만족을 얻을 수 있는 존재이기 때문입니다.
신앙은 곧 교제입니다. 신앙이란 주님과 교제하는 것이며 다른 성도들과 같이 교제하는 것입니다.
천국은 혼자 있는 것이 아니며 함께 있고 함께 사랑하며 거하는 곳입니다. 이 땅에서 고독하고 혼자 있기를 좋아하는 사람은 영원한 곳에 가서도 영원히 어두운 곳에서 혼자 살게 됩니다. 그곳은 빛의 세계가 아닙니다.

나는 스스로 깊은 영성인이라고 생각하고 있는 이들, 또한 그렇게 추앙을 받고 있는 이들 중에서 우울하고 어두운 이들을 많이 보았습니다. 혼자 있기를 좋아하며 어둡고 침울한 모습을 가지고 있는 이들을 많이 보았습니다. 자아가 파쇄되어야 하며 깨어져야 한다고 말하며 슬픈 표정으로 있는 이들을 많이 보았습니다.

그것은 속고 있는 것입니다. 그들은 깊은 것이 아니라 눌려 있는 것입니다. 믿음의 세계는 천국이며 빛의 세계이며 거기에는 밝음과 맑음과 자유함과 행복감이 있습니다.

혼자 있고 싶어질 때 아무도 만나고 싶지 않을 때, 그저 혼자서 어둠 속에 침잠하고 싶은 충동이 일어날 때 우리는 그 느낌을 분별해야 합니다. 많은 경우 그러한 충동은 지옥에서 옵니다. 그러므로 우리는 그 느낌을 대적하고 빛의 세계로 나아가야 합니다.

혼자 있을 때 사람들은 마귀에게 쉽게 속습니다. 그에게는 각종 이상한 생각이 떠오르는데 그는 그것을 객관적으로 분별할 수 없습니다.

하지만 같이 있을 때 그 마귀가 주는 엉터리와 같은 생각은 쉽게 드러납니다. 그러므로 마귀는 그가 혼자 있기를 원하는 것입니다.

우리는 잠시 혼자 있을 수 있습니다. 하지만 곧 바깥으로 나와야 합니다. 무리 가운데로 들어가야 합니다. 나에게 속한 무리를 찾아야 하며 그 교제 가운데로 들어가야 합니다. 그것이 안전하고 행복하며 좋은 일입니다.

악한 영들은 우리를 소속에서 벗어나 혼자 있게 만들려고 합니다. 하지만 그것은 좋지 않습니다.
우리는 혼자서 흑암의 모든 세력을 대적할 수 없습니다.
우리에게는 교제와 나눔과 협력과 사랑의 관계가 필요합니다.

할 수 있는 한 혼자 있는 것을 피하십시오.
고독의 충동이 있을 때 그 영을 분별하십시오.
혼자에서 벗어나 아름다운 교제 안으로 들어오십시오.
우리가 분별하고 깨어날수록
우리는 악한 영들의 장난에서 벗어나
자유롭고 행복한 삶을 살 수 있게 될 것입니다.

9. 나쁜 사건들을 일으킴

무슨 일을 해도 잘 안 되는 사람이 있습니다. 지하철을 타려고 달려오면 바로 코앞에서 문이 닫히고 차는 떠납니다. 아주 중요한 약속이 있는데 그만 꾸물거리다가 지각합니다. 모처럼 놀러가려고 마음을 먹었더니 날씨가 좋지 않습니다. 무슨 일을 계획하고 추진하든지 이상하게 안 되는 쪽으로만 작용합니다. 이런 사람은 항상 푸념을 하면서 '나는 운이 없다'고 투덜거립니다.

항상 크고 작은 사고가 끊이지 않는 사람들도 있습니다. 이들은 툭하면 부딪치고 넘어지고 다칩니다. 이런 일이 반복되면서 '가문의 저주'라고 말하는 사람도 있습니다.

이러한 일들은 정말 악한 영들의 저주일까요? 집안의 저주가 내려오는 것일까요?

어느 정도는 맞는 이야기일지 모릅니다. 작은 사고라도 할지라도 거기에는 악한 영들의 개입이 있는 것이 보통이기 때문입니다.

어떤 어린이가 영안이 열려서 귀신들의 움직임을 보게 된 적이 있었습니다. 어린이들은 그 마음이 순수하기 때문에 영의 세계를 접촉하기 쉬운 면이 있습니다.

그는 작은 꼬마가 달려가는 것을 보았습니다. 그런데 그 꼬마의 주위에 시커먼 작은 두 존재를 보았습니다. 그 두 존재는 작은 악령인 것 같았습니다.

그 두 작은 악령은 킥킥거리고 웃으면서 꼬마 아이가 달려가는 길에 고무줄과 같은 줄을 발에 걸리도록 걸리게 했습니다. 그러자 꼬마는 달려가다가 그 줄에 걸려서 넘어지고 말았습니다. 그것을 보고 꼬마의 어머니가 '저런!' 하면서 달려왔습니다. 작은 악령들은 그것을 보면서 아주 즐거운 듯이 깔깔거리고 웃었다고 합니다.

이것은 어처구니없는 이야기로 들릴지도 모르겠습니다. 하지만 크고 작은 사고라고 하더라도 거기에는 어떤 영들의 개입이 있는 경우가 많이 있습니다.

어떤 사건들은 물질계에서 일어나기 전에 먼저 영계에서 일어나기 때문입니다. 그것은 건물을 짓기 전에 먼저 설계도가 있는 것과 같습니다. 건물을 짓는 행동이 있기 전에 건물을 지어야겠다는 생각이 있는 것입니다.

그처럼 보이는 행동 이전에 보이지 않는 생각이 먼저 있는 것이며 보이는 세계 이전에 보이지 않는 세계에서의 움직임이 있는 것입니다. 그렇기 때문에 사고가 생기기 전에 영이 예민한 사람들은 꿈이나 예감을 통해서 그 경고를 받게 되는 것입니다.

이상하게 좋지 않은 일만 계속 생기는 사람들은 좋지 않은 영들이 그를 따라다니면서 훼방하고 괴롭힐 가능성이 충분히 있는 것입니다. 그러므로 이런 사람들은 그러한 영들을 다 쫓아버리고 맑은 상태에서 살아가야 합니다.

우울하고 매사에 부정적인 어떤 청년과 대화를 나누는 중에 그가 이런 이야기를 하였습니다. 자기는 차를 몰지 않으며 운전면허를 따려고 생각하지도 않는데 그것은 자신이 운전을 하면 꼭 사고가 날 것 같다는 것이었습니다. 그는 평소에 안 좋은 일들이 자주 일어나는 유형의 사람이었습니다.

그렇게 사고가 날 것 같다고 생각하고 있는 이들은 정말 사고가 날 수 있습니다. 왜냐하면 그러한 상념들, 사고가 날 것 같은 느낌들은 악한 영들이 집어 넣어주는 것이기 때문입니다. 그런 생각이 쉽게 떠오르고 그럴 것 같은 느낌이 드는 것은 이미 악한 영들이 그의 안에서 장난을 하고 있는 것입니다. 그러므로 그러한 이들은 사고를 당할 가능성이 높습니다.

직장을 다니고 있던 어떤 형제가 이제는 직장을 그만 두고 창업을 해야겠다고 마음을 먹었습니다. 그러나 막상 장래가 불투명한 모험의 일에 뛰어들려고 하자 마음에 불안감이 닥쳐왔습니다. 그는 이것저것 사업의 구상을 하는 가운데 계속 마음이 불편했으며 밤에는 잠도 잘 이룰 수 없을 정도로 고통스러웠습니다. 그는 한 동안의 고민 끝에 창업을 포기하고 말았습니다.

이런 경우에 모험을 포기한 것은 잘 한 일입니다. 미래에 대한 그러한 근심과 염려로 가득할 때는 실제로 좋지 않은 일들이 생길 수 있기 때문입니다. 그러한 것들은 다 좋지 않은 영들이 어두움과 두려움의 생각을 넣어주는 것이며 이미 그 생각이 마음속에 들어왔다면 부정적인 창조가 시작되었다는 것을 보여주는 것입니다. 이러한 경우에 충분한 기도와 찬양을 통해서 그 부정적인 기운과 느낌을 쫓아내고 영혼의 평화를 얻기 전까지는 어떤 일도 시작하지 않는 것이 좋은 것입니다.

일상의 크고 작은 사고라 할지라도 거기에는 악한 영들의 개입이 있는 것이 보통입니다. 악한 영들은 생각과 의식이 어두운 사람들을 따라다닙니다. 그래서 그들은 그러한 사람들을 괴롭히며 사고를 일으키는 것으로 즐거움을 삼습니다.
악한 영들이 그러한 사람들을 따라다니며 사고를 일으키고 일을 안 되게 하는 것은 그러한 사람들이 악한 영들을 끌어당기는 요소를 가지고 있기 때문입니다. 그것은 가문의 저주가 아닙니다. 똑같은 가정에서 비슷한 환경에서 자라났다고 하더라도 다 같이 안 되고 망하는 것은 아닙니다. 그것은 개인적인 특성에 관련된 것입니다.
그러한 사람들은 생각이 부정적이고 어두운 사람들입니다. 모든 것을 항상 나쁜 방향으로 해석하는 경향을 가지고 있습니다. 어떤 일이 있어도 항상 최악의 경우를 생각하고 준비하는 스타일입니다.
예를 들어서 아주 멋진 이성이 자신을 사랑해줄 때 이러한 사람들은 자신에게 주어진 행복을 믿지 않으며 '언젠가는 그가 떠나갈 거야. 나는 그 때를 대비하고 있어야 돼.' 하고 생각하는 것입니다. 이러한 사람들은 대체로 크고 작은 재앙이나 사고를 끌어당기게 됩니다.

어둡고 비관적이고 염세적인 의식은 악한 영들, 사고의 영들을 끌어당깁니다. 그래서 모든 일들이 항상 좋지 않은 방향으로 진행이 됩니다. 남들이 하면 멀쩡한 일을 이러한 사람들이 하면 꼭 사고가 나게 됩니다.

이러한 사람들은 악한 영들을 대적하고 쫓아내야 하지만 또한 그러한 악령들이 가까이 오지 않도록 마음을 밝게 바꾸는 훈련을 해야 합니다. 믿음의 고백과 감사의 훈련, 긍정적인 입술의 훈련을 해야 합니다.

내 경우가 그러했습니다. 나는 항상 모든 일이 나쁜 쪽으로 진행되던 사람이었습니다. 예를 들어서 어렸을 때 학교에 다니거나 군대에 있을 때 인도자가 사람들에게 겁을 주기 위해서 본보기로 누군가를 때려야 할 경우에 항상 걸리는 사람이 나였습니다. 부대에서 사고가 생기면 다치는 사람은 항상 나였습니다. 언제나 불행은 나를 찾아다니는 것 같았습니다.

나는 모태신앙으로 어릴 적부터 교회에 다녔지만 영의 세계를 이해하게 되고 영적 경험을 하기 전까지 나의 삶은 참으로 비참했습니다.

나중에 실제적인 기독교에 대해서 배우고 경험하게 되면서 나

의 삶은 바뀌기 시작했습니다. 나는 성령세례에 대해서 알게
되었고 부르짖는 기도를 배우게 되었고 방언기도를 하게 되었
습니다. 악한 영들을 대적하는 것도 알게 되고 다양한 기도의
훈련과 영성의 훈련을 하는 가운데 영의 정화가 이루어지게
되었습니다.

점차로 기쁨을 경험하기 시작했고 부정적이고 어두운 의식이
사라지기 시작했습니다. 그렇게 의식과 기질이 바뀌게 되자
삶 자체가 바뀌게 되었습니다.

나를 따라다니던 영의 종류가 바뀌기 시작했습니다. 그 후로
는 그 전과 반대의 상황이 되었습니다. 무슨 일을 하든지 항상
좋은 방향으로 일이 이루어지게 되었습니다.

항상 불운하던 사람이 이제는 항상 행운이 따르는 사람이 되
어버렸습니다. 그것은 따라다니는 악한 영들이 사라지게 되고
점점 더 많은 천사들이 돕기 시작했기 때문입니다.

사도행전 2장의 오순절 사건을 보면 성령이 임하시고 '각 사람
의 위에 임하여 있더니' (행2:3) 라는 말씀이 나옵니다.

각 사람의 머리 위에는 그 사람과 관련된 영이 머물러 있습니
다.

어떤 이들은 그 머리 위에 혼미한 영들이 머물러 있습니다. 당
연히 그의 삶은 엉망이 될 것입니다. 어떤 사람에게는 빛의 영,
거룩한 영이 머물러 있습니다. 그의 삶은 당연히 풍성해지게
됩니다. 그를 따라다니며 보호하는 영이 어떤 존재냐에 따라

3부 악한 영들의 활동, 원리, 특성

그 사람의 삶이 달라지는 것입니다. 나는 영의 상태가 곧 그 사람의 미래인 것을 알게 되었습니다. 그리하여 영의 상태가 좋지 않을 때 좋지 않은 일들이 생기며 영의 상태가 좋을 때 좋은 일들이 일어난다는 것을 경험으로 알게 되었습니다. 그래서 영의 상태가 좋지 않고 머리가 혼미할 때는 속히 악한 영을 대적하고 생각을 정화시키며 맑은 영을 회복하는 것이 그 어떤 일보다 중요하다는 것을 깨닫게 되었습니다.

예를 들어 정신이 혼미할 때 나는 물건을 잃어버리거나 집안의 가전제품이 망가지거나 부딪쳐서 다치거나 하는 일이 생기는 것을 알게 되었습니다. 그래서 그것을 깨닫고 정신과 영을 회복시키면 곧 상황도 호전되는 것을 경험하게 되었습니다.

이러한 이야기는 영의 세계가 우리의 삶과 아주 밀접한 관련을 맺고 있다는 것을 설명하기 위한 것입니다. 영이 어둡고 혼탁하고 좋지 않을 때 악한 영들은 우리를 괴롭히며 공격할 수 있는 것입니다.

그러므로 우리는 우리의 영을 항상 맑게 지키고 유지해야 합니다. 우리의 물질을 지키는 것보다 우리의 영을 지키는 것이 훨씬 더 중요하고 근원적인 것입니다.

악한 영들은 생각이 어두운 사람을 따라다니며 크고 작은 사고를 일으킵니다. 그것은 사람을 괴롭히는 것이 그들에게 기쁨을 주기 때문입니다.

어두운 의식에는 반드시 좋지 않은 사건이 일어날 수 있다는 것을 부디 기억해두십시오. 아무리 그리스도인이라고 하더라도 그 마음의 생각이 어둡고 부정적이면 천사들은 그러한 이들의 옆에 있기 어렵습니다. 그러므로 그들은 보호를 받지 못하는 것입니다.

그러므로 그리스도인들은 항상 맑고 밝은 마음으로 감사하고 사랑하며 긍정적인 마음을 가지고 살아가야 합니다. 어둡고 비관적인 생각이 들어올 때 재빨리 그 마음을 대적하여 쫓아내야 합니다. 모든 일을 중단하고 그 어두운 기운을 대적하여 소멸시켜야 합니다.
지속적으로 그렇게 하여 우리의 의식과 생각이 바뀌게 될 때 악한 영들은 더 이상 우리를 괴롭힐 수 없을 것입니다.
우리의 의식과 영이 바뀔 때 우리의 삶은 바뀌게 될 것입니다.
우리는 사고를 몰고 다니는 사람이 아니라 모든 일에서 항상 형통하는 사람이 될 것입니다.
항상 하는 일마다 길이 열리며 하늘에서 도움이 오는 것을 경험할 수 있게 될 것입니다. 그리하여 우리는 항상 빛과 기쁨과 즐거움 속에서 아름답고 행복한 삶을 살 수 있게 될 것입니다.

10. 원망과 불평

우리는 어디서나 원망과 불평을 하는 이들을 발견할 수 있습니다. 그들은 지옥에 속한 사람들입니다.
어떤 이들이 자주 교회에 간다고 하더라도, 자주 기도를 한다고 하더라도, 신앙경력이 오래 되었다고 하더라도, 교회에서의 지위가 높은 사람이라고 하더라도 그가 불평을 하는 사람이라면 그 사람은 천국에 속한 사람은 아닙니다. 그는 지옥과 가까우며 지옥의 영들로 둘러싸인 사람입니다.
원망과 불평은 지옥에서 오며 지옥의 에너지와 재앙을 공급합니다. 그것은 감사와 찬양이 천국으로부터 오며 천국의 풍성함을 공급하는 것과 같습니다.

이상하게도 믿지 않는 자들 중에서도 감사하는 이들을 볼 수 있습니다. 더 이상한 것은 믿는 자들 중에서도 불평과 원망을 가지고 있는 이들을 보게 되는 것입니다. 그들은 교회에 대해서 불평하고 사역자에 대해서 불평하며 다른 사람이나 환경에 대해서 불평합니다. 무서운 것은 그들은 자신이 불평하고 원망을 하고 있다는 사실조차 잘 모릅니다.
그것은 그들의 믿음이 껍데기이며 실제가 아닌 것을 보여줍니다. 즉 그들은 주님의 영에 의하여 지배를 받는 것이 아니라 악한 영들의 지배 가운데 있으며 천국의 기쁨과 천국의 능력에 대해서는 알지 못하고 있는 것입니다.

악한 영들은 사람들에게 불평하는 마음과 원망하는 마음을 넣어주려고 노력합니다. 이것에만 성공하면 그들은 지옥의 많은 재앙과 저주를 그들에게 내릴 수 있기 때문입니다.

불평하고 원망하는 이들은 그들이 알지 못하고 있을 뿐 악령들이 넣어준 생각을 받아들인 것에 불과합니다. 즉 그들은 악한 영의 통로이며 도구가 되어 지옥의 능력을 공급하고 있는 것입니다.

어떤 사람이든지 그가 과거에 얼마나 많이 기도했었고 얼마나 깊은 주님의 은총을 경험했었던지 간에 그가 지금 불평한다면 그에게는 하늘 문이 닫히고 지옥의 재앙과 저주가 오게 됩니다. 그가 원망하는 순간 하나님의 임재는 소멸되고 지옥의 악령들이 더욱 더 강력하게 그를 지배하게 됩니다. 그렇기 때문에 악령들은 어떻게 하든지 믿는 자들의 입을 지배해서 원망을 쏟아놓도록 유도하는 것입니다.

나는 수시로 불평과 원망을 쏟아놓으면서 삶이 잘 풀려나가는 이들을 본 적이 없습니다. 그러한 이들은 인간관계에 있어서나 가정생활에 있어서나 항상 불행하였습니다.

그들은 되는 일이 없었고 항상 모든 일들이 좋지 않게 흘러갔습니다. 그들은 대낮에도 함정에 빠졌으며 아무도 걸려 넘어지지 않는 돌부리에 걸려 넘어졌습니다. 그것은 불평으로 인하여 그를 보호하는 천사는 귀를 막고 달아나 버리고 악령들은 마음 놓고 그를 공격할 수 있기 때문입니다.

이스라엘 백성은 하나님의 놀라우신 권능과 기적을 통하여 애굽에서 탈출하였습니다. 당시 애굽의 군대는 세계 최강의 군대였습니다.

그러나 광야에서 이스라엘 백성은 그들을 공격하는 군대가 하나도 없음에도 불구하고 다 멸망하고 말았습니다. 그것은 그들이 불평을 했기 때문입니다.

그들은 하나님의 선물인 가나안을 거절했으며 원망을 했습니다. 그들은 물이 없다고 불평했으며 먹을 것이 없다고 불평했습니다. 그들의 불평은 다 이유가 있는 것으로 보였지만 그것은 결국 그들을 지으시고 구원하시고 인도하신 하나님에 대한 거역이며 불평이었습니다. 그리고 그로 인하여 광야에서 비참한 죽음을 맞고 말았습니다.

그들의 상황을 보면 정말 불평이 나올 수밖에 없다고 생각될지도 모릅니다. 낮에는 살인적인 더위가, 밤에는 혹독한 추위가 있었습니다. 먹을 것, 마실 것도 제대로 없었습니다. 툭하면 굶주리고 목이 말라 견딜 수가 없었습니다. 황량한 광야의 생활은 그들에게 아무런 문화적인 삶이나 여유를 공급하지 않았습니다. 그런 환경이라면 어찌 불평이 나오지 않을 수 있느냐고 생각하는 이들도 있을지 모릅니다.

하지만 이것은 분명합니다. 상황이 어떻든 간에 불평하는 이들은 다 망하고 죽는다는 것입니다. 그것은 광야의 이스라엘이라고 해서 예외가 되는 것은 아닙니다. 그것은 시대를 초월해서 그 어느 누구나 마찬가지입니다. 원망하고 불평하는 자는 망합니다.

오늘날 많은 그리스도인들은 감사를 하지 않고 불평합니다. 그들의 불평은 겉으로 보기에는 옳은 말처럼 들립니다. 그들은 믿지 않는 남편으로 인하여 불평하며 말을 듣지 않는 자녀들로 인하여 원망합니다. 어려운 경제로 인하여 불평하며 하나님의 은혜가 임하지 않는다고 불평합니다. 집이 작다고 불평하며 베란다가 좁다고 불평하며 햇볕이 들어오지 않는다고 불평합니다. 이 사람은 이래서 답답하고 저 사람은 왜 저런지 모르겠다고 불평합니다. 그들의 입에서는 지옥의 악취가 끊이지 않습니다.

그러한 그들의 불평은 다 이유가 있는 것 같지만 그 근원은 동일합니다. 그것은 지옥에서 오는 것입니다. 그 불평은 그들을 파멸로 이끕니다. 그렇게 불평하는 이들은 환경이 바뀌어도 결코 불평이 끝나지 않습니다. 불평은 지옥에서 오며 그들의 마음속에 있기 때문입니다.

불평하는 사람은 입이나 목에 문제가 생기는 경우가 많습니다. 이빨이나 잇몸이 잘못되는 경우가 많습니다. 많은 경우에 그것은 심한 고통을 주며 병원에 가서 온갖 치료를 받아도 해결되지 않습니다. 그러나 그 입으로 불평을 그치고 감사와 찬양을 드리기 시작하면 입의 병은 회복되기 시작합니다.

유명한 간증에 이러한 이야기가 있습니다.

어떤 그리스도인이 혀 암에 걸렸습니다. 그는 많은 치료를 받았지만 도저히 고침을 받을 수가 없었습니다. 결국 그의 혀를 자를 수밖에 없게 되었습니다.

의사는 그에게 말했습니다. '이제 며칠 후에는 수술을 해야 하기 때문에 당신은 더 이상 말을 할 수가 없습니다. 그러므로 이제 하고 싶은 말을 충분히 하십시오.' 라고..

그가 집에 돌아가서 곰곰이 생각을 하였습니다. 이제 조금 있으면 나는 말을 할 수 없는데 지금 내가 마지막으로 해야 할 말이 무엇인가? 하고.. 그러다가 이런 생각이 들었습니다.

나는 평생에 별로 하나님의 은혜에 감사하고 찬양하는 말을 하지 않은 것 같다. 그러니 이제 마지막으로 하나님의 은혜에 대한 감사와 찬양의 말을 해야겠다.. 그는 그렇게 작정했습니다.

그는 하루 종일 하나님을 찬양하기 시작했습니다. 감사하기 시작했습니다. 보이는 모든 것으로 인하여 보이는 모든 사람으로 인하여 하나님께 감사하고 찬양을 했습니다.

그가 며칠 후에 의사에게 갔을 때 의사는 검사를 마친 후에 놀란 표정으로 말했습니다. '이것은 기적입니다. 그 동안 무슨 일이 있었습니까? 당신의 혀를 자를 필요가 없어졌습니다.'

이것은 유명한 간증입니다. 이것은 감사와 찬양이 기적을 가져온다는 것을 입증할 수 있는 놀라운 이야기입니다.

감사와 찬양이 비단 육체의 치유만을 가져올까요? 그것은 천국의 능력이 임하게 하는 도구이기 때문에 육체의 치유뿐만 아니라 삶의 모든 부분에서 놀라운 능력과 역사가 임하게 할 것입니다. 천국에서는 불가능한 것이 없기 때문입니다.

감사와 찬양이 천국을 가져오듯이 불평과 원망은 지옥의 모든 악을 가져옵니다.

아무리 아름다운 사람이라도 그가 입을 열어서 원망과 불평을 시작하면 그의 아름다움이 추해지기 시작하는 것을 볼 수 있게 될 것입니다. 불평은 사람의 인상을 추하게 만듭니다. 그것은 사람을 급속도로 악하고 추하게 만듭니다. 그러한 모습이 계속되면 나중에는 그 인격에서도 누추하고 악취가 나는 것을 느끼게 됩니다.

불평은 하나님에 대한 도전이며 대적입니다. 이 우주 안에 있는 모든 것 중에서 하나님의 작품이 아닌 것은 없기 때문에 그 모든 불평과 원망은 하나님께 대한 거역입니다. 남편이든 아내든 직장 상사이든 자녀든 모든 것은 하나님이 주셨기 때문입니다.

불평이 바로 지옥을 가져오기 때문에 악령들은 원망을 일으키려고 온갖 애를 씁니다. 그들은 이것도 마음에 들지 않고 저것도 틀려먹었다고 속삭입니다.

온 세상에는 감사할 줄을 모르고 항상 받으려고 하기만 하고 불평하기만 하는 사람들로 가득합니다. 그것은 그들이 악한 영들과 같이 살고 있다는 사실을 보여주는 것입니다.

불평은 지옥에서 옵니다. 그것은 마귀가 가져오는 것입니다. 사소한 것에 짜증이 일어나고 마음이 나빠질 때 우리는 그 마음을 대적해야 합니다. 우리는 거기에 속아서는 안 되며 경솔하게 우리의 입술을 불평에게 내어주어서는 안 됩니다. 그것은 우리의 미래와 운명을 파괴하는 것입니다.

불평의 근원이 마귀이며 그 출발점이 지옥인 것을 알 때 우리는 조심하게 될 것입니다. 아무도 스스로 지옥의 재앙을 끌어들이는 것을 원하는 사람은 없을 것이기 때문입니다.

어떤 부인이 집회에 가서 부흥사의 이야기를 들었습니다. 메시지 중에 부흥사가 이런 이야기를 했습니다.

"왜 여자들은 집안에서 사소한 것을 가지고 맨 날 아이들과 싸우기만 하는지 몰라요.. 좀 화평하게 지내지.. "

그 부인은 집으로 돌아와 이렇게 말했습니다.

"그 목사님이 자기가 여자의 입장이 되면 그렇게 말하지 않을 거야."

그 부인은 자신이 싸우거나 불평을 하는 것은 마땅한 이유가 있다고 생각을 하고 있었기 때문입니다.

이 세상에 불평해도 될 이유는 하나도 없습니다.

자기만 삶이 힘들고 남들은 다 호강하고 편하게 사는 것으로 보이는 것은 이미 악한 영을 자기 안에 많이 받아들이고 있기 때문입니다.

주의 영이 임하시고 그의 거룩한 은혜가 임할 때 사람들은 비로소 보이는 모든 것이 은혜이며 감사의 조건임을 알게 됩니다. 그것은 환경이 바뀐 것이 아니라 그의 영이 바뀐 것입니다.

불평은 환경의 문제가 아니고 영의 문제입니다. 바울과 실라는 복음을 전하다가 실컷 두드려 맞고 감옥에 갇혔습니다.
그리고 그 억울한 감옥에서 그들은 한밤중에 일어나 찬양을 하였습니다. 그들은 원망과 불평을 늘어놓지 않았습니다. 하나님께 항의하면서 '이렇게 열심히 복음을 전한 대가가 겨우 이것입니까?' 하고 따지지 않았습니다.
그 이유는 무엇일까요? 그들은 지옥의 영에 잡히지 않고 천국의 영 가운데 있었기 때문입니다. 그들의 환경은 지옥 같았지만 그들의 영혼은 하늘에 있었기 때문입니다. 영혼이 어두운 이들은 모든 환경에서 불평거리를 찾아내지만 영혼이 맑고 아름다운 이들은 지옥과 같은 환경에서도 감사와 찬양거리를 찾아내기 때문입니다.

부디 기억하십시오.
불평과 원망은 마귀가 가져다주는 것입니다. 불평이 있는 곳에 그는 생기가 충만하여 강하고 활동적으로 움직일 수 있습니다. 그는 아주 강건해집니다. 그러나 그는 감사와 찬양이 있는 곳에서는 도저히 견딜 수가 없습니다.
마귀에게 속지 마십시오.
감사함으로 하늘 문을 열며 불평의 마귀를 대적함으로 당신의 삶에서 지옥의 재앙을 끊어버리십시오.
이 간단한 일을 통하여 우리의 삶의 많은 고통들이 사라져버리게 될 것입니다.

11. 거스름

악한 영은 대적하고 거스르는 영입니다.
그들은 항상 권위를 거스르며 대적합니다.
악한 영들의 대장인 사탄은 하나님을 거스르고 대적하여 타락한 영이며 그러므로 모든 악한 영들은 그러한 사탄의 속성을 가지고 있습니다.
권위는 천국의 중심이고 기초입니다. 천국에는 하나님의 권위 아래 순복하고 예배하는 자들만이 들어갈 수 있습니다.
권위는 집의 기둥과 같은 것입니다. 기둥이 무너지면 집은 존재할 수 없습니다.
악한 영들은 이 기둥을 무너뜨리는 존재입니다. 그러므로 이 거스름의 영이 있는 곳에 창조적인 질서는 존재할 수 없으며 파괴되고 무너짐의 역사가 있게 됩니다.
오늘날 이 악한 영들의 활동을 통한 거스름의 역사는 어디서나 볼 수 있습니다. 자녀들은 부모를 거스르고 불순종합니다. 학생들은 선생을 대적하고 거스릅니다. 국민들은 지도자를 대적합니다. 모든 권위 아래 있는 자들이 그들의 권위 위에 있는 이들을 거스르고 대적합니다. 이것은 이 시대를 주도하고 있는 비극적인 유행이며 그 배후에는 악한 영들의 활동이 있는 것입니다.

민주주의는 옳은 것 같지만 다수가 원하는 것이 항상 옳다고 할 수는 없습니다. 주님은 말씀하시기를 멸망으로 인도하는 문은 크고 그 길이 넓어 그리로 들어가는 자가 많다고 하셨습니다. (마7:13) 이 말씀에 의하면 다수가 선택하는 길이 진리라고 할 수는 없는 것입니다.

아무리 다수가 가는 길이라고 하더라도 하나님의 질서와 원리를 벗어나면 그것은 바른 길이 아닙니다.

가나안 땅을 탐지한 열 두 명의 정탐꾼 중에서 열 명의 정탐꾼은 하나님을 대적했습니다. 그들은 하나님의 말씀과 명령보다 그들의 눈으로 본 것을 더 중하게 여겼습니다.

여호수아와 갈렙 두 사람만이 믿음으로 하나님의 말씀에 순복했습니다. 아마 다수결로 결정했다면 두 사람은 돌에 맞아 죽었을 것입니다. 하지만 옳고 그름은 숫자의 문제가 아니며 숫자와 상관없이 하나님의 질서와 법에 순종한 사람만이 진리에 속한 사람인 것입니다.

거스름의 역사는 항상 파괴와 멸망을 가져옵니다. 그러므로 악령들은 사람들의 안에 들어가 거스름을 일으킵니다. 이 영을 받은 이들이 있는 가정은 무너집니다. 학교도 무너지고 나라도 무너지며 직장도 사회도 다 무너집니다.

거스름의 영은 파괴와 멸망의 영입니다. 이들은 어디에 가든지 그들의 위 권위에 대해서 공격합니다. 그러므로 이들이 가는 곳마다 분파가 생기며 어두움의 기운이 생겨납니다. 그것은 지옥의 기운입니다. 그렇게 대적하고 파괴하는 영을 가지고 있는 이들은 결코 행복하지 않습니다. 그가 아무리 권위들을 대적하고 비방하며 거스른다고 해도 그에게는 결코 평화와 행복이 오지 않습니다. 그것은 그가 지옥에 속해 있기 때문입니다. 물론 그는 그러한 고통이 위 권위와 다른 사람들 때문에 온다고 생각할 것입니다.

이것은 부당한 권위에 대해서 무조건 순복하고 동의하는 것이 옳다는 의미는 아닙니다.
우리는 하나님의 법에 맞지 않는 잘못된 권위와 권위자의 행동에 대해서 거절할 수 있습니다. 조용히 주님의 감동 속에서 움직이며 주님의 통치와 심판이 임하기를 기도하고 기다릴 수 있습니다.
다만 그 마음속에 거스름의 마음과 영을 받아들여서는 안 된다는 것입니다. 그것은 분노와 미움과 심판의 영이며 그것은 천국에서 오는 영이 아닙니다.
오늘날 많은 이들이 자신의 마음속에 거스름의 영을 가지고 있습니다. 이것은 재앙의 씨앗입니다. 우리는 이 영을 분별하고 쫓아내어야 합니다. 이 영은 우리의 마음속에 지옥을 심는 것입니다.
거스름의 영을 대적하며 겸손과 순복의 영을 받아들임으로써 우리는 천국에서 임하는 은혜의 줄기 속으로 들어갈 수 있습니다. 우리 모두는 그러한 천국의 사람이 되어야 합니다.

12. 교만

교만은 사단의 왕국의 중심적인 특성입니다. 모든 피조물은 오직 하나님을 높이며 그에게 영광을 돌리기를 원하지만 타락한 영인 사단은 자기가 그 영광을 가로채기를 원합니다.
그래서 악한 영들은 사람들의 안에 교만한 마음을 일으키며 자신을 높이도록 충동질합니다.
그것은 사단이 그의 백성을 얻는 방법입니다. 누구든지 교만해진다면 그는 지옥의 백성이 되며 사단의 수하가 됩니다. 그러므로 사단은 사람들에게 교만을 심기 위해서 동분서주하는 것입니다. 교만한 이의 영혼은 사단에게 속하기 때문입니다.
교만은 우리가 주님의 사랑하시는 피조물이며 주의 이름으로 부르심을 받고 구원을 얻었다는 순수한 긍지와는 전혀 다른 것입니다. 교만이란 피조물인 자신의 위치를 떠나는 것이며 하나님의 영광과 존귀를 도둑질하는 것입니다.
한 때 은혜를 많이 받은 신실한 하나님의 사람도 타락하는 경우가 많이 있습니다. 그리고 그 원인은 하나같이 교만입니다. 루시퍼가 자신의 아름다움으로 인하여 교만한 후에 타락한 것과 같이 한 때는 순수하고 신실하다가도 일단 교만한 영을 받게 되면 그는 하늘의 빛으로부터 버림을 받고 어두운 곳에 떨어지게 됩니다.

"너 아침의 아들 계명성이여 어찌 그리 하늘에서 떨어졌으며 너 열국을 엎은 자여 어찌 그리 땅에 찍혔는고 네가 네 마음에 이르기를 내가 하늘에 올라 하나님의 뭇별 위에 나의 보좌를 높이리라 내가 북극 집회의 산 위에 좌정하리라 가장 높은 구름에 올라 지극히 높은 자와 비기리라 하도다 그러나 이제 네가 음부 곧 구덩이의 맨 밑에 빠치우리로다" (사14:12-15)

"인자야 두로 왕을 위하여 애가를 지어 그에게 이르기를 주 여호와의 말씀에 너는 완전한 인이었고 지혜가 충족하며 온전히 아름다웠도다 네가 옛적에 하나님의 동산 에덴에 있어서 각종 보석 곧 홍보석과 황보석과 금강석과 황옥과 홍마노와 창옥과 청보석과 남보석과 홍옥과 황금으로 단장하였음이여 네가 지음을 받던 날에 너를 위하여 소고와 비파가 예비되었었도다

너는 기름 부음을 받은 덮는 그룹임이여 내가 너를 세우매 네가 하나님의 성산에 있어서 화광석 사이에 왕래하였었도다

네가 지음을 받던 날로부터 네 모든 길에 완전하더니 마침내 불의가 드러났도다 네 무역이 풍성하므로 네 가운데 강포가 가득하여 네가 범죄하였도다 너 덮는 그룹아 그러므로 내가 너를 더럽게 여겨 하나님의 산에서 쫓아내었고 화광석 사이에서 멸하였도다

네가 아름다우므로 마음이 교만하였으며 네가 영화로우므로 네 지혜를 더럽혔음이여 내가 너를 땅에 던져 열왕 앞에 두어 그들의 구경거리가 되게 하였도다" (겔28:12-17)

위의 두 가지 말씀은 문자적으로는 바벨론왕과 두로왕에 대한 메시지이지만 실제적으로는 사탄의 타락에 대한 묘사입니다. 타락하기 전의 그들의 상태는 인간에 대한 묘사로 보기에는 너무나 엄청나고 놀라운 것입니다. 이것은 사탄이 타락하기 전에는 놀라운 지혜와 완전한 아름다움을 가지고 있었으며 이로 인하여 교만했기 때문에 타락하게 되었고 하나님으로부터 쫓겨났었음을 보여줍니다.

교만은 모든 존재하는 죄의 첫 번째 죄입니다. 이 죄로 인하여 다른 모든 죄가 시작되었습니다. 스스로 자신을 높여서 하나님을 떠나는 것, 이것이 마귀의 시작이며 죄의 시작인 것입니다.
그러므로 마귀는 자신들이 타락한 것처럼 똑같이 인간에게도 이 교만의 영을 심어주어 같이 타락하게 하고 넘어뜨리려고 합니다.
오늘날 이 악한 마귀의 미혹에 의하여 교만한 영에 사로잡힌 이들은 너무나 많이 있습니다.
모든 높아지려고 하는 사람들은 마귀에게서 벗어날 수 없습니다. 모든 존재가 다 타락하여 오직 높아지기를 원할 때 하나님 자신인 주님께서 스스로 낮은 마음을 품고 이 땅에 오셨습니다. 그리고 그것이 구원의 시작이 되었습니다. 즉 높아진 마음은 멸망과 지옥의 시작이며 낮아진 마음은 구원과 천국의 시작인 것입니다. 그러므로 높아지려고 하는 자는 사단에게 속한 자이며 낮아지기를 원하는 자는 주님에게 속한 자입니다.
오늘날 많은 사람들이 높임 받기를 원합니다. 인정받기를 원합니다. 남들에게 존귀하게 여김을 받기 원합니다. 그리고 그것을 성공한 것으로 봅니다. 남들에게 인정을 받고 존귀함을 받으면 아주 기뻐합니다.

그러나 그것은 악한 영의 왕국이며 하나님의 왕국이 아닙니다. 하나님의 왕국에서는 아무도 스스로를 높이지 않으며 남에게 존경 받기를 원하지 않습니다. 하나님의 왕국에서는 오직 서로를 섬기며 종노릇하기를 원할 뿐입니다.

자신이 지식이 있다고, 능력이 있다고, 믿음이 있다고 높은 마음을 가지는 것은 속고 있는 것입니다. 그들은 그들을 넘어뜨리려고 하는 악령들에게 잡혀 있는 것입니다.
교만은 모든 죄의 시작입니다.
높은 마음이 있기 때문에 함부로 비판합니다.
높은 마음이 있기 때문에 쉽게 남에게 상처를 받으며 또한 상처를 받고는 용서하지 않습니다. 원한을 깊이 품습니다.
높은 마음을 가지고 있기 때문에 잘 감사하지 않으며 고개를 숙이지 않습니다. 높은 마음을 가지고 있기 때문에 쉽게 서운한 마음을 품으며 섬기려고 하지 않습니다. 이처럼 높은 마음은 지옥의 시작입니다. 그것은 마귀가 뿌려주는 것이며 지옥의 시작입니다.
모든 사람들은 마음이 높은 사람과 마음이 낮은 사람으로 간단하게 두 부류로 나눌 수 있습니다. 그리고 이 분류로 인하여 그 사람이 천국에 속하는 사람인지 지옥에 속하는 사람인지 쉽게 구분할 수 있습니다.

높은 사람이 거하는 곳에는 미움과 전쟁과 시기와 질투와 갈등이 끊어지지 않으며 지옥적인 사회가 됩니다. 그들은 조금만 건드리고 비위를 거스르게 하면 이를 갈며 분노합니다.

낮은 마음의 사람이 거하는 곳에는 섬김과 사랑과 봉사와 감사와 기쁨이 끊이지 않습니다. 그들은 서운한 일을 겪어도 좀처럼 서운해 하지 않습니다. 그들은 낮은 마음으로 살아가기 때문입니다. 그리하여 그들은 살아 있는 동안에도 천국처럼 살고 죽은 후에도 영원한 천국에서 행복한 삶을 이어갑니다.

나는 몇 가지의 지식과 몇 가지의 영적 체험을 하고는 하늘 높은 줄을 모르고 모든 교회와 사역자들을 비판하는 젊은이들을 많이 보았습니다. 그들은 지옥에 속하여 있는 것입니다. 그러한 속성은 지옥에서 나오며 천국과는 상관이 없는 것입니다.

높아지는 것은 사단 왕국의 기본적인 특성이기 때문에 악한 영들은 그들의 왕국을 세우기 위하여 밤낮 없이 높아지려는 속성을 사람들에게 심습니다.

그들의 전략은 성공적이어서 우리는 교회에서나 어디에서나 자신을 높이고 드러내기를 원하는 사람들을 만날 수 있습니다.

여기에서부터 교회의 타락은 시작되는 것입니다. 교회에서 서로 높아지려고 하면 거기에는 거룩하신 하나님의 영광과 임재가 나타나지 않습니다. 높은 마음에는 천국이 올 수 없습니다. 거기에는 오직 지옥이 올 뿐입니다.

교만이 참으로 무섭다는 것은 자각 증상이 거의 없기 때문입니다. 교만한 사람들은 결코 자신이 교만하다고 생각하지 않습니다. 어쩌다가 '나는 교만한 것이 문제야' 하고 말하는 이들도 있지만 그것은 피상적인 표현에 불과합니다. 교만을 두려워하며 자신이 교만해질까봐 두려워하는 이들은 많지 않습니다.
겸손한 이들은 교만의 영이 들어 올까봐 두려워합니다. 만약 당신이 '내가 교만한 영에 잡히면 어떡하지?' 하는 두려움이 생긴다면 당신은 이미 복을 받은 것입니다.
교만한 이들은 거의 그러한 생각을 하지 않기 때문입니다. 그들은 다른 사람들의 교만을 발견할 수 있을 뿐입니다.

부디 기억하시기를 바랍니다. 높아짐은 사단의 역사입니다.
교만한 이들은 마귀와 지옥에 속한 사람들입니다.
우리는 이것을 분별하고 대적해야 합니다.
자신이 옳아 보이고 남들은 다 틀려 보인다면 그는 조심해야 합니다. 모든 이들이 한심스럽게 보인다면 그는 자신을 돌아보아야 합니다.
자신이 가장 부족한 존재이며 그럼에도 불구하고 베풀어주시는 주님의 은총이 너무나 감사하고 또 감사한 사람이라면 그의 영혼은 안전합니다.

그러나 그렇지 않고 다른 사람들이 못마땅하게 보이며 낮게 보인다면 그의 눈은 문제가 있는 것입니다.

그는 자신에게 들어와 있는 교만한 영들을 분별하고 대적하여 소멸시켜야 합니다.

아직 살아있는 동안에 그러한 정화와 변화가 생기지 않는다면 그에게는 영원히 비참한 미래만이 있을 것입니다.

교만은 마귀의 가장 기본적인 역사입니다. 이것을 기억하십시오. 이것을 기억하고 조심할 때 우리의 영혼은 안전하게 될 것입니다.

13. 탐욕

탐욕도 악한 영들이 일으키는 것입니다. 욕심도 여러 종류가 있으나 그 기본적인 특성은 삶의 방향을 진리가 아닌 엉뚱한 곳으로 바꾸어 놓는 것입니다.
모든 탐심은 이기적인 욕망에서 시작됩니다. 천국은 자신을 내려놓고 오직 주님께만 영광을 돌리며 서로를 세워주는 곳입니다. 그러나 지옥은 모두가 다 개인적이며 자기중심적이며 서로를 이용하고 억압하고 누릅니다.

그러므로 천국에는 서로 공급이 있으며 상대방을 충족시키고 나누어주는 것으로 기쁨을 얻지만 지옥은 자기만을 채우려고 합니다. 그것이 지옥의 영이며 탐욕의 영입니다.
사랑도 지옥적이고 욕망적인 사랑은 상대를 이용하여 자신을 채우는 것입니다. 그러므로 이러한 사랑은 상대방이 자기를 싫어하여 떠나면 증오하며 원한을 품습니다. 상대방이 자기의 욕망을 채워주지 않으므로 증오하는 것입니다. 그러나 천국적인 사람은 상대방이 떠난다고 해도 자신이 상대방을 충족시켜주지 못한 것을 미안해합니다. 천국인과 지옥인은 이처럼 삶의 모든 부분이 다른 것입니다.
물질적인 욕망은 사람을 낮은 차원과 동물의 차원으로 이끌어갑니다. 사람은 영적인 존재로서 영혼의 발전을 추구하며 더 아름답고 지혜롭고 사랑스러운 존재가 되어져 가야 합니다. 그것이 천국을 향하여 가까이 가는 것입니다.

그러나 물질적인 욕망과 소유욕을 통하여 만족과 보람을 느끼는 이들은 그 삶의 방향이 지옥을 향하여 가까워지게 됩니다. 몸의 쾌락을 즐거워하고 추구하며 그것을 삶의 기쁨으로 여기는 이들은 육적인 탐심으로 가득한 사람들입니다.

그들은 천국의 영들과 멀리 떨어져 있으며 지옥의 악령들이 날마다 그들의 안에 지옥적이고 쾌락적인 탐닉의 기운을 불어넣어줍니다.

성공에 대한 욕망, 명예에 대한 욕망, 탐심도 그 삶의 방향을 지옥으로 이끌어갑니다. 그것은 타인 중심, 주님 중심이 아니라 자기중심이며 자신을 세우기를 원하는 것입니다.

그 삶의 방향도 천국과 멀리 있습니다.

그러므로 탐욕을 가지는 것은 그 자체로도 악이며 진정한 삶의 방향을 알지 못하고 많은 시간을 헛되이 낭비하는 것입니다.

주님을 알아가고 영혼이 눈을 떠가는 사람은 진정한 삶의 방향을 가지고 있습니다. 그들은 주님을 더 깊이 알아가기 원하며 자신의 영혼이 아름답게 성숙해가기를 바라며 이를 통해서 더욱 더 천국의 사람이 되어가기 원합니다. 그러나 탐욕에 속한 사람은 오직 자신의 육적인 욕망을 채우기 원하며 이를 위하여 노력하고 수고합니다. 그리하여 애를 쓰고 수고함을 통하여 그가 원하는 것들, 명예와 물질과 지위를 더 얻어가지만 그 영혼은 만족함을 얻지 못하며 점점 더 깊은 낭떠러지로 떨어져 가는 것입니다.

이와 같은 탐심은 마귀가 사람의 마음속에 심어주는 것입니다. 욕심과 허탄한 꿈을 가지고 있는 자는 마음이 분주하고 고통하며 많은 애를 쓰고 수고하지만 결코 행복과 만족을 얻지 못합니다. 악한 영들은 겉으로 보기에 위대해 보이는 비전을 가르치며 사람들에게 허탄한 꿈을 심어줍니다. 그리하여 그 영혼을 노략합니다.

오직 영혼의 깨어남을 구하며 천국을 구하며 주님을 구하는 이들은 복된 사람들입니다. 그들은 마귀의 궤계에서 벗어나게 될 것입니다. 마귀는 욕심이 없고 단순한 이들을 사로잡기 어렵습니다. 그들은 사람들에게 탐욕을 심어주며 그것을 받아들이는 이들을 사로잡을 수 있을 뿐입니다.

기억하십시오.

탐심은 우상숭배이며 마귀에게서 오는 것입니다. (골3:5)

진정한 가치 있는 것을 숭배하지 않고 허탄한 것을 섬기는 것이 우상숭배인데 그것이 바로 탐심인 것입니다.

부디 그 영을 거절하며 그 욕망을 거절하시고 대적하십시오. 당신은 자유로운 사람이 될 것이며 바른 인생의 방향을 가지게 될 것입니다.

14. 어두운 눈물

집회에서 주님의 임재와 은혜가 임하게 될 때 가장 일반적으로 나타나는 것이 눈물입니다. 이는 한국 사람들의 한 특성입니다.
억압이 그리 많지 않은 서양사람들의 경우 집회에서 은혜가 임할 때 사람들은 환하게 웃으며 미소를 짓습니다. 우는 사람들보다는 웃는 사람들이 대부분입니다.
그러나 한국 사람은 은혜가 임하면 대부분 웁니다. 그 눈물은 내면에 담겨진 고통이 바깥으로 흘러나오는 것이며 고통에 대한 치유의 의미가 있습니다. 실컷 많이 눈물을 흘린 후에 비로소 밝고 환한 웃음을 웃게 됩니다.

눈물은 치유의 효과를 가지고 있습니다. 하나님의 사람들은 하나님께 많은 기도를 드리며 많은 눈물을 흘렸습니다. 다윗도 시편의 기록을 보면 많은 기도와 많은 눈물을 주님께 드렸던 것을 볼 수 있습니다. 그는 자신이 흘린 눈물을 주의 병에 담아주시기를 기도하기까지 하였습니다. (시56:8)
눈물의 기도는 들으심을 얻습니다. 애통하는 자는 복이 있다고 주님은 가르치셨습니다. (마5:4)
이처럼 눈물은 은혜의 도구이며 은혜의 결과이기도 합니다.

그래서 많은 이들은 눈물을 흘리는 자들을 부러워합니다. 집회에서 사람들이 눈물을 흘리면서 울면 사람들은 은혜가 임했다고 부러워합니다.

하지만 눈물에도 색깔이 있는 것을 알아야 합니다. 모든 눈물이 다 좋은 것은 아닙니다. 모든 눈물이 다 치유의 효과가 있는 것은 아닙니다. 모든 눈물이 다 천국에서 오는 것은 아닙니다.

어떤 눈물은 지옥에서 옵니다. 그것은 악한 영들이 가져다주는 것입니다.

그러한 눈물은 어두움의 색깔을 가지고 있습니다. 울고 울어도 가슴이 답답하고 비참해집니다. 열심히 울어서 조금 마음이 시원해진 것 같으면서도 나중에 보면 결국 영이 눌려 있는 것을 알 수 있습니다.

울수록 더 서러워지고 자신이 비참해지며 우울하고 어두워지는 눈물이 있습니다. 그러한 눈물은 어둠에서 나오는 눈물입니다.

이러한 눈물은 대적해야 합니다.

그러한 눈물은 악한 영들이 가져다주는 주는 것입니다. 그것은 영적 침체를 일으킵니다.

그리스도인들이라고 하더라도 자신의 감정을 잘 살펴보며 분별하는 이들은 그리 많지 않은 것 같습니다. 그저 쉽게 자신의 감정이 흘러가는 대로 휩쓸리고 맙니다. 슬픔의 영이 오면 그

대로 받아들입니다. 눈물의 영이 오면 그대로 거기에 사로잡
힙니다. 그러나 중요한 것은 그러한 슬픔이나 눈물이 어디서
왔는가 하는 것입니다. 그 기운과 느낌을 통해서 그것을 분별
해 가야 합니다.
주님께로부터 오는 눈물은 자유롭고 밝고 개운합니다.
그것은 표면으로는 아주 비통하게 나오지만 그 깊은 속에서는
깊은 행복감과 기쁨과 자유함이 있습니다. 그렇게 우는 것은
울면서도 행복한 것입니다. 하지만 악한 영으로부터 오는 눈
물은 비참하고 어둡고 우울하고 불안하고 찝찝합니다. 그러한
눈물은 대적하여야 합니다.

나는 목회의 초기에 예배를 인도하면서 예배에 참석한 사람들
이 많이 우는 것을 발견하게 되었습니다.
나는 초기에 그것을 그대로 내버려두었습니다. 사람들이 은혜
를 받고 있나보다 하고 생각했었습니다.
그러나 차츰 시간이 흐르면서 그러한 눈물 중에 악한 영들의
개입과 장난이 있다는 것을 알게 되었습니다. 그러한 눈물은
가만히 놓아두면 깊은 우울함과 침체가 오는 것을 알게 되었
습니다.
그 후에는 나는 사람들에게 눈물을 조심시키며 자신의 감정을
다스릴 것을 주문하게 되었습니다.
최근에는 집회를 한지가 오래 되었지만 집회를 하거나 소규모
로 사람들과 같이 모여서 찬양을 하거나 기도를 하면 곧 통곡

의 바다가 되는 것을 항상 경험하곤 하였습니다. 그럴 때 나는 그들의 눈물을 주의 깊게 살펴봅니다.
그리고 조금이라도 맑지 않은 눈물이 느껴지면 그것을 자연스럽게 절제시키고 그 흐름을 바꿉니다. 즐거운 찬양을 하거나 우스운 메시지를 전합니다. 왜냐하면 그러한 눈물은 영적으로 해롭기 때문입니다.

눈물은 좋은 것이라고 하여도 하나의 과정일 뿐입니다.
천국에는 슬퍼하는 것이나 우는 것이 없습니다. 그러므로 눈물이란 깊은 웃음과 행복감을 누릴 수 있도록 가는 한 과정에서 필요한 것이지 그 자체가 은혜의 중심은 아닙니다. 그것은 치유와 정화과정에서 필요한 것입니다.
그러므로 무조건 눈물을 좋은 것으로 보고 억지로 눈물을 흘리려고 하는 것도 좋지 않습니다. 그것은 자연스러운 일이 아니며 모든 자연스럽지 않은 행위는 영을 억압하는 것입니다.
오늘날 많은 사람들이 어두운 눈물을 흘립니다. 그리고 그것이 좋은 줄 알고 내버려둡니다.
하지만 그것은 악한 영들에게 속는 것입니다. 울수록 영은 약해지며 마귀에게 눌리게 됩니다.
나는 마귀에게 분노를 하고 싸워야 할 상황에서 두려워하며 우는 이들을 많이 보았습니다. 마귀가 공격을 하고 장난을 치고 있는데도 그저 낙담하여 우는 이들을 많이 보았습니다.
그것은 영이 약한 것이며 눌린 것입니다. 영적인 힘이 너무 없는 것이며 분별력도 없는 것입니다. 그러한 이들은 영적 전쟁에서 승리할 수 없습니다.

우리는 분별력을 키워야 합니다. 그리고 영적 권능을 받아야 합니다.

어두운 눈물, 어두운 마음, 슬픔의 기운이 몰려 올 때 거기에 빠지지 마십시오. 당신의 슬픔을 분별하십시오. 당신의 눈물을 분별하십시오.

울더라도 맑고 개운한 눈물을 흘리십시오.

악한 영들이 침투할 수 있는 눈물을 대적하십시오.

분별력이 증가되고 영적 힘이 강해질수록 당신은 그 영에게서 벗어날 수 있게 될 것입니다.

부디 기억해두십시오. 어두운 눈물도 악한 영들이 일으키는 장난 가운데 하나이며 마귀는 이를 통해서 여리고 약한 영혼을 억압하고 있다는 사실을 말입니다.

15. 죄책감

죄책감은 악령들이 자주 사용하는 무기입니다.
이것은 영적으로 어린 성도들보다는 조금 성장한 사람들에게 주로 나타납니다. 또한 기질적으로 자기 의가 많은 사람들이거나 완벽주의적인 기질을 가지고 있는 사람들에게서 흔히 볼 수 있는 것입니다.

"내가 또 들으니 하늘에 큰 음성이 있어 가로되 이제 우리 하나님의 구원과 능력과 나라와 또 그의 그리스도의 권세가 이루었으니 우리 형제들을 참소하던 자 곧 우리 하나님 앞에서 밤낮 참소하던 자가 쫓겨났고" (계12:10)
이 말씀에서 드러난 것과 같이 악한 영들은 항상 참소하는 자들입니다. 그들은 밤이나 낮이나 언제든지 주님께 속한 사람들을 참소하여 공격합니다. 주님의 완전한 승리가 이루어지기 전까지 그들은 계속적으로 성도들을 참소할 것입니다.
아직 어리고 이기적이며 영감이 둔한 사람들은 대체로 죄책감의 영들에게 눌리지 않습니다. 그들은 죄책감보다는 분노와 억울함을 많이 가지고 있으며 모든 나쁜 일의 책임은 자신이 아니고 다른 사람들이나 환경에 있다고 생각합니다.
그러나 조금 성장한 사람들은 자신에게 문제가 있다는 것을 압니다. 그들은 영적으로 성장하기를 원하며 영으로 살기를 원합니다. 그러나 영이 약하여 자주 넘어지고 죄를 지으며 그들은 죄책감을 갖게 됩니다. 그들은 죄를 극복할 수 없으며 원하는 대로 살지 못합니다. 그러므로 그들은 자신이 큰 죄인이며 주님의 이름을 욕되게 하고 있다고 생각합니다.

한 때 큰 기쁨과 감격으로 주를 위하여 헌신하며 사랑을 고백하던 이들이 시간이 조금 흐르면 깊은 침체와 죄책감에 빠져 차라리 죽는 것이 낫다고 말합니다. 자신은 무익한 종이라고 말합니다. 어떻게 보면 그것은 겸손한 고백인 것 같지만 그러나 그것은 영이 다른 것입니다.
겸손하게 주님 앞에 엎드려서 자신의 무익함을 고백하는 것과 죄책감의 영에게 눌려서 비극적인 푸념을 하는 것은 전혀 다릅니다.
악한 영들은 이러한 사람들에게 가까이 와서 끊임없이 그들의 양심을 공격합니다. 악한 영들은 그들이 얼마나 악하고 잘못되었는지 구체적으로 지속적으로 속삭입니다.
그리스도인들이 이러한 정죄의 영들에게 속고 눌리는 이유는 악한 영들이 하는 말이 하나도 틀리지 않았기 때문입니다. 악한 영들은 정확하고 예리하고 날카롭게 각 사람의 약점을 찌릅니다. 그것은 변명의 여지가 없는 공격들입니다. 그들의 화살은 날카롭기 그지없습니다.
악한 영들은 혈기가 많은 이들에게 너는 너무 혈기가 많으니 악한 사람이며 용서받을 수 없다고 말합니다. 악한 영들은 마음이 여린 사람에게 너는 다른 사람에게 상처를 주고 피해를 입혔으며 그것은 도저히 갚을 수가 없는 것이라고 말합니다. 종종 죄책감의 영은 자살의 영과 함께 들어와서 결국 그 사람의 목숨을 빼앗아가기도 합니다. 그 사람에게 죽음으로 대가를 지불하라고 채근하는 것입니다.

악한 영들은 끊임없이 연약한 성도들에게 너는 더러운 존재라고 말합니다. 너는 악한 존재라고 말합니다. 그런 음성을 지속적으로 들은 이들은 자신감과 용기를 잃어버립니다.

나는 나를 만나기를 원하는 독자들 중에서 이러한 두려움에 빠진 이들이 아주 많은 것을 보았습니다. 그들은 하나같이 자신은 너무나 더러운 존재이기 때문에 나를 만나게 되면 피해를 줄까 걱정이 된다고 하는 것이었습니다. 이러한 염려의 배후에는 죄책감과 관련된 영이 많이 있는 것입니다.

어떤 형제가 군대에서 군종으로 근무하고 있었습니다. 하루는 믿음이 신실하고 열심인 사병이 와서 그에게 상담을 요청했습니다. 그런데 그의 질문이라는 것이 희한한 것들이었습니다. 그는 군종 형제에게 묻기를 성경을 읽을 때 손을 씻고 읽느냐고 물었습니다. 그냥 읽는다고 대답하자 어떻게 거룩한 말씀을 더러운 손을 가지고 그냥 읽을 수 있느냐고 물었습니다.

그는 또 여성의 얼굴을 똑바로 쳐다보느냐고 물었습니다. 그렇다고 대답하자 그것은 음란이 아니냐고 다시 묻는 것이었습니다. 그의 그러한 질문은 끝이 없었습니다. 그에게는 죄가 아닌 것이 없었습니다. 이러한 것은 완벽주의적인 죄책감에 속하는 것이었습니다.

얼마 후 군종병은 밖에서 나는 총소리를 들었습니다. 그리고 그 형제가 결국 총으로 자살을 한 것을 알게 되었습니다.

그러한 결말은 죄책감을 일으킨 존재가 누구인지를 명백하게 보여주는 것입니다. 그것은 지옥의 영들입니다. 그러한 죄책감은 경건한 것이 아닙니다. 묶임입니다. 그것은 천국에서 오는 것이 아닙니다.

천국에서 오는 눈물이 겉으로는 울지만 속으로는 기쁨과 후련함이 있듯이 천국에서 오는 경건한 죄책감은 거룩하고 밝고 아름다운 것입니다. 거기에는 후련함과 기쁨이 있습니다.

나는 적지 않은 사람들이 유명한 하나님의 사람으로 알려진 사람들의 전기를 읽고 그들의 경건한 회개에 감명을 받고 회개를 심하게 하다가 영이 눌린 것을 보았습니다. 그러한 실수는 영적 분별력의 부족에서 오는 것이었습니다.

영의 분별력이 없는 이들은 회개든, 슬픔이든, 눈물이든, 분노든 그 배후의 영을 알지 못하므로 무조건 이러한 감정은 다 좋은 것이며 저러한 감정은 다 나쁜 것이라고 생각합니다.

그러나 영의 분별력이 있는 이들은 그렇지 않음을 알고 있습니다. 좋은 눈물도 있고 나쁜 눈물도 있으며 좋은 회개도 있고 침륜에 이르게 하는 나쁜 회개도 있음을 압니다. 그것을 구분하는 것이 영의 분별인 것입니다. 우리는 죄책이 떠오를 때 그 영을 반드시 분별해야 합니다.

나도 한 때 그러한 실수를 많이 저질렀습니다.

나는 회개를 통하여 주님의 깊은 터치와 행복감을 경험한 적이 있었습니다. 그 경험의 감격이 너무나 컸기 때문에 나는 더욱 더 회개를 많이 해서 깊은 주님의 은총 가운데로 나아가려고 했습니다.

하지만 한동안 그렇게 계속적으로 회개를 했을 때 나는 내 영혼이 생기를 잃어버리고 눌리고 약해지는 것을 느끼게 되었습니다. 그 때 나는 회개가 영혼을 맑게 할 수 있지만 동시에 눌리게 할 수 있다는 것을 알게 되었습니다.

이것을 꼭 기억하시기를 바랍니다. 많은 죄책감이 마귀에게서 옵니다.

마귀로부터 오는 죄책의 영은 심령을 억압하고 답답하게 만듭니다. 그것은 우울하고 질식할 것 같은 불안감을 안겨줍니다. 그러한 느낌이 있을 때에 그 죄책의 영을 대적하시기를 바랍니다. 바르게 대적한 것이라면 그 순간 심령은 후련해지고 마음은 다시 날아갈 듯이 즐거움이 회복되게 됩니다. 물론 완전한 회복까지는 조금 시간이 걸릴 수도 있습니다.

오늘날 많은 사역자들이 영의 분별이 부족하여 성도들에게 죄책의 영을 넣어주는 경향이 있는 것은 참으로 가슴 아픈 일입니다. 그러한 이들은 십자가에 대해서 이야기하면서 왜 십자가를 지지 않느냐고 죄책감을 넣어줍니다. 왜 순종하지 않느냐고, 왜 헌신하지 않느냐고 강하게 이야기합니다.

그러한 설교의 메시지는 다 옳은 것 같지만 그것을 듣는 성도들은 가슴이 답답하고 영이 눌려버립니다. 그것은 사역자의 메시지 가운데 사랑의 영과 주님의 영이 흐르는 것이 아니라 정죄의 영이 흐르기 때문입니다. 동일한 메시지라도 전달하는 이에게서 흘러나오는 영이 어떤 것이냐에 따라서 전혀 다른 열매를 맺게 되는 것입니다.

그러한 눌림이 있을 때 그것이 악한 영으로부터 온 것임을 모르고 주님의 역사라고 생각한다면 성도의 영은 좀 더 깊고 근본적인 침체에 들어가게 될 것입니다.

부디 죄책의 영을 분별하고 대적하십시오. 주님은 우리를 용서해주셨습니다. 주님의 메시지는 동일한 메시지라고 하더라도 듣는 자의 영혼을 소생케 하며 살립니다. 그것은 사람들에게 생기와 소망을 주는 것입니다.

말은 그럴 듯하고 맞으나 영혼에 눌림과 고통을 주는 죄책의 영들을 분별하십시오. 그것을 거절하십시오.

그 영이 당신의 안에 침투하도록 내버려두지 마십시오. 그것은 사단의 주요 업무인 것입니다.

그들의 계략에 속아서 비참한 그리스도인의 삶을 살지 마십시오.

주님은 언제나 우리를 사랑하시고 용서하시며 영원토록 빛과 은총과 영광을 부어주시는 분이시기 때문입니다.

16. 거짓의 영

"너희는 너희 아비 마귀에게서 났으니 너희 아비의 욕심을 너희도 행하고자 하느니라 저는 처음부터 살인한 자요 진리가 그 속에 없으므로 진리에 서지 못하고 거짓을 말할 때마다 제 것으로 말하나니 이는 저가 거짓말쟁이요 거짓의 아비가 되었음이니라" (요8:44)

이 말씀은 주님께서 바리새인에게 하신 말씀입니다.

이 말씀에서 가르치시는 것과 같이 마귀는 거짓의 아비입니다.

그들은 진리가 없기 때문에 항상 본능적으로 거짓을 말합니다. 그러므로 그들은 사람들에게 거짓말을 하며 또한 거짓의 영을 불어넣어 줍니다. 그리고 그 영을 받은 사람들은 쉽게, 그리고 거리낌 없이 거짓을 말하게 됩니다. 그리하여 악한 영들과 관련을 가지게 되는 것입니다.

오래 전에 어떤 자매가 상담을 요청한 적이 있었습니다. 자기 남편이 이유 없이 자기를 오해하고 미워하기 때문에 그를 잘 설득해달라는 것이었습니다. 그녀는 지금 남편이 여러 어려움을 겪고 있지만 그것은 하나님께서 남편을 훈련하시고 있는 것이며 자기와는 상관이 없는 일이라고 설득해달라는 것이었습니다. 그녀가 말을 할 때 머리가 혼미하고 눈이 혼미해서 나는 상당히 고통스러웠습니다. 하지만 그 때까지만 해도 그것이 거짓의 영의 특성이라는 것을 나는 알지 못했기 때문에 다소 미심쩍기는 했지만 나는 그녀의 남편의 분노를 풀어주려고 노력하였습니다.

조금 후 시간이 지난 후에 나는 그녀의 남편을 다시 만나게 되었습니다. 그리고 놀라운 이야기를 듣게 되었습니다. 그는 그녀와 얼마 전에 결혼을 했는데 그녀가 했던 모든 말들이 다 거짓인 것으로 판명이 났던 것입니다.

그녀가 말한 학벌도 직업도 부모의 직업도 모든 말들도 다 거짓이었습니다. 그녀는 어느 명문 대학을 졸업했음을 입증하기 위해서 손가락에 항상 그 학교의 이름이 들어있는 반지를 끼고 있었지만 그녀는 그 학교에 가본 적도 없었습니다.

나는 그녀에게 그 사실을 확인하였습니다. 그녀는 울면서 거짓말을 한 사실을 시인했습니다. 나는 그때서야 그녀가 어떤 이야기를 할 때 자주 그러한 혼미한 느낌이 오는 이유를 알게 되었습니다. 그것은 어둠의 영들, 거짓의 영들로 인하여 오는 느낌이었던 것입니다. 그녀와 헤어지고 나면 그 혼미한 느낌은 바로 사라졌습니다.

그녀는 결국 남편과 이혼을 하게 되었습니다. 남편은 신뢰가 깨어진 상태에서 그녀와 결혼생활을 유지할 수 없었습니다. 하지만 놀라운 것은 그녀의 태도였습니다. 그녀는 자신이 거짓말을 해서 결혼이 파탄에 이르렀음에도 그것에 대해서 별로 반성하는 것 같지 않았습니다. 그녀는 왜 선하신 하나님이 자기에게 이러한 고난을 주시는 지에 대해서 원망하고 분노하였습니다.

그것은 정말 어처구니없는 태도입니다. 그녀에게 임했던 불행은 그녀의 책임이었지 하나님의 책임이 아니었던 것입니다.

나는 그녀가 거짓말을 쉽게 한다는 사실을 알게 되었습니다. 그리고 이상하게도 그것에 대해서 별로 죄책감을 가지지 않았습니다. 그것은 그녀가 영과 양심이 거짓에 대해서 마비된 것을 보여주는 것이었습니다.

이 자매의 경우는 조금 심한 경우인지 모릅니다. 그러나 오늘날 사람들은 거짓에 대하여 둔감한 것은 흔하게 볼 수 있는 현상입니다.

오늘날 사람들은 거짓으로 말하는 것을 별로 대수롭게 생각하지 않습니다. 그것은 이미 거짓의 영들에게 많이 물들어 있기 때문입니다.

사람들은 사실이 아닌 것을 사실이라고 말하곤 합니다. 자기의 유익을 위해서 없는 것을 지어서 이야기하기도 합니다. 상대방을 설득하기 위해서 마음에 없는 이야기를 하기도 합니다. 그것은 다 거짓말이며 거짓의 영으로 행하는 것입니다.

"자기 이웃을 속이고 말하기를 내가 희롱하였노라 하는 자도 그러하니라" (잠26:19)

잠언의 이 말씀은 좀 더 엄격합니다. 재미 삼아 장난으로 사실이 아닌 말을 한 다음에 "아, 그거 장난한 거야" 하고 말하는 것도 상대방을 속이는 악한 일이며 거짓이라는 것입니다.
우리는 사실을 말할 경우에 어떤 불이익을 당하게 된다면 어떻게 해야 할까요? 물론 우리는 그러한 상황에서도 진실을 말해야 합니다. 우리가 거짓의 사람이 되지 않고 진실의 사람이 되기 위해서는 어떠한 대가도 지불할 준비가 되어 있어야 하는 것입니다.

습관적으로 이야기를 모호하게 하는 사람도 있습니다. 장난삼아 이야기를 과장하거나 조금 보태는 사람도 있습니다. 이야기를 좀 더 극적인 효과가 나게 하기 위해서 과장을 하기도 합니다. 이런 일이 반복되면 사람들은 그를 신뢰할 수 없게 됩니다. 도대체 어디까지가 진실이고 어디부터가 과장이거나 지어낸 것인지 알 수가 없기 때문입니다.
혼란을 일으키는 것은 다른 사람들만이 아닙니다. 그의 영혼도 혼란스럽습니다. 그의 주위에 있는 천사들도 혼란스럽습니다. 그들은 진실이 아닌 것을 들을 때 불쾌감을 느끼게 되기 때문에 그에게서 떠나게 됩니다. 그러므로 그의 주변에는 악한 영들, 거짓의 영들만이 남게 됩니다. 그것은 그에게나 그의 영혼에게나 그의 주변 사람들에게나 모두 비극이 되는 것입니다.

우리는 거짓에 대한 유혹을 극복해야 합니다. 글을 쓰거나 이야기를 하거나 간증을 해야 할 때 우리는 사실에다 조금 더 보태고 싶은 유혹을 받게 됩니다. 하지만 한번 그 유혹에 굴복하게 되면 우리는 조금 씩 조금 씩 거짓의 세계로 발을 들여놓게 될 것입니다.

글에도 말에도 거짓이 있어서는 안 됩니다. 그것은 어두움이며 빛을 가리는 것입니다. 그것은 거리끼는 것이며 영혼을 어둡게 합니다. 우리는 진실의 사람이 되어야 하는 것입니다.

주님은 빛이시며 진리이십니다. 그러므로 진리 되신 주님께 가까이 나아가기 위하여 우리는 거짓의 영을 대적해야 합니다.

우리는 우리의 안에 있는 거짓의 기운을 조사하고 발견할 필요가 있습니다. 그리하여 그것들을 하나씩 주님의 빛 가운데로 가져가야 합니다.

남들에게 영적으로 보이기 위하여 과장한 것이 있다면 우리는 그것을 고백하는 것이 좋습니다. 우리는 모든 거짓으로부터 자유로워져야 합니다.

부디 거짓을 대적하십시오.

진리를 기뻐하며 진실을 즐거워하십시오.

이와 같이 그 속성으로 점점 더 마귀의 세계에서 벗어날 때 우리는 좀 더 풍성하고 놀라운 천국의 세계 속에서 살아가게 될 것입니다.

17. 영적 사역을 방해함

악한 영들은 생각과 감정을 자극하여 개인을 공격합니다. 또한 그들은 복음을 잘 이해하고 있기 때문에 사람들이 복음에 접하지 못하도록, 영적 사역에 접하지 못하도록 방해합니다. 주님이 이 땅에 오셨을 때 대부분의 사람들은 주님이 그리스도이심을 알지 못했습니다. 종교지도자들은 물론이고 심지어 주님의 제자들까지도 그가 누구인지 잘 몰랐습니다. 그러나 그러한 상황에서도 악한 영들은 주님의 존재를 알고 있었습니다.

그러므로 악한 영들은 이 시대에도 복음의 사역을 방해합니다. 이 악한 영들의 방해공작에 대해서 잘 이해하고 대처하지 않는 한 우리는 복음 사역과 영성 사역에 많은 어려움을 겪게 될 것입니다.
바울은 말합니다.
"**형제들아 우리가 잠시 너희를 떠난 것은 얼굴이요 마음은 아니니 너희 얼굴 보기를 열정으로 더욱 힘썼노라
그러므로 나 바울은 한 번 두 번 너희에게 가고자 하였으나 사단이 우리를 막았도다**" (살전2:17,18)

그는 복음을 위하여 데살로니가의 성도들을 간절하게 만나고 싶어 했습니다. 그리고 가려고 시도를 했습니다. 그러나 사단이 그것을 막았다고 말하고 있습니다.

아마 현대 그리스도인들 같으면 그렇게 말하지 않을 것입니다. 사단이 길을 막은 것이 아니라 그냥, 길이 잘 안 열린다고.. 비자 문제가 있고.. 물질적인 어려움이 있고.. 건강상의 문제가 있다고 말할 것입니다. 그러나 영적 통찰력을 가진 바울은 분명하게 말하고 있습니다. 〈사단이 길을 막았도다..〉

악한 영들은 복음의 길을 방해하고 막습니다. 그들은 자연스러운 일인 것처럼 가장하여 그러한 사역을 무산시키려고 합니다.

어떻게 하나님께서 사역자들의 가는 길을 인도하시는데 사단이 그것을 방해할 수 있다는 말입니까? 그것은 일견 이상하게 들립니다. 하지만 그것은 바로 현실적으로 이루어지고 있는 일입니다. 악한 영들은 그들의 세력이 결박되지 않는 한은 계속하여 활동하려고 합니다. 그러므로 그들의 세력을 기도로 결박하고 초토화시켜야 우리는 성공적인 복음의 사역을 이룰 수 있는 것입니다.

십 년쯤 전에 나는 어떤 교회의 중고등부, 청년의 연합 하기수련회의 인도를 맡게 되었습니다. 이 교회는 영적으로 몹시 어두운 교회였고 나는 이 수련회를 통해서 영적인 불을 일으키고 싶었습니다.

그 때만 해도 나는 교회의 방향이나 사역자의 목회 방향이 영성에 대해서 별로 관심이 없다면 그러한 곳에서는 영적인 역사를 일으켜봤자 아무 소용이 없고 오히려 갈등의 소지만 있다는 것을 이해하지 못했습니다. 나는 그저 집회 가운데 주님의 임재와 능력이 풍성하게 나타나기만 하면 좋을 것이라고 생각했습니다.

그래서 나는 이 집회를 통해서 주님의 임재와 영광이 임하게 해달라고 간절하게 기도로 준비하였습니다. 학생들이나 청년들은 간절한 사모함이 있었기 때문에 나는 그들의 갈망이 해결되도록 주님의 도구가 되고 싶었습니다.

하지만 수련회를 준비하며 기도를 시작하면서 나는 심각한 도전에 직면하게 되었습니다.

그 교회를 위해서 기도할 때마다 악한 영들의 실제적인 공격이 시작되었습니다. 나는 몇 주 동안 몹시 앓았습니다. 그리고 영적인 흑암의 힘을 느꼈습니다. 몹시 어지러워서 일어나기가 어려운 적도 있었고 너무 힘이 들어서 도중에 포기하고 싶은 마음도 여러 번 들었습니다.

간신히 시작하는 날이 되어 나는 차를 타고 수련회 장소로 가게 되었습니다. 어떤 형제가 차를 가지고 와서 나를 태우고 가고 있었습니다.

그런데 수련회의 장소에 가까워졌는데 형제는 이상하게도 그 장소를 찾지를 못하고 있었습니다. 별로 복잡한 길이 아니었는데도 형제는 목적지에 거의 다 온 상태에서 진입로를 찾지 못하고 몇 시간이 넘도록 뱅뱅 돌고 있었습니다. 형제는 나에게 아주 미안해하면서 열심히 길을 찾고 있었는데 그럼에도 불구하고 길은 나타나지 않고 있었습니다.
나는 도착하자마자 바로 집회를 인도해야 했었는데 차가 이렇게 헤매는 바람에 몹시 어지럽고 구토가 올라왔습니다. 컨디션이 아주 안 좋아서 이러다가 강단에 설 수 있을까 하는 생각이 들었습니다.

한 동안을 그렇게 헤매다가 갑자기 마음속에 문득 떠오르는 생각이 있었습니다. 아차, 악한 영들이 지금 방해하고 있구나. 하는 생각이었지요.
나는 그 즉시로 악한 영을 대적하는 기도를 했습니다. 마음속으로 이렇게 기도를 드렸습니다.
'운전을 하고 있는 형제의 눈을 가리고 있는 이 악한 영들아. 내가 예수의 이름으로 너를 결박한다. 너는 지금 당장 떠나가라!'
그것은 입으로 소리를 내어서 한 기도는 아니었습니다. 그러나 그 기도는 효과가 있었습니다.
기도를 드린 지 불과 1,2분이 지났을까, 갑자기 형제가 환호성을 질렀습니다.
"아! 저기 팻말이 보이네! 세상에! 내가 저걸 왜 못 봤지.."
거기는 벌써 몇 번이나 지나갔던 자리였습니다. 그러나 방금 전까지 형제는 그 곳을 보지 못했던 것입니다. 이것은 우연한 일일까요? 쉽게 볼 수 있는 표지판을 한동안 전혀 보지 못하다가 악한 영을 대적한 후에 그것을 발견한 일.. 그것은 우연일까요?

그렇지 않습니다. 그러한 해석이 오히려 부자연스러울 것입니다. 악한 영들은 이런 식으로 우리의 감각 기관을 일시적으로 혼란스럽게 할 수 있습니다. 하지만 그들의 계략이 노출될 때 그들은 도망갈 수밖에 없는 것입니다. 물론 그들이 사라지면 우리의 감각기관은 다시 정상적으로 작동하게 됩니다.

그리하여 나는 간신히 집회 장소에 도착할 수 있었습니다. 그리고 우여곡절이 있기는 했지만 이 집회에서 악한 영들의 세력이 무너지고 주님의 풍성하신 임재와 역사가 나타나는 것을 볼 수 있었습니다.

이와 비슷한 일을 나는 여러 번 겪었습니다. 그리고 이를 통해서 악한 영들의 방해공작은 정말 실제적이라는 것을 확인할 수 있었습니다.

한 번은 우리 교회의 여름 수련회를 준비하기 위해서 지방에 있는 기도원에 답사를 하기 위해서 서울역에서 어느 형제와 같이 만나기로 했었던 적이 있었습니다.

이 때의 경험도 비슷했습니다. 서로 약속시간에 도착했지만 만날 수가 없었던 것입니다. 어처구니없게도 우리는 서로 비슷한 장소를 빙빙 돌고 있었습니다. 내가 교회에 전화를 하면 그 형제는 나의 근처인 어디에서 나를 기다리고 있었습니다. 내가 전화를 끊고 그 자리에 가면 그 형제는 조금 전에 내가 기다리던 곳에 가고 없었습니다.

이런 식을 한참 반복한 후에 나는 이것이 여름수련회를 방해하려는 악한 영들의 장난인 것을 알게 되었습니다.

그래서 나는 그 자리에서 움직이지 않고 악한 영의 세력을 결박하였습니다. 그리고 그들의 계획은 실패했으며 주님께서 이 수련회 가운데 풍성하신 은혜를 베푸실 것이라고 선포하고 악한 영들을 주의 이름으로 꾸짖었습니다.

기도를 마치고 눈을 뜨자 나는 그 형제가 빙그레 미소를 지으면서 내 앞에 서 있는 것을 발견했습니다. 악한 영들은 결박하는 기도를 통해서 더 이상 그들의 장난을 계속할 수 없었던 것입니다.

아마 이와 비슷한 경험을 하는 이들이 적지 않을 것입니다. 대부분의 그리스도인들은 구체적으로 알지는 못하지만 은혜를 받고 주님께 가까이 나아가려고 하면 어떤 방해가 있다는 것을 본능적으로 느낍니다. 믿음 생활에 열심을 내려고 하면 이상하게도 가정에서, 가족들이, 주위에서 친구들이나 여러 사람들이 방해를 하는 것을 느낍니다.

그래서 마음속으로 '아, 사단이 역사하고 있나 보다' 하고 느끼게 됩니다.

영적인 집회를 가려고 할 때 특히 방해의 역사가 많이 있습니다. 이상하게도 갑자기 급한 일이 자꾸 생기게 됩니다. 또는 갑자기 멀쩡하던 몸이 아프게 됩니다.

희한한 것은 그래서 집회에 가는 것을 포기하고 있다 보면 아픈 데가 멀쩡해지는 것입니다. 물론 그러한 일을 통해서 악한 영들은 성도들의 영적 성장과 열심을 방해하는 것입니다.

처녀시절 아내는 친구들에게 복음을 열심히 전하곤 했는데 하루는 내게 이러한 이야기를 들려주었습니다.

친구들에게 복음을 전하고 친구들이 예수님을 영접하고 교회에 가기로 약속을 하곤 했는데 이상하게도 꼭 같이 교회를 가기로 약속한 날에는 그 친구에게 어떤 특별한 일이 생긴다는 것이었습니다.

그래서 하루는 교회에 가기로 약속을 하면서 이런 말을 덧붙였다고 합니다.

"네가 지금 교회에 꼭 가겠다고 약속을 하지만 아마 다음 주일이 되면 무슨 특별한 일이 생길지 모른다. 갑자기 몇 년 만에 친한 친구가 찾아온다든지 하여간 교회에 갈 수 없는 일이 생길 지도 모른다. 그러니 어떤 일이 있다고 하더라도 반드시 오겠다는 약속을 해라."

그 친구는 알았다고 하고는 헤어졌습니다.

그 다음 주일이 되었을 때 약속시간에 친구는 나타나지 않았습니다.

그러다가 좀 늦은 시간에 간신히 나타났습니다. 그녀는 말하기를 네 말이 맞았다고, 정말 신기하다고 몇 년 만에 갑자기 친구가 나타나서 도저히 올 수가 없는 상황이었는데 너와의 약속이 생각나서 오게 되었다는 것입니다.

아마 복음을 전해본 사람들은 이와 비슷한 일을 많이 겪었을 것입니다. 악한 영들이 복음의 전파를 방해하며 사람들이 주님께 가까이 가는 것을 막기 위해서 여러 상황들을 일으키며 장난을 친다는 것을 말입니다.

악한 영들이 하는 중요한 일 중의 하나가 이와 같이 복음의 역사를 방해하는 것입니다. 그들은 복음이 전해지지 않게 하며 부흥의 역사가 일어나지 못하도록 갖은 계략을 짜냅니다.

특히 죄와 세상을 즐기며 오랫동안 악한 영들의 지배 속에서 살아왔던 사람들일수록 악한 영들은 그들이 주님께로 가도록 고분고분히 보내지 않습니다. 그들은 자기의 소유물을 순순히 내어주지 않습니다.

또한 오랫동안 영적인 열정이 없이 형식적이고 피상적인 신앙생활을 해온 교회에 영적 부흥의 역사가 일어나는 것을 가만히 지켜보고 있지 않습니다. 그들은 그러한 곳을 자기의 소유물로 생각합니다.

그러므로 우리가 복음을 위하며 부흥을 원한다면 우리는 이러한 방해하는 세력의 움직임과 작전을 이해해야 합니다. 그리고 우리가 가지고 있는 무기와 권능을 사용해서 그들의 세력을 초토화시켜야 합니다.

우리는 지금 전쟁 중에 있으며 그들이 우리에게 불화살을 쏘아대고 있는데 우리만 그것을 모르는 상태에서 일방적으로 당해서는 안 됩니다.

부디 기억하십시오. 그들은 우리의 영적 성장을 방해합니다. 우리는 그들의 공격을 분별하고 대처해야 합니다.

그렇게 기도하며 싸우며 주님의 사역을 해 나갈 때 우리는 승리할 수 있게 될 것입니다. 귀하고 아름다운 영적 열매, 복음의 열매를 경험할 수 있게 될 것입니다. 할렐루야.

18. 음식에 대한 탐닉

신학대학을 다니던 시절 나는 학년은 나와 같지만 나이는 나보다 몇 살 위인 형과 자주 교제를 나누곤 했습니다. 그는 기도에 열심이며 진지하고 주를 사모하는 형제였는데 하루는 내게 이러한 이야기를 하는 것이었습니다.

자기는 음식을 통제할 수가 없으며 빵을 자주 먹게 되는데 그것을 후회하면서도 어쩔 수가 없다는 것입니다. 그래서 심지어 울면서 먹을 때도 있다는 것이었습니다.

나는 그 이야기를 듣고 어처구니가 없었습니다. 먹고 싶지 않으면 안 먹으면 되지 울면서 까지 먹을 필요가 있나 생각했을 뿐이지요.

그러나 나는 나중에 알게 되었습니다. 그의 경우가 조금 극단적이기는 하지만 그러한 현상은 흔하게 볼 수 있는 일이며 음식에 대한 탐닉의 영인 것을 알게 되었습니다.

음식 먹는 것을 좋아하는 것을 나쁘다고 할 수는 없을 것입니다. 그러나 어떤 이들은 그것이 아주 심합니다. 그들에게 있어서 그것은 절제할 수 없는 유혹입니다.

그들은 몸에서는 원하지 않는데 음식을 먹게 됩니다. 먹고 나면 몸도 부대끼고 불편하고 후회를 하게 됩니다. 하지만 그럼에도 불구하고 계속 음식을 먹게 됩니다. 이들은 마음이 상할 때나 고통스러울 때, 외로울 때에 무엇인가를 먹습니다. 그리고 나면 기분이 좀 나아집니다. 하지만 그 때문에 이들은 음식을 통해서 어떤 만족감이나 위로를 느끼게 됩니다. 그래서 다시 마음이 불편해지게 되면 음식을 찾게 됩니다.
그것은 담배를 자주 피우는 사람이 담배를 끊으면 불안감을 느끼며 그래서 불안하고 손에 일이 잡히지 않을 때 담배를 꺼내는 것과 비슷한 것입니다.

이들이 음식을 먹는 것은 몸의 필요에 의한 것이 아닙니다. 정서적이고 내적인 만족을 위한 것입니다. 그렇기 때문에 음식을 먹음으로써 일시적으로는 잠시 위안을 얻을 수 있을지 모르지만 몸에는 과식으로 인하여 여러 가지 장애가 오게 됩니다. 비만이라든지, 각종 질병이 오게 됩니다.
내적인 공허감과 허무함의 해결을 위해서 몸에 음식을 넣는 것은 어리석은 짓입니다. 보이지 않는 영적인 문제를 어떻게 물질로 해결할 수 있겠습니까?
그것은 내적인 공허감을 해결하기 위해서 명예를 추구하거나 돈을 추구하거나 하는 행동과 비슷한 것입니다.
물질은 물질일 뿐이며 그것은 보이지 않는 영혼을 충족시킬 수 없습니다. 음식을 먹을 때 일시적으로 슬픔이나 허무함 등의 고통이 완화된 것처럼 느껴지는 것은 몸에 어떤 충족이 있을 때 일시적으로 영적 감각이 마비되기 때문입니다. 그러므로 이것은 근본의 해결이 아니라 자신의 감각을 마비시켜서 고통을 느끼지 못하게 하는 것입니다.

그러나 음식이 소화되고 몸의 부담이 사라져서 영혼의 감각이 살아나게 되면 다시 외로움과 절망과 낙담이 오기 때문에 또 다시 음식의 탐닉으로 도피하게 되는 것입니다.

지금까지 언급했던 다른 증상과 마찬가지로 이 음식에 대한 탐닉은 악한 영들이 일으키는 것입니다. 그렇기 때문에 음식을 절제하겠다고 아무리 결심을 하더라도 할 수 없게 됩니다. 악한 영들이 들어와서 누르고 억압하여 그러한 충동을 계속 일으키기 때문입니다.

사람의 안에는 악한 영들이 들어와서 살고 있습니다. 가끔 정체가 드러나면 그들은 나는 이 사람의 가족이다, 친척이다.. 하면서 자신을 밝힙니다. 나는 그러한 경우를 많이 접해보았습니다.

그들의 말은 아마 거짓일 것입니다. 하지만 중요한 것은 그 영들은 자신을 죽은 사람의 영으로 가장을 한다는 사실입니다. 그것이 사실이든 아니든 그들은 자신을 죽은 사람으로 표현합니다.

그리고 육체가 없기 때문에 육체의 욕망을 이루지 못하는 것을 고통스러워합니다. 그러므로 그들은 자신이 들어가서 살고 있는 사람에게 육적인 욕망을 일으켜서 그것을 즐기려고 하는 것입니다. 그러므로 그들이 실제로 죽은 사람의 영이 아닐지라도 그들은 음식을 먹는 것이나 성적인 행동을 할 때 그 사람의 몸을 사용해서 자신이 즐기는 감각을 느끼게 되는 것입니다.
이런 면에서 본다면 사람이 탐식을 하는 것은 악한 영들을 먹이고 있는 것이나 마찬가지입니다.
이는 간음의 영도 비슷한 것입니다. 악한 영들은 더러운 상상을 일으키며 성적충동을 일으킵니다. 여기에 굴복해서 악한 행동이나 상상을 하는 것은 결국 악한 영들을 만족시키는 것이며 악한 영들과 성적으로 관계를 맺는 것이나 마찬가지인 것입니다.

이것은 영혼이 발달하지 못해서 육체의 감각과 본능으로 살아가고 있는 이들의 슬픈 현실이라고 할 수 있는 것입니다. 그것은 그리스도인이기는 하지만 능력이 없어서 애굽에 노예로 갇혀서 바로의 명령에 따라 고역을 행하며 노예생활을 하고 있는 이스라엘과 같은 상태라고 할 수 있는 것입니다.
영적으로 무지하고 약하면 악한 영들의 노예생활을 하는 것은 당연한 일입니다.
비극적이게도 이와 같이 연약한 그리스도인들을 우리는 어디에서나 볼 수 있습니다. 그들은 대적을 알지 못하므로 그렇게 묶여서 살 수 밖에 없는 것입니다.
2권의 실천 편에서 좀 더 자세하게 적용의 방법을 다루겠지만 이와 같은 탐식의 영들도 오직 주의 이름으로 대적함으로써 우리는 자유함을 얻을 수 있습니다. 먹고 싶을 때 먹고 먹기를 원치 않을 때 먹지 않을 수 있도록 우리는 자유하게 될 수 있는 것입니다.

우리가 그 탐식의 영을 대적할 때 그 영은 드러나고 전율하며 떠나가게 됩니다. 우리가 지속적으로 대적할수록 우리는 그들의 떠나가는 것을 느끼게 됩니다.

몸은 가벼워지고 마음에 있는 답답함들이 사라지게 됩니다. 내면의 마음속에 있었던 불편하고 부자연스럽고 허전한 느낌이 사라지면서 우리는 군것질이나 과식에서 벗어나게 되는 것입니다.

이와 같은 탐식의 영이 마귀에게서 오는 것임을 단순히 알기만 하더라도 우리는 이 증상을 개선시킬 수 있습니다.

그것은 마귀는 오직 속이는 영이기 때문입니다.

그러므로 그들은 어둠 속에서는 강하며 능력 있는 존재로서 활동할 수 있지만 그 정체가 드러나는 순간에 이미 그들은 무력해지는 것입니다.

만약 어떤 이가 탐식을 일으키는 근본적인 원인에 대해서 알지 못한다면 그는 거기에서 벗어나기가 어려울 것입니다.

열심히 운동을 하고 열심히 금식을 하고 금식수련원에 다녀도 아주 일시적인 열매 밖에는 얻지 못할 것입니다. 그러나 근원을 알게 되면 그러한 전쟁은 그리 어려운 것이 아닙니다.

당신이 탐식의 영에 붙들려서 고통을 겪은 경험이 있다면 이제 곧 그들을 대적하고 쫓아내시기를 바랍니다.
당신은 곧 자유함을 얻게 될 것입니다.
그리하여 악한 영들의 세력을 초토화시키는 주의 이름의 능력과 복음의 능력에 대해서 새삼 확인할 수 있게 될 것입니다.
할렐루야.

19. 쇼핑

경제적으로 몹시 어려움에도 불구하고 TV의 홈쇼핑 프로그램을 멍청하게 쳐다보고 있다가 충동적으로 물건을 구입하는 사람들이 많이 있습니다.
그것은 고스란히 빚으로 남게 되어서 가계에 부담이 점점 더 커지지만 그것을 잘 알면서도 그리고 후회를 하면서도 이것저것을 사들이지 않으면 마음이 불안해서 견디지를 못하는 것입니다.
물론 그렇게 사들이는 물건들은 거의 필요하지 않기 때문에 사고 난 후에는 사용을 하지 않고 집안에 그저 쌓이게 됩니다.

어떤 처녀 전도사님의 이야기를 들은 적이 있습니다. 그녀는 월급날이 되면 명동에 가서 자신의 한 달 치 월급에 해당되는 옷을 사 버립니다. 물론 그 후에는 한 달 동안 돈이 없어서 쩔쩔매면서 다른 이들에게 아쉬운 소리를 하고 돈을 빌려서 살게 됩니다.
이런 식으로 카드를 남발하고 물건을 사는 이들이 많이 있습니다. 그렇게 해서 생긴 빚 때문에 삶이 아주 비참한 지경으로 빠진 이들도 적지 않습니다.
이러한 쇼핑의 영은 영혼의 어두움과 불안, 충족되지 않은 느낌 때문에 오는 것입니다. 탐식의 영과 비슷한 것이지요. 다만 탐식의 영은 위장을 채우는 것이지만 이들은 눈과 소유욕을 채우려고 하는 것이 틀릴 뿐입니다.

이러한 중독에 대해서 비판하는 이들도 많이 있지요. 정신이 바르지 않다는 것입니다. 그러한 비난은 맞는 말이기는 하지만 그 배후에 있는 영의 존재를 알게 된다면 그들이 그처럼 놓여나지 못하는 묶임 상태에서 사는 것을 이해할 수는 있을 것입니다. 그들도 잘 알면서도 그렇게 한심한 짓을 반복하게 되는 것입니다.

그러한 과소비나 쇼핑의 충동들도 다 악한 영으로부터 오는 것입니다. 무엇이든 자신이 스스로 통제할 수 없으며 후회하면서도 동일한 행동을 반복하는 것은 악한 영이 배후에서 누르고 있는 것입니다.

이러한 이들은 아주 매력적인 물건이 많이 있는 곳을 그냥 통과할 수 있는 자유를 가지지 못할 것입니다.

오래 전에 우연히 어떤 젊은 아가씨가 쓴 일기를 본 일이 있습니다. 이런 내용이 있었습니다.

"하루 종일 너무 기분이 안 좋았다. 몸도 안 좋고.. 너무 사는 것이 힘들었다. 누워 있다가 나도 모르게 일어나서 옷감을 끊고 옷을 맞추었다. 돌아오는 길에 눈물이 핑 돌았다. 내가 미쳤나 싶고. 어떻게 한 달을 살까 걱정이 되어 가슴이 막막했다.."

이것은 정말 비참한 묶임입니다. 경제적으로 어려우면서도 충동적으로 물건을 사고는 내내 후회하면서 사는 삶.. 그 배후에는 악한 영의 장난이 있습니다. 그 사실을 알고 주의 이름으로 대적하지 않는 한 이러한 사람들은 결코 자유함의 세계로 가지 못할 것입니다.

주의 이름을 알지 못하며 예수님을 개인적으로 영접하고 관계를 맺지 않은 이들은 이러한 악한 영들에게서 자유로워질 수 없습니다. 모세가 오기 전까지 이스라엘 백성들은 바로의 손에서 결코 해방될 수 없었던 것입니다.
당시 바로가 세계 최강의 군대였기 때문에 아무도 군사력으로는 그들을 이길 수 없었고 하나님의 능력을 통해서만 구원이 가능했듯이 지금도 세상의 영을 이길 자는 오직 예수, 그 이름 밖에 없습니다.
이러한 악한 영들에 의한 묶임과 부 자유는 거기에서 해방시키는 유일한 능력인 복음의 가치를 선명하게 보여주는 것입니다.
예수의 이름으로 이들을 대적하여 해방되지 않고도 시간이 흐르면 그 증상이 완화되는 경우도 있습니다. 그러나 그러한 경우는 하나의 증상이 다른 증상으로 바뀌는 것입니다.
마음이 선하고 신앙생활을 성실하게 하는 한 자매가 있었습니다. 그녀는 용모도 귀엽고 성품도 좋은 편이었는데 탐식의 영을 가지고 있어서 몸이 조금 뚱뚱한 편이었습니다.

그녀는 정서적으로 외로움을 많이 느꼈고 그러한 갈망이 먹는 것으로 대치되었던 것입니다.
사실 그녀는 그리 뚱뚱한 편은 아니었는데 본인은 그것을 심각하게 느끼는 것 같았습니다.
그래서 그녀는 결혼을 하기 위해서 이를 악물고 다이어트를 해서 성공을 했습니다. 그런데 음식을 거부하고 음식이 주는 위로를 거절하자 대신에 지독한 외로움과 허무함의 증상이 나타나게 되었습니다.
그녀는 그것을 해결하기 위해서 주일마다 교회에 나가지 않고 여행으로 그 허무감을 달래곤 했습니다. 자연히 그녀는 신앙과 멀어지게 되었습니다.

이것은 하나의 증상을 억지로 해결할 때 다른 영에게 잡히는 것을 보여주는 것입니다.
중독과 도피를 일으키는 허무함과 외로움.. 그것은 오직 주님의 영으로 충만할 때만이 근본적으로 해결될 수 있습니다.
우물가에서 사마리아 여인에게 주님은 '이 물을 마시는 자마다 다시 목마르지만 내가 주는 물을 먹는 자는 영원히 목마르지 않을 것이며 그 물은 그 속에서 영생하도록 솟아나는 샘물이 될 것'이라고 말씀하셨습니다. (요4:13,14)
'이 물'은 세상이 주는 만족과 위로를 의미하는 것이며 '주님이 주신 물'은 우리의 영혼에 가득하게 채우시는 주님의 영광과 임재를 의미하는 것입니다.

우리는 주의 이름으로 악한 영들을 대적함으로 그러한 많은 증상에서 벗어날 수 있습니다. 해방될 수 있습니다.

그리고 또한 그 악한 영들이 나가고 비워진 공간에 주님의 임재와 말씀으로 가득하게 채울 때 진정한 자유와 행복을 경험할 수 있는 것입니다. 주님의 물을 마시고 경험하는 자들은 충분히 만족되며 다시는 세상의 허무한 즐거움과 위안을 구하지 않게 됩니다.

부디 악한 영들의 증상을 분별하시기 바랍니다.

그리고 그것들을 대적하십시오.

마귀가 던져주는 빵 부스러기로 연명하려고 하지 마십시오.

주님은 우리에게 놀라운 풍성함을 주시는 분이십니다.

누구든지 그 영광을 알고 구하는 자는 그것을 맛보고 경험할 수 있게 될 것입니다. 할렐루야.

20. 악한 영들의 활동 특성

사람들은 잘 인식하지 못하지만 악한 영들은 우리와 가까이 살고 있으며 많은 활동들을 합니다. 그들은 그렇게 우리를 괴롭히고 고통스럽게 합니다.
그들의 모든 활동에 대해서 일일이 언급하는 것은 불가능합니다. 그것은 백 권의 책으로도 충분하지 않을 것입니다.
그러나 그러한 그들의 전략과 활동에 대해서 일일이 언급하지 않더라도 우리는 그들의 활동을 분별할 수 있습니다. 그것은 그들의 활동에는 어떤 기본적인 특성이 있기 때문입니다. 우리는 그러한 특성들을 통해서 그들이 일하고 있는 것을 알 수 있습니다.

첫째로 그들은 어두운 존재들입니다. 그들은 어두움의 영들입니다. 그러므로 악한 영들이 활동할 때 거기에는 일반적으로 어두움이 있습니다.
악한 영들이 주는 생각을 받아들이고 있는 사람은 곧 마음과 심령이 어두워집니다. 생각이 어둡고 표정이 어두우며 마음이 어두워집니다.
악한 영들에게 눌린 사람치고 밝고 환한 사람은 찾아보기 힘듭니다. 그것은 그들이 어두움의 영들이기 때문입니다.

그들은 우울한 생각을 집어넣습니다. 자기 연민과 두려움과 불안을 집어넣습니다. 비관적인 생각과 절망적인 마음을 일으킵니다. 그러므로 가만히 그들이 심어주는 생각을 흡수하는 이들은 점점 더 어두워지고 비참해집니다.

그러므로 이것을 반드시 기억하시기 바랍니다. 우울하고 창백한 분위기를 가지고 있는 이들은 악한 영들에게 눌려 있거나 악한 영들이 활동하기가 좋은 사람들입니다.

그러한 이들이 하고 있는 생각은 깊은 것 같고 옳은 것 같지만 대부분 좋은 열매를 맺지 못하는 생각들입니다. 그것은 사람을 침륜에 빠지게 합니다.

이러한 이들이 시를 쓰거나 소설을 쓴다면 아마 비관적이고 슬프고 비참한 내용을 주제로 할 것입니다. 그것은 어두움의 영들이 어두움의 영감을 그들에게 전해주기 때문입니다. 그것들은 지옥의 어두움들을 이 땅에 확산시킵니다.

어두운 생각, 어두운 마음이 떠오를 때 그것은 지옥으로부터 온다는 사실을 부디 기억하시기 바랍니다. 이끼와 곰팡이는 햇살이 가득한 곳에서는 생기지 않습니다. 그것은 어두운 곳에서 생기는 것입니다.

그러므로 그 영의 배후를 분별하고 대적하십시오. 그것은 악한 영들의 기본적인 특성입니다.

둘째로 악한 영들의 활동 특성은 불안감입니다. 악한 영들은 심판이 예비되어 있는 쫓기는 존재들로서 그들에게는 항상 불안함이 있습니다. 그러므로 악한 영들이 있는 곳에는 반드시 불안이 있습니다. 거기에는 결코 평안이 없습니다.

나는 오래 전에 어떤 구도자였던 여승에게 복음을 전한 적이 있었습니다. 그녀는 오랫동안 진리를 찾아서 방황하였으며 절에서 오랫동안 고행을 하면서 진리를 구했으나 얻지 못했습니다.

나에게서 복음을 전해 듣고 오랜 씨름 끝에 그녀는 주님을 그녀의 구주로 영접했습니다. 그리고 눈물을 떨어뜨리면서 그녀는 말했습니다..

"이렇게 평안해보기는 처음이야."

오랜 세월 진리를 구했고 이방종교 안에 있었지만 그녀는 항상 불안했었습니다. 그러다가 평강의 왕이신 주님을 그녀의 구세주로 영접하는 순간 그녀에게 비로소 그녀가 그렇게 오랫동안 찾아왔었던 평안이 임했던 것입니다.

평안은 오직 주님 안에 있는 것입니다. 세상에서는 평안을 얻을 수가 없습니다.

반대로 악한 영들이 있는 곳에는 반드시 불안이 있습니다. 강한 악령이 있는 곳에는 강력한 불안감과 두려움이, 약한 악령이 있는 곳에는 약간의 불안함이 있습니다.

이것은 우리가 어떤 길을 주님께 구할 때 그 인도하심이 주님으로부터 나오는지 아닌지를 분별하는 중요한 요소가 되기도 합니다. 즉 주님이 인도하시는 길에는 기쁨과 평안이 있으며 악한 영들이 속이고 있을 때에는 마음에 이상하게도 환경과 상관없는 불안감이 자리 잡게 되는 것입니다.

그러므로 우리는 어떠한 불안감이 있을 때 그것을 그대로 내버려두지 말고 분별하여 대적해야 합니다. 그것은 악한 영이 있거나 지금 활동하고 있다는 의미이기 때문입니다.

어떤 사람을 보면 그들의 곁에 가까이 있기만 해도 불안감이 전달되는 사람이 있습니다. 우리는 가능하면 그러한 이들을 피하는 것이 좋습니다. 그들의 안에 악한 영들이 많이 움직이고 있기 때문입니다. 그러므로 우리는 그러한 이들을 멀리해야 합니다.

만약 같이 있을 수밖에 없는 상황이라면 그들의 안에서 역사하는 영들을 대적하고 결박하는 기도를 드려야 합니다.

셋째로, 악한 영들의 활동 중에는 공격성의 특징이 나타납니다.

분노, 미움, 시기, 질투와 같은 것이 바로 공격성입니다. 천국은 사랑의 공간이며 지옥은 미움의 공간입니다.

사랑은 창조이며 세워주는 것입니다. 사랑과 격려는 영혼을 일으키고 세우는 것입니다.

반대로 미움과 혈기는 공격성이며 파괴하는 것입니다. 공격은 파괴를 일으킵니다.

공격과 파괴는 지옥의 중요한 특성입니다.

사랑은 창조의 영이며 서로를 강건하고 충만하게 합니다. 공격성은 파괴의 영이며 자기와 다른 사람, 자기보다 우수한 사람을 참지 못하며 공격하여 깨뜨리려고 합니다.

그러므로 지옥의 영들이 있는 곳에는 항상 전쟁과 분쟁이 있습니다. 시기와 분당이 있습니다. 교회든 가정이든 어떤 사회든 이러한 영을 가진 사람들이 있기 때문에 깨어지게 되고 지옥적인 사회가 되는 것입니다.

그러므로 이러한 영들을 잘 분별해야 합니다. 남들이 자꾸 이쁘게 보이지 않고 단점이 보이며 싫어지는 경우에는 악한 영들이 어느새 들어와서 장난치고 있을 가능성이 아주 많은 것입니다.

그럴 때에는 조용히 자신을 돌아보면서 영을 분별해야 합니다. 이 경우에 악한 영들을 분별해내고 대적하고 나면 곧 그 영이 사라지며 조금 전까지 밉게 보이던 상대방들이 전혀 그렇지 않게 보이게 됩니다.

넷째로 악한 영들의 활동에는 반드시 묶임이 있습니다. 부자유가 있습니다.

악한 영들에게 공격을 받고 있는 이들은 자유가 없습니다. 그들의 의지는 결코 자유롭지 않습니다.

그들은 하고 싶지 않은 것을 합니다. 그들은 자신이 원하는 것을 할 수 없습니다. 그들은 많이 결심하고 작정하고 기도도 하지만 여전히 자신의 소원대로 할 수 없습니다.

그것은 그들이 묶여 있기 때문이며 그 자신이 아닌 다른 존재가 그들을 지배하고 통제하고 있기 때문입니다. 물론 그 영은 주님의 영이 아니라 악한 영들입니다.
만일 어떤 사람이 자신이 원하는 삶이 있음에도 불구하고 그렇게 살 수 없다면 그는 악한 영들에게 눌려 있는 것입니다.
그는 의지가 약한 사람이 아니라 악한 영들에게 둘러싸여 있는 사람입니다. 아무리 의지가 강한 사람이라도 주위에서 어떤 무리의 사람들이 그를 둘러싸고 꼼짝을 못하게 잡고 있다면 그는 자유롭게 움직일 수 없을 것입니다.

악한 영들은 아주 실제적인 존재들입니다. 비록 사람들이 그들의 존재에 대해서 잘 인식하지 못하고 있지만 그렇다고 그들이 활동을 못하는 것은 아닙니다. 그러한 사람들의 영적 무지를 힘입어 그들은 많은 사람들, 그리스도인들의 삶을 지배하고 파괴합니다.
악한 영들은 어두움의 영이며 불안의 영이며 파괴의 영이며 억압하고 지배하는 영입니다. 그리하여 성도들의 삶을 어둡게 하고 불안하게 하며 파괴하고 비참하게 억압하고 지배합니다. 이러한 것들은 그들이 활동할 때마다 나타나는 특성입니다.
그리스도인들은 영적 권세를 가지고 있습니다.
하늘과 땅의 모든 권세를 가지신 주님께로부터 위탁받은 권세를 가지고 있습니다.
만약 우리들이 그 악한 영들의 세력을 분별할 수만 있다면, 그리고 우리의 위치와 권세에 대해서 알고 사용할 수만 있다면 우리는 주님께서 실제로 말씀하신 것들, 성경이 약속하고 있는 풍성한 삶을 살기에 부족함이 없을 것입니다.
부디 이 실제적인 분별과 지식에 대해서 배우고 익히시기를 바랍니다. 그리고 적용할 때 우리의 삶은 달라질 것입니다. 할렐루야.

21. 악한 영들의 활동 원리

악한 영들은 사람들의 안에서 밖에서 활동합니다. 처음에 그들은 바깥에서 활동하며 그들을 받아들이면 사람의 안에 들어옵니다. 그리하여 조금씩 그 사람을 조종하고 사로잡아가게 됩니다.

하지만 대부분의 사람들은 그 사실을 알지 못하며 느끼지 못합니다. 그것은 그들이 철저하게 자신을 숨기며 위장하기 때문입니다.

그들의 움직임과 공격에 대해서 느끼고 인식하는 것은 기도와 영적 경험을 통하여 영혼의 감각이 깨어나기 시작했을 때 비로소 조금씩 가능하게 되는 것입니다.

그러한 그들의 활동에는 몇 가지의 기본 원리들이 있습니다. 이 원리들을 우리가 이해할 때 우리는 좀 더 그들의 전략을 간파하고 우리를 지킬 수 있을 것입니다.

첫째, 그들의 활동원리는 은밀함입니다. 즉 숨어있는 것입니다. 그들은 도둑과 같은 존재입니다. 즉, 합법적으로 활동하는 이들이 아닙니다.

믿지 않는 자들은 근본적으로 사단에게 속해 있습니다. 성경은 사단을 이 세상의 신이라고 말하고 있습니다. (고후4:4) 그러므로 사단은 믿지 않는 자들을 지배할 수가 있습니다.

그러나 주님을 믿고 영접하여 주님과 천국에 속한 자들을 악한 영들은 지배할 수 없습니다. 신자들은 그리스도의 속죄 사역과 예수의 보혈을 통하여 죄사함을 받았기 때문입니다.

그렇기 때문에 그들은 은밀하게 속여서 그리스도인들을 공격하고 지배하려고 합니다. 그들은 자신의 정체를 감출 때만이 효과적으로 활동할 수 있는 것입니다.

아이러니하게도 지금 불신자의 세계에서는 악한 영들의 존재를 인정하는 경향이 많이 있는데 이상하게도 현대 기독교는 점차로 악령의 존재를 인정하지 않거나 무시하는 경향이 많이 있습니다. 지성적인 그리스도인들 중에는 그러한 사람들이 많습니다.

이들은 성경에 명백하게 나타난 악한 영들의 존재와 그들을 쫓아낸 주님의 사역에 대해서 일부러 눈을 감으려고 합니다. 그러한 표현은 당시 사람들의 원시적인 관점으로 성경을 묘사한 것이라고 해석하기도 합니다.

그러나 악한 영들의 존재는 주님의 복음을 오히려 더 선명하게 하는 의미도 가지고 있습니다. 모든 종교 지도자들이 주님을 대적하고 알아주지 않았을 때 오히려 귀신들은 주님의 정체를 알고 두려워 떨었던 것입니다. 이것은 귀신에 대한 표현이 단순히 미신적인 묘사에 지나지 않는다는 해석이 전혀 자연스럽지 않다는 것을 보여주는 것입니다.

악령들의 존재를 전혀 인정하지 않는다면 그것은 이미 악한 영들의 계략에 넘어간 것이라고도 할 수 있는 것입니다. 왜냐하면 악한 영들은 그렇게 어둠 속에서 숨어서 활동하는 것을 좋아하기 때문입니다.

그렇다고 해서 귀신 노이로제에 걸릴 정도로 항상 귀신을 생각하고 모든 문제에 대해서 악한 영의 개입이라고 생각하고 두려워하는 것은 역시 좋다고 할 수 없습니다.

어떤 이들은 항상 귀신을 두려워하며 모든 상황에서, 모든 문제에서 귀신들을 발견하고 오직 그들과 싸우는 것에 집중합니다. 그것 역시 극단적입니다. 그러므로 균형과 조화를 잃지 않은 영적 분별력이 필요한 것입니다.

악한 영들은 어둠 속에 숨어서 교묘하게 위장하여 활동한다는 사실을 항상 기억해두시기를 바랍니다. 우리의 영이 예민해지고 영적 지식에서 발전해갈수록 그들은 정체를 드러내게 될 것입니다.

둘째, 그들의 주 활동원리는 동일시입니다.

그들은 우리 안에 숨으며 그들이 준 생각이 우리 자신의 생각이며 입장인 것처럼 속입니다. 그것이 동일시입니다. 즉 악한 영들이 우리 안에서 활동하지만 우리는 그것이 우리 자신인 것으로 여기게 하는 것입니다.

예를 들어서 도저히 용서하지 못하는 어떤 사람이 있다고 합시다. 그는 자기에게 해를 입힌 상대방을 증오하며 어떤 일이 있더라도 그에게 복수하겠다고 이를 갑니다. 하지만 대부분의 경우 그러한 마음을 일으키는 것은 악한 영이지 그 자신이 아닙니다. 하지만 그 사람은 그 마음이 자기라고 생각하며 속는 것입니다.

그렇기 때문에 그 사람은 누가 옆에서 말리고 달랜다고 하더라도 그 이야기를 듣지 않습니다. 자기는 절대로 상대방을 용서하지 않을 것이며 대가를 치르게 하겠다고 화를 내면서 말합니다. 이들은 악한 영과 자신을 분리시키기 전까지 그 악한 분노의 마음과 충동에서 벗어날 수 없습니다.

악한 영은 이와 같이 사람과 자신을 동일시하게 만듭니다.
증오를 심어주고 시기를 심어주고 욕심을 심어주며 사람을 파괴합니다. 영혼에 탐욕을 심어주고 음심을 심어주면 그를 타락하게 하고 파멸하는 것은 아주 쉬운 것입니다.

하지만 사람들은 그것이 마귀라는 것을 모르고 자신이라고 생각하기 때문에 그 굴레를 벗지 못합니다. 그것이 마귀의 전략인 것입니다.

그러므로 악한 영들은 악한 충동을 일으키고 그 다음에는 정죄합니다. 극단적인 분노를 일으켜서 살인의 충동을 일으키고 그가 순종해서 살인을 하면 이번에는 너는 나쁜 놈이고 살인자이니 죽어야 한다고 마구 정죄를 해서 자살을 하도록 하는 것은 귀신의 흔한 작전입니다. 그러한 전략이 먹혀 들어가는 것도 악한 영의 존재를 알지 못하고 모든 행동과 생각이 자기가 하는 것이라고 생각하기 때문입니다. 이처럼 동일시는 악령들이 숨어있을 수 있는 기본적인 전략입니다.

셋째, 그들의 활동원리는 합리화입니다.
그들은 상황에 맞도록 아주 그럴듯하게 역사합니다. 그들이 사람들에게 속이면서 하는 이야기는 아주 논리적이며 합리적인 것으로 들립니다.
영을 분별하는 것은 영적인 것이며 세상의 지혜나 지능이나 학식으로 가능한 것이 아닙니다. 그러므로 세상적인 지식이나 학문이 많다고 하더라도 그 영에게 속지 않는 것이 아닙니다. 그들은 훨씬 더 지혜로운 존재들입니다.
악한 영들의 음성에 사람들이 속는 이유는 그들이 정말 그럴듯한 이야기를 속삭이기 때문입니다. 마귀는 결코 말도 안 되는 이야기를 하는 존재가 아닙니다. 그래서는 아무도 속지 않을 것입니다.

한 예를 들어서 설명해보겠습니다. 어떤 며느리가 시어머니에게 시달림을 받고 있습니다. 그럴 때 악한 영들이 그녀에게 다가와서 이야기를 시작합니다.
그들은 너무나도 정확하게 이 며느리의 입장이 되어서 시어머니가 얼마나 악하고 부조리한가, 그녀의 비판이나 비난이 얼마나 억울한 것인가에 대해서 조목조목 설명합니다.

조용히 혼자 있을 때 악령들은 바로 곁에 앉아서 아주 정확하고 예리하게 그녀가 얼마나 억울하고 비참한 대우를 받고 있는지를 설명합니다.
조용히 혼자 앉아 있지만 점점 더 그녀의 얼굴은 흙빛이 됩니다. 점점 더 가슴은 벌렁거리고 얼굴색은 어두워집니다. 그녀의 마음은 분노와 원한으로 가득 차게 되고 그녀는 점점 살기가 싫어집니다.

악한 영들의 이야기는 그 상황에 아주 적당한 것입니다. 아주 마음이 즐겁고 행복한 그리스도인에게 가까이 다가가서 '하나님이 너를 미워하신다' 하고 말하는 마귀는 없습니다. 그렇게 해서는 사람을 유혹할 수 없을 것입니다.
마음이 상하고 원하는 것이 실패하고 마음이 어두워진 사람에게 악령들은 가까이 접근합니다. 그리고 아주 조용히 말합니다. '정말 하나님이 살아 계실까? 그분이 존재하신다면 과연 이런 일이 생길 수 있을까? 그들은 조용하고 부드럽고 은밀하게 이야기를 시작합니다. 그런 식으로 하지 않으면 그들은 결코 미끼를 얻을 수 없는 것입니다.
물론 그러한 유혹의 마지막 목표는 사람들을 지옥으로 이끄는 것입니다. 에덴동산에서 하와를 속였던 사단은 지금도 똑같이 그럴 듯하고 설득력 있게 유혹을 하고 있습니다.
악한 영들은 이렇게 항상 숨어서 속이며 그들의 움직임을 감추고 합리화시킵니다.

분노를 폭발하도록 유도한 후에 그들은 말합니다.
'네가 화를 내는 것은 마땅한 것이야. 누구도 그 상황에서는 화를 내지 않을 수 없을 거야.'
음란한 일에 빠지게 하면서 그들은 말합니다.
'이 정도의 즐거움도 없이 어떻게 세상에서 살겠어? 이건 누구나 하는 일이야.'
몸을 약하게 만들고 눌러서 질병을 가져다주고 그들은 말합니다.
'너는 너무 힘들게 일했어. 그러니 이런 질병이 있는 것은 당연한 것이야..'
그들은 속이는 존재입니다. 그들은 항상 그럴 듯하게 속입니다. 그리고 유혹하고 그리스도인들을 넘어뜨리려고 합니다.

오늘날 악한 영들의 유혹과 계략에 넘어가는 그리스도인들은 얼마나 많은지요! 어떤 이들은 음란의 문제로 넘어집니다. 어떤 이들은 탐욕으로 인하여 넘어집니다. 어떤 이들은 혈기로 인하여 넘어집니다. 어떤 이들은 두려움으로 인하여 넘어지거나 묶여서 갇혀서 삽니다. 그 모든 것들이 악한 영들의 움직임과 전략을 알지 못하기 때문에 우리 안에 엄청나고 놀라운 무기를 가지고도 하나도 써먹지 못하고 전쟁에 패하고 마는 것입니다.
악한 영들의 활동 원리들, 은밀함, 동일시, 합리화.. 이러한 것들에 대해서 분명하게 기억해두십시오. 우리는 그들보다 훨씬 더 월등한 무기와 화력을 가지고 있습니다. 우리가 그것들을 사용하기만 하면 충분히 그들의 진지를 초토화시킬 수 있습니다. 중요한 것은 그들의 전략을 분별하는 것입니다.

부디 이 지식에 있어서 자라 가십시오. 그리하여 그들의 정체를 파악하고 분별하십시오. 알고 깨달아 갈수록 승리는 우리의 것이며 우리는 전에 알지 못했던 자유함과 풍성함의 세계로 나아갈 수 있게 될 것입니다. 할렐루야.

22. 넓은 범위의 활동들

지금까지 다룬 것은 주로 개인에 대한 악한 영들의 공격과 활동이었습니다. 하지만 악한 영들은 개인 한 사람 한 사람만을 공격하는 것이 아닙니다.
그들은 나아가서 하나의 지역이나 사회, 그리고 국가에까지 그들의 공격범위, 통치의 범위를 넓힙니다. 성경은 그들을 이 세상 신이라고 말하고 있으며 이 어두움의 세상 주관자라고 말합니다. 그러므로 그들이 보이지 않는 곳에서 세상을 지배하고 다스리는 것은 당연한 일일 것입니다.

그들이 지역이나 국가를 지배하고 다루는 방식은 개인에게 역사하고 속이는 방식과 비슷한 것입니다. 사실 하나의 사회나 국가는 한 사람과 같은 것이라고 할 수 있습니다.
사람과 같이 하나의 사회나 국가에도 전체를 다스리고 통제하는 머리의 기능이 있습니다. 정치적인 지도자나 권위자들이 그러한 역할을 합니다. 또한 사람처럼 힘을 대표하는 기관이 있습니다. 양심을 대표하는 기관도 있습니다. 그러한 것은 하나의 국가나 하나의 사회가 전체적으로는 한 사람과 같은 것을 보여줍니다.

악한 영들이 한 개인에게 역사하는 것과 같이 악한 영들은 한 지역 사회나 국가의 머리와 마음에 혼미한 생각을 집어넣습니다. 어두운 생각과 어두운 감정을 집어넣습니다. 그렇게 하여 사회와 나라 전체를 사로잡아 갑니다.

가까이 하는 이웃 나라들은 대부분 서로를 향한 적개심을 가지고 있습니다. 그것은 역사의 과정에서 서로에 대한 전쟁과 상처의 기억을 가지고 있기 때문입니다.

그래서 어떤 나라들은 다른 나라를 미워합니다. 그것은 상대방도 마찬가지입니다. 우리나라는 일본 사람들을 좋아하지 않습니다. 그것은 그들에게 과거에 침략을 당하고 고통을 많이 겪었기 때문입니다. 또한 중국 사람도 별로 좋아하지 않습니다. 그들에게도 과거에 많은 고통을 겪었습니다.

그러한 감정들은 옳아 보이지만 사실은 악한 영들에게 속고 있는 것입니다. 왜냐하면 그러한 전쟁과 파괴와 고통은 그 배후에 있는 악한 영들의 개입의 결과이기 때문입니다. 악한 영들은 개인과 개인을 서로 이간질시키고 미워하게 만드는 것과 같이 이웃하는 나라에 대한 분노와 증오를 일으킵니다.

우리나라의 과거 삼국 시대에 고구려 백제 신라는 치열하게 싸웠습니다. 서로 가까운 이웃끼리 사이좋게 지내고 문화 교류를 나누었다는 이야기는 별로 없습니다.

다들 서로를 원수로 여기고 상대방을 멸망시키기 위해서 수단과 방법을 가리지 않았습니다. 신라는 백제와 고구려를 멸망시키기 위하여 중국과 손을 잡기도 했습니다. 그러한 삼국시대의 미움과 원한은 지금까지도 잠재의식 속에 남아서 그 지역에서 영향을 행사하고 있습니다.

지금의 현재에 있어서도 이 나라는 남북과 동서로 갈라져서 서로 미워하고 두려워하고 있는 것입니다. 과거의 고통이나 원한이 현재에 영향을 준다는 것은 이제 일반적으로 인정되고 있는 사실입니다.

중국도 고구려에 의해서 대군이 멸망한 수치스러운 기억을 가지고 있습니다. 그러한 과거의 고통과 원한은 잠재적으로 6.25의 남북 전쟁에서 중국이 개입하여 한국의 통일을 방해하게 된 하나의 원인이 되었을 것입니다.

물론 현실적으로 그러한 과거의 역사에 기초를 두고 전쟁에 개입하는 판단을 하는 것은 아니겠지만 그러한 어두움의 기운, 원한과 분노, 용서하지 않는 마음은 하나의 영적 에너지가 되어 그러한 현실이 이루어지게 하는 것입니다.

그러한 전쟁과 미움과 파괴의 배후에 있는 것은 악한 영들입니다. 악한 영들은 나라의 지도자들을 지배하고 충동질하고 영향을 행사합니다.

한 나라의 일어남과 멸망은 우연히 일어나는 것이 아닙니다. 한 나라의 지도자가 일어나고 사라지는 것도 우연히 일어나는 것이 아닙니다.

그것은 영적 세계의 전쟁과 그 결과에 의해서 이루어지는 것입니다. 항상 어떤 역사가 있기 전에 먼저 영적 세계에서 사건이 이루어집니다. 그리고 후에 그 동일한 역사가 이 땅에서 이루어집니다.

그러므로 초나라와 한나라의 싸움에서 결국 항우가 패퇴하고 유방이 권세를 얻게 된 것이라든지, 삼국 시대에 강력한 고구려는 멸망하고 신라가 나라를 통일하게 되었다든지.. 하는 것은 다 영계에서 먼저 결재가 끝난 일인 것입니다.

하나님을 섬기며 제천행사를 통해 하나님을 예배하던 한민족은 과거에 강한 나라였으나 서기 372년 고구려의 소수림왕2년에 불교를 받아들이면서 아주 약해졌습니다. 나는 고구려의 멸망이 그들이 가장 먼저 이와 같이 우상을 받아들인 죄와 무관하지 않다고 생각합니다.

그 후 한국은 정말 비참한 역사를 가지고 간신히 명맥을 이어오다가 다시 복음을 받아들이면서 지독한 가난과 재앙과 고통에서 벗어나 활기찬 나라가 되었습니다.

한국의 성장은 교회와 복음의 확산과 아주 밀접한 관계를 가지고 있습니다. 한국이 융성해지고 국운이 살아나기 시작한 것은 불과 몇 십 년이 되지 않았습니다. 그것은 복음의 확산과 거의 같은 시간대를 가지고 있습니다.

그 후 88올림픽을 통하여 헤라 여신의 제단을 서울 한복판에 모시고 이 후부터 한국교회는 처음으로 마이너스 성장을 하게 되었습니다. 사람들은 아무런 분별도 없이 그저 올림픽을 치르니까 한국이 유명해져서 좋다고 환호하지만 영성적으로 보면 그것은 비극입니다. 우상숭배는 그 나라에 재앙을 가져오는 것입니다.

그 이후부터는 교회도 영적 생기를 잃어버리기 시작했고 나라의 경제도 서서히 가라앉기 시작했습니다. 한국을 살리는 길은 교회가 살아나고 우상을 깨뜨리는 것이며 과거에 했던 것처럼 광장에 많은 사람들이 모여서 같이 회개하고 부르짖고 주님을 높이고 찬양하는 것입니다. 그렇게 할 때 이 나라의 공중 권세를 잡고 있는 악령들이 떨어지고 이 땅에 복이 임하게 됩니다.

지금은 우상숭배와 점치는 행위 등이 극도로 심하며 이로 인하여 나라가 더러워지고 사람들의 심령이 강퍅하고 높아졌으며 그리스도인들도 순수함과 주님께 대한 순결한 갈망을 잃어버렸습니다. 이 상태에서는 비극과 재앙밖에 올 것이 없는 것입니다. 순수한 영혼의 회복만이 모든 비극과 재앙을 사라지게 합니다.

각 나라의 과거와 상처에 대해서는 더 이상 분노하고 한을 품고 있어서는 안 됩니다. 그것은 어리석은 것이며 잘 보지 못하고 있는 것입니다. 그것은 때리는 자의 손은 보지만 그 배후에 있는 조종자가 누구인지를 알지 못하는 것입니다.

물론 때린 자도 책임을 면할 수는 없지만 그 배후의 존재를 분별하고 근원을 결박하기 전까지는 진정한 해방과 승리를 경험할 수 없습니다. 정말 중요한 것이 배후의 영적 존재들에 대한 분별, 이 어두움의 세상 주관자들의 활동에 대한 이해인 것입니다.

어떤 하나의 문화 현상에도 그 배후에는 영적 존재가 있습니다. 예를 들어 크게 유행하는 음악이라든지 큰 인기를 끌고 많은 시청률을 자랑하고 있는 프로그램이라든지.. 그 배후에도 영적인 기름부음이 있는 것입니다. 물론 그 영은 세상의 영이며 주님의 영이 아닙니다.

그렇게 배후에서 영적 에너지를 공급해주지 않는 것은 이 세상에서 유명해질 수 없습니다.

그러므로 그 영의 배후를 분별하지 못하고 아무 생각도 없이 세상의 유행하는 사상이나 문화를 따라가고 흉내 내는 사람들은 어리석은 사람들입니다. 그들의 영혼은 결코 안전하지 않은 것입니다. 많은 이들이 따라가는 길은 대부분 바른 길이 아닙니다.

오늘날의 교회는 영적 분별력을 잃어버려서 교회의 외형적인 성장에 도움이 되는 것이라면 세상의 영이든 무엇이든 다 받아들입니다. 그렇기 때문에 교회 안에도 악령의 역사가 많고 주님의 순결하고 아름다운 영광과 임재를 찾아보기 어려운 것입니다.

오늘날 교회를 천국과 같다고 느끼는 이들은 별로 없습니다. 만약 그리스도의 실제적인 영이 교회 안에 임하게 된다면 그

곳은 바로 천국이 됩니다. 영적 시각이 열리고 악한 영들의 활동을 이해하고 분별하여 깨뜨릴 수 있을 때 비로소 그러한 역사가 이루어지게 될 것입니다.

한 나라에도 정신이 있고 흔히 그것을 민족성이라고 부릅니다. 악한 영들은 이 민족의 정신, 민족성을 혼미한 상념으로 가득 차게 합니다.

예를 들어 한국인들의 국민성에 독특한 '한' 이라는 개념이 있습니다.

이것은 해결되지 않은, 표출되지 않은 분노입니다. 그리고 그 감정을 주입시킨 것은 바로 악령의 세력입니다. 그들은 한 사람의 마음에 악한 마음을 넣어서 파괴하는 것처럼 한 나라의 정신에도 악하고 잘못되고 어두운 상념을 집어넣습니다.

예를 들어서 일본사람들은 겉보기에 아주 친절하고 예의바르지만 흔히 속내를 잘 드러내지 않는다고 합니다. 그러한 경향은 민족성 안에 포함되어 있는 두려움의 영입니다. 그것도 역시 악한 영들의 영향력이라고 할 수 있는 것입니다.

이처럼 악한 영들은 한 사람을 지배하듯이 나라와 민족을 지배합니다. 그들은 서로 미워하게 만들고 두려움을 일으키며 시기와 질투를 일으킵니다. 그렇게 해서 전쟁을 만들고 상처를 일으킵니다. 그것이 악한 영들이 하는 일입니다.

어떤 나라에는 쾌락과 게으름과 나태의 영을 집어넣으며 어떤 나라에는 우월감과 교만의 영을 집어넣습니다. 어떤 나라에는 선하지만 단순하고 의식이 없는 상태에서 삶을 살도록 무지의 영을 집어넣으며 어떤 나라에는 분노와 적개심의 기운을, 어떤 나라에는 무기력과 낙담의 영을 집어넣습니다. 국가는 곧 한 사람인 것입니다.

이러한 민족성의 특징은 겉보기에는 환경이나 역사의 산물인 것처럼 보입니다. 그러나 그 배후에는 보이지 않는 영들의 개입과 활동이 있는 것입니다.

이것은 나라보다 작은 지역의 단위도 마찬가지입니다.

우리는 좁은 땅에 살고 있으면서도 지역 간의 적대감과 분노와 판단과 상처를 가지고 있습니다.

물론 그 배후에는 악한 영들의 장난과 개입이 있는 것입니다.

악한 영들은 나라를 통치하듯이, 한 사람을 통치하듯이 각 지역을 다스리고 관리합니다.

서로 많이 미워하고 증오하고 적개심을 가질수록 그것은 그 지역을 맡고 있는 악령의 두목이 유능하다는 것을 보여주는 것입니다. 증오, 전쟁, 파괴, 살상과 같은 것은 마귀를 기쁘게 하는 것이며 그들은 그러한 어두움의 에너지를 즐깁니다. 그러한 것들은 사단의 왕국을 강건하게 만들기 때문입니다.

우리가 영적인 세력과 그 활동에 대해서 알고 대처한다면 우리는 그들의 손에서 벗어나게 되며 자유와 사랑과 행복의 천국에서 사는 것이 어떤 것인지 알게 될 것입니다.

그렇게 충분히 개인적인 승리와 해방을 경험한 후에 우리는 좀 더 범위를 넓혀서 이와 같이 지역을 지배하는 세력들, 나라를 지배하는 영들을 깨뜨려야 합니다. 그것을 우리는 중보기도라고 부르는 것입니다. 우리는 그러한 방식으로 충분히 사회와 나라를 변화시킬 수 있습니다.

이 땅을 새롭게 하는 것은 정치나 경제나 교육이나 문화가 아닙니다. 그것들은 영의 세력을 알지 못하고 겉으로 보이는 문제들에 대한 피상적인 접근을 하고 있기 때문에 결코 문제들을 해결할 수 없습니다.

오직 주의 이름과 보혈로 씻음을 입은 주의 용사들이 기도와 결박으로 원수의 세력을 초토화시킬 때 이 땅은 바뀌게 되는 것입니다.

영혼이 깨어난 주님의 사람들이 일어날 때 그들은 나라와 민족을 바꿀 수 있습니다. 그들은 지역과 나라에 있는 영들을 분별하고 대적하여 처리할 수 있습니다.

한 나라나 지역에 교만이 들어오거나 분노가 들어와서 그 나라의 영적인 어두움이 시작되는 것을 이들은 분별할 수 있습니다. 그러므로 이들은 그러한 영들을 대적하며 소멸하는 기도를 드릴 수 있는 것입니다.

이들은 그러한 영들이 재앙을 일으키는 것을 알 수 있기 때문에 이를 위해서 중보하고 대적하여 원수의 진들을 초토화시킴으로써 나라와 민족을 보호하고 새롭게 이끌어갈 수 있는 것입니다. 한 도시나 나라를 움직이는 것은 정치가나 힘이 있는 사람들이 아니라 기도와 무릎으로 살아가는 사람들, 영혼이 깨어난 그리스도인들입니다.

그러나 그러한 사회와 나라의 변화 이전에 먼저 이루어져야 할 것은 교회의 변화입니다. 실제적인 하나님의 영광과 임재를 아는 교회와 그리스도인들의 일어남입니다. 아직 그전까지는 우리는 사회와 나라와 민족의 그 어떤 변화도 기대할 수 없습니다.

악한 영들은 자기의 맡은 분야에서 열심히 그들의 일을 하고 있습니다. 가장 밑바닥에서 개인 한 사람 한 사람들을 쫓아다니며 유혹하고 파괴하는 역할을 하는 영들도 있습니다.

좀 더 역량을 인정받아서 넓은 지역을 맡고 있는 악령들도 있습니다. 한 지역을 맡고 있는 영들도 있고 한 나라의 전체를 책임지고 담당하는 영도 있으며 그 밑에서 교육이나 문화나 그 중에서도 음악 분야나 TV드라마 분야만 전담하고 있는 영들도 있습니다.

그들은 세상의 문화를 창조하고 유행을 창조하여 어리석은 영혼들을 좀 더 효과적으로 사로잡을 수 있도록 자기의 재능을 다해서 임무를 수행하는 것입니다.

그것은 대통령 밑에 내각이 있고 장관들이 있고 그 밑에 공무원들이 있는 것과 같습니다. 하나님의 왕국에도 그러한 천군 천사들의 조직이 있는 것처럼 사단의 왕국에도 그러한 조직이 있는 것입니다.

그러나 그 어떤 악령의 활동보다도 가장 기본적이고 근본적인 활동은 바로 교회를 파괴하고 깨뜨리는 사역입니다. 그들은 이 사역이 그들이 해야 할 가장 기본적이고 중요한 일인 것을 잘 알고 있습니다.

베드로가 주님께 그의 그리스도이심을 고백했을 때 주님은 이렇게 말씀하셨습니다.

"바요나 시몬아 네가 복이 있도다 이를 네게 알게 하신 이는 혈육이 아니요 하늘에 계신 내 아버지시니라

또 내가 네게 이르노니 너는 베드로라 내가 이 반석 위에 내 교회를 세우리니 음부의 권세가 이기지 못하리라

내가 천국 열쇠를 네게 주리니 네가 땅에서 무엇이든지 매면 하늘에서 매일 것이요 네가 땅에서 무엇이든지 풀면 하늘에서도 풀리리라 하시고" (마16:17-19)

주님께서 교회가 세워질 것이라는 말씀을 하신 후 이와 같은 놀라운 약속을 하셨습니다. 그것은 음부의 권세, 곧 마귀의 세력을 멸할 수 있는 능력은 오직 교회에 있다는 것입니다.

마귀의 세력은 정치를 지배할 수 있습니다. 경제도, 문화도, 사회와 교육부문도 다 지배할 수 있습니다.

그러나 그들은 교회를 지배할 수 없습니다. 교회를 이길 수 없습니다. 그것이 주님께서 주신 약속입니다. 즉 교회는 유일한 세상의 소망이며 마귀의 세력을 깨뜨릴 수 있는 권세를 받은 곳인 것입니다.

교회는 천국의 열쇠인 믿음을 가지고 있으며 그러므로 하늘과 땅의 모든 것을 매고 풀 수 있는 것입니다.

악한 영들은 이 사실을 잘 알고 있습니다. 그러므로 그들은 오직 교회만 파괴하면 세상의 모든 것을 다 파괴할 수 있다는 사실도 잘 알고 있는 것입니다.

그러므로 그들은 자신들의 활동이 발견되지 않도록 최대한 조심하면서 은밀하게 교회를 파괴하려고 하는 것입니다.

그들이 사용하는 방법은 여러 가지들입니다.

하나님의 말씀인 성경을 부정하고 의심하게 만드는 작전을 사용합니다. 여기에 성공하면 교회는 힘을 잃어버리기 때문입니다.

또한 성경은 인정하지만 성경에 나타난 하나님의 임재와 살아계심과 능력은 부정하게 만듭니다. 그러한 사상을 일으킵니다. 여기에 성공하면 개념적이고 추상적인 능력 없는 교회를 만들 수 있는 것입니다.

믿음을 명목상으로 만들기 위해 혼미한 교리와 신학을 만들어내기도 합니다. 그것도 다 악한 영들이 하고 있는 짓입니다.

교회에 온갖 세상의 영들, 세상의 심리학이나 의학이나 교육학이나 다양한 방법론을 들여와서 교회를 혼란스러운 영들로 가득하게 만들기도 합니다. 또한 교회에 물질적인 욕망이나 탐심을 투입시키기도 합니다. 그리하여 모든 이들이 자기의 소원이나 개인적인 욕망에 사로잡혀 주의 이름을 부르지만 실제로 주님을 아는 것에는 전혀 관심이 없도록 만들기도 합니다.

주님의 영광보다는 사람이 드러나게 하여 교회에서 하나님의 임재가 소멸되고 사람이 주인이 되도록 하는 것도 악한 영들의 작전 중의 하나입니다.

악령들은 교회 안에서 이간질과 미움과 분파를 일으키기도 합니다. 악한 영들은 사소한 일로 그리스도인들이 서로 원수를 맺고 미워하게 만듭니다. 또한 악한 영들은 교회가 본질이 되시는 주님과 그의 생명을 알아 가는 것보다 별로 중요하지 않는 것들에 마음을 집중하도록 만들기도 합니다.

교회와 신앙이 주님을 가까이 아는 것이 아닌 건물을 짓고 사람을 많이 끌어 모으며 세상적인 성공을 추구하는 쪽으로 나아가도록 인도하기도 합니다. 생명을 살리는 하나님의 말씀을 도덕적인 교훈과 적당하게 섞어서 주의 임재와 생명을 소멸시키는 것도 악한 영들이 교회를 파괴하기 위하여 하고 있는 일들입니다.

악한 영들은 수단과 방법을 가리지 않고 교회를 깨뜨리려고 합니다. 그것만이 그들의 최후 목표입니다. 하나님의 임재와 살아계심, 영광스러운 교회가 소멸되어 갈수록 그들은 온 세상을 완전하게 지배할 수 있기 때문입니다. 살아있는 교회 외에는 이 땅에 그 어떤 소망도 존재할 수가 없는 것입니다.

그렇기 때문에 우리는 한 사람 한 사람이 개인적으로 눈을 뜨는 것도 중요하지만 교회가 살아날 수 있도록 기도하고 힘을 모아야 합니다. 교회가 죽는다면 개인은 살 수 없습니다. 그러나 교회에 생명이 충만하게 된다면 수많은 충만하고 아름다운 주의 사람들이 일어날 수 있게 될 것입니다.

불행하게도 지금 이 시대의 교회는 너무나 많이 혼미해졌고 생명을 잃어가고 있습니다. 살아있는 예배, 거룩한 하나님의 영광과 임재를 알고 경험하는 이들이 점점 더 줄어들고 있습니다. 많은 이들이 예배를 드리고 복음을 접하지만 그 영광의 세계가 무엇인지 모릅니다. 천국의 기쁨이 무엇인지 모릅니다. 이것은 이미 악한 영들이 너무나 많이 활동하고 있기 때문입니다.

우리는 영적인 눈을 떠야 합니다. 그리하여 원수의 세력을 분별하고 기도함으로 그들을 초토화시켜야 합니다.

우리 영혼이 살고 그리고 교회에 주님의 영광과 거룩함과 임재가 충만하고.. 그것은 곧 천국이 이 땅에 임하는 것과 같은 것입니다.

부디 이 영적 자유와 영적 부흥에 대해서 사모하고 기대하고 추구하시기를 바랍니다. 우리가 소원하고 기도하는 한 그것은 이루어질 것입니다.

1권 끝.

* 1권에서는 대적기도의 이론적인 기초에 대하여 주로 언급하였습니다. 다음의 2권부터는 실제적으로 어떻게 악한 영들을 분별하고 대적하고 부술 수 있는지 그 구체적인 적용의 원리와 방법을 다루어보기로 하겠습니다. 부디 실제적인 자유와 승리를 경험하시기를 바랍니다.

도서구입신청

도서 구입을 원하시는 분들을 위한 안내입니다.

1. 도서 목록 확인

페이지를 넘기시면 정원 목사님의 도서 전권이 안내되어있습니다.
도서 목록을 참조하셔서 필요로 하시는 책을 선택하십시오.
각 도서의 자세한 목차와 내용을 원하시면 정원목사 독자 모임 카페의 [저자및 저서소개] 코너를 참조하십시오. (http://cafe.daum.net/garden500)

2. 책신청

구입하실 도서를 결정하신 후에, 영성의 숲 출판사로 전화를 주세요.
(02-355-7526 / 010-9176-7526, 통화시간: 월~금 오전 9시~저녁 6시)
신청 도서 목록을 알려주시면 입금하실 금액을 안내해 드립니다.
신청하실 때는 책을 받으실 주소와 전화번호를 함께 알려주세요.
책신청은 전화 외에도 영성의 숲 홈페이지의 [책신청] 코너,
출판사 이메일(spiritforest@hanmail.net)을 사용하실 수 있습니다.

3. 송금

안내 받으신 도서 대금을 아래 계좌로 입금해 주세요.
(국민은행: 051-21-0894-062, 예금주: 홍윤미)
신청자 성함과 입금자 성함이 일치하지 않는 경우에는 입금자 성함을
꼭 알려주셔야 확인이 가능합니다.

4. 배송

입금 확인 후에 바로 발송 작업을 하는데, 발송후 도착까지 보통 2-3일 정도가 소요 됩니다. 책을 급하게 필요로 하실 경우에는 일반 서점을 이용해 주세요. 해외 배송을 원하시는 분은 총판을 담당하고 있는 생명의 말씀사로 문의해주시기 바랍니다.
(생명의 말씀사 080-022-1211   www.lifebook.co.kr)

| 정원 목사님의 저서 |

〈기도 시리즈〉
1. 하늘의 권능이 임하는 부르짖는 기도 1　　373쪽. 13,000원/핸디북 10,000원
2. 하늘의 권능이 임하는 부르짖는 기도 2　　444쪽. 15,000원/핸디북 11,000원
3. 대적기도의 원리와 능력　　　　　　　　400쪽. 14,000원/핸디북 11,000원
4. 대적기도의 적용 원리　　　　　　　　　424쪽. 14,000원/핸디북 11,000원
5. 대적기도를 통한 승리의 삶　　　　　　 452쪽. 15,000원/핸디북 12,000원
6. 대적기도의 근본적인 승리 비결　　　　 454쪽. 15,000원/핸디북 12,000원
7. 아름답고 행복한 기도의 세계　　　　　　　　　　276쪽. 9,000원
8. 주님의 마음에 이르는 기도　　　　　　　　　　　309쪽. 10,000원
9. 주님의 임재를 경험하는 길　　　　　　　　　　　308쪽. 10,000원
10. 예수 호흡기도　　　　　　　　　　　460쪽. 15,000원/핸디북 11,000원
11. 방언기도의 은혜와 능력 1　　　　　　459쪽. 16,000원/핸디북 12,000원
12. 방언기도의 은혜와 능력 2　　　　　　403쪽. 14,000원/핸디북 11,000원
13. 방언기도의 은혜와 능력 3　　　　　　489쪽. 16,000원/핸디북 12,000원

〈영성 시리즈〉
1. 영성의 실제를 경험하는 길　　　　　　　　　　357쪽. 12,000원
2. 생각의 자유를 경험하는 길　　　　　　　　　　228쪽. 8,000원
3. 영성의 중심은 사랑입니다　　　　　　　　　　 271쪽. 8,000원
4. 영성의 원리　　　　　　　　　　　　　　　　　319쪽. 11,000원
5. 문제는 주님의 음성입니다　　　　　　　　　　 227쪽. 9,000원
6. 영성의 발전은 어떻게 이루어지는가　　　　　　254쪽. 8,000원
7. 지금 이 공간에 임하시는 주님　　　　　　　　 340쪽. 12,000원
8. 심령이 약한 자의 승리하는 삶　　　　　　　　 228쪽. 9,000원
9. 천국의 중심원리　　　　　　　　　　　　　　　452쪽. 14,000원
10. 행복한 신앙을 위한 28가지 조언　　　　　　 348쪽. 12,000원

11. 성숙한 신앙을 위한 30가지 조언	340쪽. 12,000원
12. 의식의 깨어남을 사모하라	239쪽. 9,000원
13. 주님의 마음, 주님의 임재 속으로	348쪽. 12,000원
14. 영성의 발전을 갈망하라	292쪽 10,000원
15. 집회에서 흐르는 주님의 은혜	254쪽 8,000원
16. 삶을 변화시키는 생명의 원리	348쪽 12,000원
17. 낮아짐의 은혜1	308쪽 11,000원
18. 낮아짐의 은혜 2	388쪽 14,000원
19. 그리스도를 갈망하는 삶	268쪽 10,000원
20. 영이 깨어날수록 천국을 누린다	236쪽 8,000원

〈생활 영성 시리즈〉

1. 주님과 차 한잔을	220쪽. 6,000원
2. 일상의 삶에서 주님을 의식하기	280쪽. 8,000원
3. 일상에서 경험하는 주님의 사랑	277쪽 9,000원
4. 삶이 가르치는 지혜	212쪽. 6,000원
5. 사랑의 나라로 가는 여행	156쪽. 5,000원
6. 하나님의 뜻을 발견해 가는 여행	269쪽. 8,000원
7. 일상에서 경험하는 주님의 은혜	253쪽. 8,000원

〈묵상 시리즈〉

1. 맑고 깊은 영성의 세계를 향하여	140쪽. 5,000원
2. 주님은 생수의 근원 입니다	196쪽. 6,000원
3. 묻지 않는 자에게 해답을 던지지 말라	156쪽. 5,000원
4. 영혼을 깨우는 지혜의 샘물	180쪽 6,000원

대적기도의 원리와 능력 (핸디북)

1판 1쇄 발행	2008년 10월 30일
1판 14쇄 발행	2021년 7월 20일
지은이	정원
펴낸이	홍 윤미
펴낸곳	영성의 숲
등록번호	2001. 7. 19 제 8-341 호
전화	02 - 355 - 7526 (영성의숲)
핸드폰	010 - 9176 - 7526 (영성의숲)
E - mail	spiritforest@hanmail.net (영성의숲)
홈페이지	cafe.daum.net/garden500 (정원목사 독자 모임)
	cafe.naver.com/garden500 (정원목사 독자 모임)
국민은행	051-21-0894-062
예금주	홍 윤미
총판	생명의 말씀사
전화	02 - 3159 - 8211
팩스	080 - 022 - 8585,6

값 11,000원
ISBN 978 - 89 - 90200 - 55 - 6 04230
ISBN 978 - 89 - 90200 - 77 - 8 04230 (세트)